PHILOSOPHIE
DE
LOCKE

PARIS. — IMP. TYP. DE A. POUGIN, 13, QUAI VOLTAIRE. — 3835.

PHILOSOPHIE

DE

LOCKE

PAR

VICTOR COUSIN

SIXIÈME ÉDITION

PARIS

LIBRAIRIE ACADÉMIQUE

DIDIER ET Cie, LIBRAIRES-ÉDITEURS

35, QUAI DES AUGUSTINS, 35

1873

TOUS DROITS RÉSERVÉS

AVANT-PROPOS

DE LA QUATRIÈME ÉDITION

Voici de nouveau ces leçons de 1828 et 1829, si amèrement censurées par les uns et si vivement applaudies par les autres, durant cette courte et brillante époque de la Restauration à laquelle est attaché le nom de M. de Martignac. Il nous semble qu'aujourd'hui, à la distance de plus de trente années, nous en pouvons parler nous-même avec une vraie impartialité.

Pour être équitable, il faut un peu se mettre à notre place et se rappeler ce temps, si différent du présent.

Mes amis et moi nous sortions de la longue disgrâce qui, de 1820 à 1827, avait successivement atteint tout ce qui était libéral en France[1]. M. Royer-Collard avait quitté la présidence du conseil de l'instruction publique, et on l'avait chassé du conseil d'État. On avait suspendu mon cours et celui de M. Guizot. Mes liaisons avec M. de Santa-Rosa[2], le noble chef de la révolution piémontaise de 1821, m'avaient rendu suspect à la triste police de M. Franchet, et elle m'avait dénoncé à celle de l'Allemagne pendant un voyage que je fis alors au delà du Rhin. Accusé de je ne sais plus quelles extravagances, arrêté à Dresde, jeté en prison à Berlin, tenu au secret le plus rigoureux pendant plus de six mois, ma conduite en cette circonstance, les premières rudesses, puis la loyauté du gouvernement prussien qui s'était plu à reconnaître qu'on l'avait trompé, ses offres généreuses, celles du roi des Pays-Bas, mon refus de me séparer de mon pays dans la douloureuse épreuve qu'il traversait, tout cela m'avait composé une renommée bien au-dessus de mon mérite; en sorte qu'après les élections de 1827, qui renversèrent le ministère de M. de Villèle et portèrent M. Royer-Collard, l'élu de sept colléges, à la présidence de la Chambre des députés, la nouvelle

---

1. Voy. nos leçons de 1820, PHILOSOPHIE DE KANT, Avant-propos, p. XI.
2. FRAGMENTS ET SOUVENIRS, 3ᵉ édition, p. 189, Santa-Rosa.

administration s'empressa de me rappeler avec M. Guizot à la Faculté des lettres, et nous reprîmes nos cours presque en triomphateurs.

Il n'est pas aisé, dans nos jours d'abaissement et d'affaissement intellectuel, de se faire une idée de la noble ardeur qui enflammait alors le génie français dans les lettres et dans les arts, aussi bien qu'en politique. L'esprit public faisait des chaires de M. Guizot, de M. Villemain et de la mienne, de véritables tribunes. Depuis les grands jours de la scolastique au douzième et au treizième siècle, il n'y avait pas eu d'exemple de pareils auditoires dans le quartier Latin. Deux à trois mille personnes de tout âge et de tout rang se pressaient dans la grande salle de la Sorbonne. Cette foule immense agissait inévitablement sur le professeur, animait, élevait, précipitait sa parole. Ajoutez qu'aussitôt prononcée, chaque leçon, sténographiée et à peine revue, paraissait bien vite, se répandait d'un bout de la France à l'autre, et devenait dans la presse le sujet d'une ardente polémique. Faut-il donc juger de tels cours comme des livres composés à loisir dans le silence du cabinet, et doit-on s'étonner d'y rencontrer bien des répétitions, bien des disparates, un style inégal, des mouvements abrupts, enfin l'improvisation prise en quelque sorte sur le fait, et jetée au vent de la publicité avec ses innombrables défauts?

Mes premières leçons, celles de l'été de 1828, se ressentent fort, j'en conviens, de la promptitude avec laquelle M. Guizot et moi nous crûmes devoir faire usage de la parole qui nous était rendue.

Faute du temps nécessaire à une juste préparation, je dus prendre un sujet très-général, qui ne demandât aucune recherche, aucun travail préliminaire, une *Introduction à l'histoire de la philosophie*, où les plus hautes questions furent abordées avec bonne foi et courage, et les solutions qu'en donnait la philosophie nouvelle exposées à grands traits, bien plus que véritablement établies. Sans venir ici témoigner contre moi-même, je n'ai pas besoin d'une grande modestie pour reconnaître que dans ce cours, tout à fait improvisé, il y a plus d'une proposition hasardée et des excès de langage que j'aurais fait bien volontiers disparaître, si la calomnie en les envenimant ne me les avait rendus irrévocables. L'honneur ne m'a pas permis de me corriger, et j'ai dû tout conserver pour n'avoir pas l'air de rien dérober à une critique ennemie. Je n'ai changé que des détails sans importance; les passages incriminés subsistent, avec quelques notes explicatives et des éclaircissements tirés de mes propres écrits, antérieurs et postérieurs à ces leçons.

Oui, j'ai défendu, avec un peu de vivacité peut-être[1], l'indépendance de la philosophie, les droits de la lumière naturelle qui a découvert aux hommes assez de vérités, ce semble, et fait d'assez grandes choses dans le monde. Mais n'oubliez pas que c'était alors le temps de la guerre violente que faisait à la raison humaine l'abbé de Lamennais, et à sa suite tout ce qu'il y avait de jeunes talents dans le clergé. N'oubliez pas aussi que la philosophie n'avait pas été combattue seulement en paroles, et que j'attestais moi-même la proscription qu'elle avait soufferte. Mais à Dieu ne plaise que jamais il soit entré dans mon esprit et dans mon cœur la pensée vulgaire et coupable de rendre au christianisme le mal qu'on m'avait fait en son nom! Ici, comme partout ailleurs, je montre pour la religion chrétienne un respect que nulle épreuve n'a troublé ni diminué, parce qu'il est emprunté à mes convictions les plus intimes et à la philosophie elle-même.

Encore un aveu, et qui ne me coûte point. J'avais autrefois rencontré à Heidelberg, encore obscur

---

[1]. Et je l'ai fait encore, quand de tristes circonstances m'en ont imposé le devoir, par exemple en 1844 à la Chambre des pairs; voyez DÉFENSE DE L'UNIVERSITÉ ET DE LA PHILOSOPHIE, et aussi la 1re et la 2e préface de nos ÉTUDES SUR PASCAL.

mais déjà rempli de vastes desseins, celui qui devait être M. Hegel[1]. Sans le bien comprendre, dès 1817 je l'avais en quelque sorte deviné et mnoncé. Je le retrouvai en 1824, à Berlin, à la tête d'une école florissante, et en 1826 il était venu me faire visite à Paris. J'aimais M. Hegel ; j'admirais la vigueur de son esprit, et cette fermeté imperturbable avec laquelle il appliquait l'ancien système de M. Schelling, méthodiquement développé, à toutes les parties des connaissances humaines, même à celles qui s'y prêtaient le moins ; par exemple, à l'histoire de la philosophie, où M. Hegel comme M. Schelling n'avait que des vues fort générales, sans nulle étude approfondie. En 1828 j'étais encore trop près de mes souvenirs d'Allemagne pour que les grandes généralisations et les formules un peu altières auxquelles j'étais accoutumé ne déteignissent pas un peu, si on me passe cette expression, sur ma pensée et sur mon langage ; et il se peut que mes paroles aient quelquefois présenté à des esprits prévenus ou peu familiers avec ces matières délicates, l'apparence d'une doctrine assez favorable au panthéisme. Mais certes jamais apparence ne fut plus loin de la

---

[1]. Sur Hegel, Voy. FRAGMENTS DE PHILOSOPHIE CONTEMPORAINE, 5ᵉ édition, p. 63 et 190.

réalité; car, bien avant 1828, l'amitié dont m'honorait M. Schelling[1] m'avait fait connaître le changement, ou, si l'on veut, le développement nouveau qui s'était fait dans ce grand esprit, et j'y avais fort applaudi. J'avais l'habitude, même avec M. Hegel et ses plus dévots disciples, de me licencier un peu sur le compte de ce fameux Être en soi, *das reine Seyn*, pur de toute détermination, et qui par une suite de métamorphoses merveilleuses devient le principe de toute détermination, de la qualité comme de la grandeur. Partout dans notre enseignement de 1828 et de 1829, comme dans celui de 1815 à 1821, règne la doctrine la plus opposée au panthéisme, celle de l'intelligence, comme enfermant la conscience et la personnalité; en sorte qu'il faut choisir entre un Être premier, dépourvu d'intelligence, s'il est sans personnalité et sans conscience, ce qui est l'athéisme ordinaire, et un Être premier, véritablement intelligent, qui se connaît lui-même, ainsi que l'univers et l'homme, et préside à la destinée de son ouvrage. C'est là le théisme à proprement parler: quelques inexactitudes de détail, loyalement expliquées, ne l'al-

---

[1]. Il m'en a donné une bien grande preuve en me servant d'introducteur auprès du public allemand : « *Victor Cousin uber franzosische und deutsche Philosophie*, Vorrede von Schelling, 1834. Il y a deux traductions françaises de la préface de M. Schelling.

tèrent point; il est le fond permanent de tous nos écrits, l'âme de notre philosophie. Qui le professe est avec nous; qui s'en écarte est contre nous, eût-il été jadis dans notre auditoire et nous fût-il cher à d'autres titres. Le spiritualisme n'est qu'un mot s'il n'aboutit à un théisme nettement déclaré et solidement établi. Voilà pourquoi la philosophie française de M. Royer-Collard et de M. de Biran, celle qui veut bien nous reconnaître pour interprète et nous permettre de la guider à travers les écueils semés sur sa route, n'a rien à voir avec la philosophie d'au delà du Rhin. Comme nous le disions il y a près de vingt années [1] : « A mesure que la philosophie allemande s'est plus développée et que nous l'avons mieux connue, nous nous en sommes séparé plus ouvertement, et on peut dire que l'école qui se prétend aujourd'hui héritière de M. Hegel n'a pas d'adversaires plus décidés que mes amis et moi pour la forme, pour les principes comme pour la méthode [2]. »

Les leçons de 1829 présentent, on a bien voulu

---

1. FRAGMENTS DE PHILOSOPHIE CONTEMPORAINE.
2. L'examen le plus éclairé, non le plus indulgent, qui ait été fait de l'*Introduction à l'Histoire de la Philosophie*, est l'article de sir William Hamilton dans la *Revue d'Édimbourg*, octobre 1829, n° 99, *M. Cousin's Course of philosophy*, que sir William a reproduit, avec une note fort amicale, à la tête de ses *Discussions on philosophy and literature, education and university reform*, etc., London, 1852. Il

AVANT-PROPOS.

le reconnaître, un tout autre caractère que celles de la précédente année. La préparation nécessaire, qui nous avait manqué jusqu'alors, nous ayant été permise, nous pûmes choisir des sujets précis et bien déterminés sur lesquels s'établit un sérieux et régulier enseignement, qui, en rappelant et continuant nos cours de 1815 à 1821, en

paru en 1822 une version américaine de cette *Introduction* à Boston, par M. Linberg, *Introduction to the history of philosophy, translated from the French*, in-8°, avec une préface et des notes intéressantes. M. Linberg a bien voulu rendre justice au caractère moral et religieux de l'ouvrage qu'il traduisait. « Quelque jugement, dit-il, que le public américain puisse porter des doctrines philosophiques de M. Cousin, nous avons la confiance que tout le monde sympathisera avec l'esprit noble, généreux et indépendant qui anime ces leçons, avec l'amour éclairé de l'humanité, avec la profonde vénération qu'elles tendent à inspirer pour le souverain auteur de l'univers. La reconnaissance d'un Dieu qui est une personne distincte du monde, d'un Dieu infiniment sage et infiniment bon, et dont la providence s'étend à toutes choses, tient une grande place dans la philosophie de M. Cousin ... M. Cousin professe hautement, sans réserve ni hypocrisie, une sincère vénération pour la religion chrétienne, même sous les formes mystérieuses dans lesquelles le catholicisme l'a enveloppée... Quand M. Cousin dit que le Gouvernement de ce monde est parfaitement juste, que la prospérité et l'infortune sont distribuées comme elles doivent l'être, il faut entendre cette maxime dans un sens très-général. Il y a des exceptions, et c'est dans ces exceptions que paraît la grandeur de la vertu. M. Cousin a lui-même énuméré ces exceptions dans différents passages » Nous avons sous les yeux les premiers cahiers d'une version espagnole publiée à Buenos Ayres en 1834. Un jeune philosophe brésilien, M. de Figueiredo, a entrepris de traduire le cours entier en portugais : *Curso da historia da philosophia, vertido en portuguez*, por A. P. de Figueiredo, vol. I, *Introduccao a historia da philosophia*, Fernambuco, 1842 ; vol. II, *Historia da philosophia*, 1845, in-8°. Nous ignorons si la *Philosophie de Locke* a depuis été traduite. Enfin, en 1852, M. Wight a publié à New York et à Édimbourg une nouvelle traduction complète de nos trois volumes, qui paraît avoir obtenu un assez grand succès en Écosse et en Amérique.

étendit la portée, en agrandit l'influence. L'analyse et la dialectique reprirent le rang qui leur appartenait à côté de l'histoire. Les trop éclatants succès de 1828 servirent du moins à retenir la foule et à lui faire supporter des expositions plus solides que brillantes et des discussions sévères. C'était un assez curieux spectacle de voir un si nombreux auditoire assister avec un intérêt soutenu à l'examen critique des diverses écoles de l'Inde, de la Grèce, du moyen âge et des temps modernes, et à l'analyse méthodique et détaillée des idées de l'espace et du temps, de l'infini, de la personnalité, de la cause, du bien et du mal. Ces nouvelles leçons, fort différentes de leurs aînées, ont fait autrefois quelque bien, et nous avons l'espoir que les deux volumes qui les représentent en feront encore.

Le premier de ces volumes offre une esquisse de l'*Histoire générale de la Philosophie,* depuis ses plus faibles commencements jusqu'au dix-huitième siècle, qui devait être le sujet spécial du cours. Oserons-nous dire que cette esquisse, si imparfaite qu'elle soit, a jeté en France les fondements de l'étude vraiment philosophique de l'histoire de la philosophie ? Tous les systèmes y sont ramenés à quatre systèmes élémentaires, qui ont de si fortes racines dans la nature humaine qu'elle les reproduit sans cesse. Leur lutte constante est le fond même de l'histoire. Discerner en eux le vrai et le faux, le faux qui passe et le vrai qui dure; mettre à profit les erreurs en en montrant les causes, à savoir l'exagération même du vrai, l'ambition des principes absolus, l'imprévoyance et la précipitation de l'esprit humain; surtout recueillir les vérités qui sont nécessairement dans tout système un peu célèbre, qui l'ont fait naître et qui l'ont soutenu, et porter ces vérités dégagées, épurées, réunies à la lumière de notre siècle, comme l'enfantement légitime du temps, ainsi que parle Bacon, le legs du passé et la dot de l'avenir, telle est, selon nous, la tâche de l'historien philosophe, telle est l'œuvre ou du moins tel est l'objet de l'éclectisme. L'éclectisme n'est point un système, c'est une méthode, une certaine manière de considérer les choses, trop élevée sans doute pour être populaire et courir le monde, mais aussi trop raisonnable pour être entièrement nouvelle. L'éclectisme est déjà, en effet, dans Platon et dans Aristote, autant et mieux que dans Plotin lui-même [1]. Au faîte du plus grand siècle qui fut jamais, Leibniz croit se proposer un assez haut des-

---

[1]. Nous l'avons souvent signalé dans Platon. Pour Aristote, nous nous bornons à renvoyer au premier livre de la *Métaphysique*, dont nous avons donné la traduction.

sein de chercher et de rassembler les membres épars de la philosophie immortelle disséminée à travers tous les systèmes : son école est ouvertement éclectique. L'éclectisme, c'est l'intelligence en histoire, c'est le discernement assuré du vrai et du faux, fondé sur l'expérience des siècles. Il n'étouffe pas sous l'érudition, comme on l'a prétendu, la vraie, la grande originalité, qui vient de Dieu, mais il confond la petite et la fausse, née d'une vanité impuissante. Il ne coupe pas les ailes au génie, mais il le protége contre les attraits des principes extrêmes dont l'histoire montre la fragilité. Il recommande la modération, si nécessaire à la force. Il enseigne la prudence et la sagesse, auxquelles seules la durée a été promise dans la philosophie comme dans tout le reste. Où est aujourd'hui, je vous prie, cet insolent système qui un moment éblouit et pensa subjuguer l'Église, qui se vantait d'avoir mis à jamais la religion au-dessus de toute controverse en foulant aux pieds la raison, en lui refusant le pouvoir d'arriver par elle-même à aucune vérité, en proscrivant à tort et à travers toute philosophie, la bonne comme la mauvaise et la bonne plus encore que la mauvaise, comme plus capable de séduire l'humanité? Son auteur même l'a répudié, pour se jeter dans un autre excès : esprit puissant et extravagant, qui ne pouvait habiter que des abîmes. Et qu'est aussi devenue cette métaphysique hégélienne qu'on nous donnait, pendant les jours néfastes de 1848, comme le dernier mot, non-seulement de la philosophie allemande, mais de toute spéculation philosophique, et qui n'était qu'un renouvellement passager d'un mal, hélas! trop ancien, le vieil athéisme, rajeuni sous le nom de panthéisme, et décoré des livrées de la démagogie? L'éclectisme n'a connu ni ces triomphes éphémères, ni ces chutes profondes. En dépit des attaques qui lui ont été prodiguées par tous les partis extrêmes, il a résisté comme le sens commun, et il est encore la lumière du petit nombre d'hommes qui ont consacré leurs veilles à l'histoire de la philosophie. On a remarqué avant nous que s'il périssait avec nos ouvrages, on le retrouverait dans beaucoup d'historiens qui s'en inspirent en le combattant.

N'étant point ici retenu par des scrupules d'honneur, comme pour nos leçons de 1828, nous avons pu corriger plus d'une erreur qui nous était échappée, réparer quelques lacunes, et soit dans les notes, soit dans le texte même, étendre et fortifier diverses parties de cette esquisse, particulièrement tout ce qui se rapporte à la grande philosophie du dix-septième siècle, à Descartes, à Spinoza, à Malebranche, à Leibniz.

Nous avertissons aussi le lecteur studieux qu'il peut se fier à la scrupuleuse exactitude de nos citations. Il n'y en a pas une qui soit de seconde main. Nous les avons tirées, non des historiens qui nous ont précédé, mais des auteurs eux-mêmes, dans les éditions les meilleures et quelquefois les plus rares, que des recherches assidues nous ont permis de rassembler.

Le second volume de l'année 1829 (le troisième de cette collection) est consacré à l'examen critique de la PHILOSOPHIE DE LOCKE. L'état de la philosophie en France, où les restes de l'école de Condillac et des Encyclopédistes du dix-huitième siècle s'agitaient contre la philosophie nouvelle, nous imposait cet examen qui, à travers Locke, atteignait ses modernes disciples, et couvrait l'école spiritualiste en livrant un sérieux combat à ses adversaires. Sans doute, avant nous, Leibniz dans ses *Nouveaux Essais sur l'Entendement humain*, avait donné une admirable réfutation de Locke; mais cette réfutation, très-solide en elle-même, avait perdu son autorité par le mélange des hypothèses leibniziennes, depuis longtemps abandonnées et décriées, la monadologie et l'harmonie préétablie. Il fallait une critique nouvelle pour des temps nouveaux : celle-ci a été jugée capable d'arrêter un esprit sincère à l'entrée ou sur la pente du sensualisme. On n'ose rappeler l'éloge qu'en a fait le plus grand critique de notre temps, sir William Hamilton [1]. Un philosophe américain, M. Henry, en a tiré un traité complet de psychologie qui sert aujourd'hui de manuel de philosophie dans la plupart des universités américaines [2]. En Angleterre, ce volume a été le sujet d'une vive et utile controverse qui dure encore [3]. Notre illustre maître, le juge austère et vénéré de nos intentions et de nos travaux, M. Royer-Collard, considérait comme les moins imparfaits de nos ouvrages, les moins indignes de le rappeler, la PHILOSOPHIE ÉCOSSAISE et la PHILOSOPHIE DE KANT, dans nos premiers cours, et cette

---

1. Dans un article de la *Revue d'Edimbourg* sur Reid, numéro 103, octobre 1830, reproduit dans les DISCUSSIONS, etc.
2. *Elements of Psychology, included in a critical examination of Locke, Essay on the human understanding*, avec des notes et une introduction étendue ; première édition, New-York, 1834 ; deuxième édition, 1836 ; troisième édition, 1842, reproduite à Londres en 1851 enfin en 1856 une quatrième édition très-augmentée, avec une défense forte et judicieuse de notre ouvrage en réponse à un article d'une Revue américaine ultra-calviniste, *Princeton Review*.
3. Parmi les nombreux écrits qu'elle a produits, nous nous bornerons à mentionner celui de M. Webb, du collège de la Trinité de Dublin, essai aussi paradoxal qu'ingénieux où l'on fait de Locke un philosophe idéaliste, *The intellectualism of Locke, an Essay by* Thomas E. Webb, M. A. Dublin, 1857.

Philosophie de Locke qui couronne les seconds.

La révolution de Juillet a mis fin à nos leçons publiques, mais non pas à notre carrière de professeur. Nous l'avons poursuivie, de 1830 à 1840, dans les conférences que nous faisions à l'École normale, quand nous avions l'honneur de diriger cette grande école. Nous étions ramené pour ainsi dire à notre berceau ; c'est là que nous avions commencé, c'est là que nous avons terminé notre enseignement. Ces sérieuses et intimes conférences comprennent et représentent l'âge mûr de notre vie et de notre pensée. On en peut voir des traces de plus en plus marquées dans les écrits que nous avons publiés depuis 1830. Mais leurs meilleurs fruits ont été ces excellents élèves devenus à leur tour des maîtres dignes de continuer leurs devanciers. C'est à eux, comme à leurs rivaux dans les luttes de l'agrégation et dans les concours académiques, qu'il appartient de défendre et d'honorer la philosophie sortie du sein de l'Université. Quand on est arrivé à l'âge du repos, on peut remettre avec confiance ses armes à une pareille milice. *Cæstus artemque repono.*

V. COUSIN.

1er février 1861.

PHILOSOPHIE

DE LOCKE

ANNÉE 1829. — SECOND SEMESTRE

PREMIÈRE LEÇON

CLASSIFICATION DES ÉCOLES AU DIX-HUITIÈME SIÈCLE

De la méthode d'observation et d'induction dans l'histoire. — Que l'induction, appuyée sur l'observation de tous les faits antérieurs de l'histoire de la philosophie, divise d'abord la philosophie du dix-huitième siècle en quatre systèmes. — Confirmation de l'induction par les faits propres au dix-huitième siècle : que toutes les écoles européennes s'y divisent en quatre écoles, sensualiste, idéaliste, sceptique, mystique. Division de ce cours en quatre parties correspondantes. — Ordre du développement de ces quatre écoles, et par conséquen ordre à suivre dans leur exposition. — Esprit de ce cours. Son suprême objet.

L'analyse de l'esprit humain nous a démontré que son développement naturel aboutit à quatre points de vue fondamentaux, qui le mesurent et le représentent tout entier. Ces quatre points de vue, dans leur expression scientifique, donnent quatre systèmes élémentaires, le sensualisme, l'idéalisme, le scepticisme et le mysticisme. Et, comme l'histoire de la philosophie est la manifestation de l'esprit humain dans l'espace et dans le temps, il faut bien qu'il y ait dans l'histoire tout ce qui est dans l'esprit humain : aussi, d'avance, n'avons-nous pas craint d'affirmer que l'histoire de la philosophie reproduirait constamment ces quatre systèmes.

Ce n'est pas là une méthode hypothétique, c'est une méthode rationnelle, comme dit Bacon[1]; elle consiste à aller de l'esprit humain, qui est la matière de l'histoire, à l'histoire, qui est la manifestation la plus sûre de l'esprit humain, et à conclure de l'un à l'autre. Et nous ne nous sommes pas borné à la méthode rationnelle, nous y avons joint la méthode expérimentale : nous avons interrogé l'histoire comme nous avions fait l'esprit humain. Nous avons mis sous vos yeux toutes les grandes époques de l'histoire de la philosophie; on vous a montré successivement l'Inde, la Grèce, le moyen âge, la renaissance, et tout le premier âge de la philosophie moderne, depuis les premières années du dix-septième siècle jusqu'en 1750. Non-seulement j'ai parcouru avec vous toutes ces époques, mais j'ai la conscience de n'avoir omis dans chacune d'elles aucune école importante, ni dans chacune de ces écoles aucun système célèbre; et l'histoire est constamment venue se résoudre dans le cadre même que nous avait fourni l'analyse de l'esprit humain. Le dernier résultat des expériences de l'histoire a été le retour périodique des quatre systèmes qui se tiennent intimement sans se confondre, et se développent inégalement mais harmonieusement, et toujours avec un progrès marqué.

---

1. HISTOIRE GÉNÉRALE DE LA PHILOSOPHIE, leç. VII, p. 333. — Sur la nécessité d'unir la méthode rationnelle et la méthode expérimentale, voyez l'INTRODUCTION A L HISTOIRE DE LA PHILOSOPHIE, leç. IV, p. 76, et DU VRAI, DU BEAU ET DU BIEN, leç. 1re, p. 20.

Que manque-t-il donc pour que nous ayons le droit de convertir ce retour constant en une loi de l'histoire?

Rappelez-vous par quels procédés et à quelles conditions on obtient une loi dans l'ordre physique. Lorsqu'un phénomène se présente avec tel caractère dans telle circonstance, et que, la circonstance changeant, le caractère du phénomène change aussi, il s'ensuit que ce caractère n'est point la loi du phénomène; car ce phénomène peut être encore, alors même que ce caractère n'est plus. Mais si ce phénomène se présente avec le même caractère dans une suite de cas nombreux et divers, et même dans tous les cas qui tombent sous l'observation, on en conclut que ce caractère ne tient pas à telle ou telle circonstance, mais à l'existence même du phénomène. Tel est le procédé qui donne au physicien et au naturaliste ce qu'on appelle une loi. Quand une loi a été ainsi obtenue par l'observation, c'est-à-dire par la comparaison d'un grand nombre de cas particuliers, l'esprit en possession de cette loi la transporte du passé dans l'avenir, et prédit que, dans toutes les circonstances analogues qui pourront avoir lieu, le même phénomène se reproduira avec le même caractère. Cette prédiction, c'est l'induction : l'induction a pour condition nécessaire une supposition, celle de la constance de la nature; car ôtez cette supposition, admettez que la nature ne se ressemble pas à elle-même, la veille ne garantit pas le lendemain, l'avenir échappe à la prévoyance, et toute induction est impossible[1]. La supposition de la constance de la nature est

---

1. Voyez, sur le principe de la stabilité des lois de la nature comme condition de toute induction, PHILOSOPHIE ÉCOSSAISE, leç. IV, p. 296.

la condition nécessaire de l'induction : mais, cette condition accomplie, l'induction, appuyée sur une observation suffisante, a toute sa force. Dans l'ordre moral, les mêmes procédés sévèrement employés conduisent aux mêmes résultats, à des lois qui donnent également au moraliste et au politique le droit de prévoir et de prédire l'avenir. Étant données toutes les époques de l'histoire de la philosophie, qui sont autant d'expériences sur lesquelles peut porter l'observation en ce genre, quand toutes ces expériences, si différentes qu'elles soient par les circonstances extérieures, nous ont toujours offert le même phénomène avec le même caractère, c'est-à-dire le retour constant de quatre systèmes élémentaires, distincts l'un de l'autre et se développant l'un par l'autre, je le demande, que manque-t-il pour que nous ayons le droit de considérer ce résultat comme la loi même du développement de l'histoire de la philosophie? Dira-t-on que l'observation repose sur un trop petit nombre de cas? Mais nous avons commencé par l'Orient, et nous avons été jusqu'en 1750 : nous avons cinq grandes expériences, dont l'une embrasse douze cents ans. L'observation porte donc sur un assez grand nombre de cas particuliers ; elle porte au moins sur tous les cas existants ; nous n'en avons omis aucun : chaque grande expérience philosophique a présenté le même caractère, la division en quatre systèmes élémentaires. Reste une seule condition à remplir, à savoir la supposition de la constance de l'esprit humain, supposition aussi nécessaire ici que celle de la constance de la nature dans l'ordre physique. Mais à quel titre le physicien supposerait-il plutôt la nature physique constante à elle-même, que le métaphysicien l'esprit humain constant à lui-même? C'est sur la supposition de la constance de la nature humaine à elle-même qu'est fondée toute la vie humaine. Vous supposez que l'humanité fera demain ce qu'elle a fait aujourd'hui, les circonstances étant analogues, comme vous supposez que l'univers ne se lassera point de reproduire ce qu'il a produit déjà. L'induction n'a pas moins de valeur dans un cas que dans l'autre. Ainsi, quand, après avoir rencontré, dans toutes les grandes époques de l'histoire de la philosophie depuis l'Orient jusqu'en 1750, le même phénomène avec le même caractère, j'arrive en présence du dix huitième siècle, l'induction fondée sur l'expérience de trois mille ans m'autorise à prédire que, si cette nouvelle expérience est étendue, développée, complète (car une expérience incomplète ne prouve rien), l'esprit humain, constant à lui-même, reproduira les mêmes phénomènes philosophiques qu'il a produits jusqu'ici, avec les mêmes caractères, et que la philosophie du dix-huitième siècle se résoudra encore en sensualisme, en idéalisme, en scepticisme et en mysticisme. L'induction historique porte incontestablement jusque-là; il n'y a plus qu'à soumettre cette légitime conjecture à une dernière et décisive épreuve, celle des faits.

La philosophie du dix-huitième siècle forme une expérience complète et même à peine terminée. Jamais, à aucune époque de l'histoire, il n'a paru en moins de temps un plus grand nombre de systèmes; jamais plus d'écoles ne se sont disputé avec plus d'ardeur l'empire de la philosophie. L'expérience est très-riche, et en même temps elle est parfaitement claire; car, avec un peu d'instruction, on est aisément en possession de tous les systèmes dont se compose la philosophie européenne au dix-huitième siècle. Or une étude attentive de tous ces systèmes donne précisément le même résultat que celui que suggérait d'avance l'induction tirée des lois de l'histoire et de celles de l'esprit humain ; et je me charge de démontrer qu'en fait, au dix-huitième siècle comme au dix-septième, comme à la renaissance, comme au moyen âge, comme en Grèce, comme en Orient, il n'y a eu que quatre systèmes fondamentaux, et les quatre systèmes qui ont déjà passé sous vos yeux.

Partout, il est vrai, règne le préjugé contraire. Le dix-huitième siècle est un si grand siècle, si glorieux pour l'esprit humain, qu'il est fort naturel que toutes les écoles se le disputent. Ici, c'est presque un dogme que le sensualisme compose toute la philosophie du dix-huitième siècle et résume la civilisation. Là, on considère le sensualisme comme une sorte d'anomalie, comme un phénomène à la fois étrange et insignifiant dont tout l'emploi, dans le tableau de la philosophie moderne, est de faire ombre au système fondamental, l'idéalisme. D'un autre côté, il ne manque pas de gens qui honorent le dix-huitième siècle par un tout autre endroit, comme ayant répandu et établi enfin dans le monde le mépris de tous les systèmes, le scepticisme. Écoutez aussi le disciple de Swedenborg : il vous dira que le dix-huitième siècle est l'avénement définitif de la philosophie divine. D'où viennent ces préjugés contraires?

D'une raison très-simple : c'est qu'au lieu de s'élever au point de vue européen, chacun s'arrête ordinairement au point de vue de son pays. Mais un pays, quel qu'il soit, en Europe, n'est qu'un fragment de l'Europe, et n'y représente qu'un côté de l'esprit humain et des choses. Il est donc naturel que dans chaque pays de l'Europe domine un système particulier, et que tous ceux qui sont, pour ainsi dire, dans l'horizon de ce système ne voient pas au delà, et fassent l'Europe à l'image de leur patrie. Mais par cela même que dans chaque pays de l'Europe a dominé un système particulier, comme il y a plus d'un pays en Europe, j'en conclus que nul système particulier n'a dominé exclusivement dans la philosophie européenne au dix-huitième siècle, et que cette philosophie, considérée dans son ensemble et dans toute son étendue, est le triomphe d'une chose bien autrement grande que tous les systèmes, à savoir la philosophie elle-même.

Oui, l'Europe philosophique au dix-huitième siècle n'appartient qu'à la philosophie ; elle contient tous les systèmes, elle n'est représentée par aucun d'eux ; je vais plus loin, et je dis que, si la philosophie générale de l'Europe, qu'il faut toujours avoir devant les yeux, comprend tous les divers systèmes qui brillent dans les divers pays de l'Europe, chacun de ces pays, pour n'être qu'une partie de la grande unité européenne, pris en soi, ne laisse pas d'être aussi une unité plus ou moins considérable ; et que cette unité particulière, si elle est un peu riche et si l'esprit philosophique y a pris un développement de quelque importance, présente encore, sous la domination de tel ou tel système particulier, tous les autres systèmes, obscurcis, il est vrai, mais non entièrement étouffés par le système vainqueur; de telle sorte que la philosophie de chaque grand pays de l'Europe est une philosophie complète, qui a ses quatre éléments distincts, parmi lesquels il en est un qui l'emporte sur tous les autres.

Il est certain qu'en France, au dix-huitième siècle, le système philosophique qui a jeté le plus d'éclat est celui qui fait tout venir des données sensibles; mais il ne faut pas croire que les autres systèmes aient alors tout à fait manqué à la France. Sans parler de l'ancien et admirable spiritualisme de Descartes, de Malebranche, de Bossuet et de Fénelon, qui ne s'éteignit pas tout à fait parmi nous avec le dix-septième siècle, et qui compte encore plusieurs représentants au dix-huitième, entre autres, l'abbé de Lignac, auteur d'un excellent ouvrage, le *Témoignage du sens intime*[1], peut-on dire que le spiritualisme ait été sans éclat dans le pays où écrivit Rousseau? Rousseau est-il autre chose qu'une opposition énergique à l'esprit de la philosophie de son temps? Ne trouvez-vous pas dans tous ses écrits, sous des formes plus ou moins sévères, un système prononcé de spiritualisme, la défense de la conscience, de la vertu désintéressée, de la liberté humaine, de l'immatérialité et de l'immortalité de l'âme, et de la divine providence? Il suffit de rappeler la première partie de la *Profession de foi du vicaire savoyard*. On sait que Rousseau avait fait une réfutation du livre d'Helvétius; mais, le parlement ayant condamné Hel-

---

[1]. Sur cet ouvrage et sur son auteur, voyez PREMIERS ESSAIS, p. 143

vétius et brûlé son livre, Rousseau supprima sa réfutation[1]. Un homme bien inférieur à l'auteur d'*Émile*, comme écrivain, mais qui lui est très-supérieur comme philosophe, Turgot se déclare aussi l'adversaire d'Helvétius dans une lettre admirable que nous avons plus d'une fois rappelée. Ses *Discours sur l'Histoire universelle*, et l'article *Existence* dans l'*Encyclopédie*, portent une empreinte un peu indécise, mais très-réelle, de spiritualisme[2]. Quant au scepticisme, pour ne pas l'apercevoir en France au dix-huitième siècle, il faudrait oublier Voltaire. Qu'est-ce en effet que Voltaire[3]? le bon sens un peu superficiel; or, à ce degré, le bon sens mène toujours au scepticisme. Voltaire se rattache sans doute à l'école sensualiste, comme le fait ordinairement le scepticisme; mais il en a constamment repoussé, quand il s'est expliqué sérieusement, les conséquences les plus fâcheuses. S'il a appuyé de tout son talent la cause de la philosophie de Locke, qu'il croyait celle des temps nouveaux, contre la philosophie de Descartes exagérée et compromise par Malebranche, il s'est bien gardé d'embrasser les extravagances d'Helvétius et de d'Holbach; sa philosophie habituelle consiste à n'épouser aucun système et à se moquer de tous; c'est le scepticisme sous sa livrée la plus brillante et la plus légère. Il est juste aussi de reconnaître que jamais le mysticisme n'a eu en France un interprète plus profond, plus éloquent, et qui ait exercé

---

1. PHILOSOPHIE SENSUALISTE, fin de la IVe leçon.
2. Sur Turgot, voyez PREMIERS ESSAIS, p. 140; PHILOSOPHIE SENSUALISTE, p. 175, et INTRODUCTION A L'HISTOIRE DE LA PHILOSOPHIE, leç. XI, p. 245.
3. Sur Voltaire, PHILOSOPHIE SENSUALISTE, 1re leç., p. 41-47.

plus d'influence que Saint-Martin. Les ouvrages de Saint-Martin, célèbres dans toute l'Europe, ont fait école parmi nous[1].

Nul doute que si en Angleterre vous ne voyez que Londres au dix-huitième siècle, vous n'y verrez guère que le sensualisme. Mais à Londres même vous trouveriez, à côté de Priestley, Price, cet ardent ami de la liberté, cet ingénieux et profond économiste qui a renouvelé et soutenu avec éclat l'idéalisme platonicien de Cudworth[2]. Je sais que Price est seul en Angleterre, mais l'école écossaise tout entière est spiritualiste. Ce ne sont pas des noms sans gloire que ceux des professeurs qui se sont succédé en Écosse dans les chaires d'Aberdeen, de Glascow et d'Édinburgh, depuis le premier quart du dix-huitième siècle jusqu'à nos jours, Hutcheson, Smith, Reid, Ferguson, Beattie, et M. Dugald Stewart. En fait de scepticisme, il me suffira de vous nommer Hume, qui, à lui seul, est toute une école. Le mysticisme se rencontre à chaque pas en

---

1. Il a tour à tour publié des traductions ou imitations de Böhme et des écrits originaux. Les voici dans l'ordre chronologique : *Des Erreurs et de la Vérité*, Lyon, 1775, 1 vol. in-8. — *Tableau naturel des Rapports qui existent entre Dieu, l'homme et l'univers*, Édimbourg, 1782, 2 vol. — *L'Homme de désir*, Lyon, 1790, 1 vol. — *Ecce Homo*, 1 vol., Paris, 1792. — *Le nouvel Homme*, Paris, in-8, 1 vol., l'an IV de la liberté. — *De l'Esprit des choses*, 1800, 2 vol. — *L'Aurore naissante*, 1800, 2 vol. — *Les trois Principes de l'Essence divine*, 1802, 2 vol. — *Le Ministère de l'Homme esprit*, Paris, 1802, 1 vol. — *Quarante questions sur l'Ame*, 1807, 1 vol. — *De la triple Vie de l'Homme*, 1809, 1 vol. — *Œuvres posthumes*, Tours, 2 vol., 1807.

2. Richard Price, né en 1723, mort en 1791. Liste de ses écrits philosophiques : *Review of the principal Questions in morals*, London, 1758, 3ᵉ édit., Lond., 1787. — *Four dissertations on Providence, on Prayer*, etc., 2ᵉ édit., 1768. — *A free discussion of the doctrine of Materialism and philosophical Necessity in a correspondence between Dr. Price and Dr. Priestley*, by Dr. Priestley, London, 1778.

Angleterre. Songez que Swedenborg, pendant son séjour à Londres, y a fondé une école mystique qui compte de nombreux partisans, qui a des organes périodiques, des journaux à elle, et même, dit-on, plusieurs chapelles.

Sans doute ce qui règne au delà du Rhin est l'idéalisme. Tel est le caractère général de la grande philosophie née en 1781, à Kœnigsberg, avec la *Critique de la Raison pure*[1], et qui se prolonge avec un progrès toujours croissant jusqu'à nos jours, par une suite non interrompue d'hommes supérieurs dont les noms commencent à franchir les frontières de leur patrie. L'idéalisme est sur le trône en Allemagne, mais il ne faut pas croire qu'il y ait entièrement effacé les autres systèmes, ni même le sensualisme. Kant a trouvé une forte opposition dans plus d'un de ses compatriotes, surtout dans Herder, qui a écrit plusieurs ouvrages contre le *Criticisme*, et dont la philosophie de l'histoire est conçue dans le sens de la philosophie de Locke[2]. Le scepticisme a eu pour représentant, en Allemagne, M. Schulze, le spirituel auteur d'*Ænesideme*[3]. Aussi ingénieux et tout autrement profond que Schulze, Frédéric Jacobi a combattu également l'empirisme et l'idéalisme, et il a renouvelé le scepticisme de Hume en en changeant radicalement le caractère au profit du sentiment et de l'enthousiasme ; penseur original[4], écrivain de premier ordre, dont la renommée croît

---

1. Voyez Philosophie de Kant.
2. Introduction a l'histoire de la Philosophie, leç. xi, p. 240.
3. Voyez plus bas, p. 16.
4. Sur M. Jacobi, voyez p. 16.

après sa mort et balance celle de son illustre rival, M. Schelling. Quant au mysticisme, on est bien sûr de le trouver en abondance dans la patrie de Bohme.

Cette revue très-incomplète suffit pour démontrer ce qu'il fallait établir, que, si dans chaque pays de l'Europe a dominé peut-être un système particulier, ce système particulier n'a pourtant aboli nulle part les autres systèmes. Maintenant, tirez de ces différents pays et rapprochez tous les systèmes analogues ; mettez ensemble tous les systèmes sensualistes de la France, de l'Allemagne et de l'Angleterre, puis les systèmes idéalistes, puis les systèmes sceptiques, puis les systèmes mystiques, et vous avez sur le théâtre de la philosophie européenne quatre grandes écoles, qui, toutes les quatre, se recommandent par des services considérables, et présentent à l'impartiale postérité des noms presque aussi célèbres les uns que les autres. Si, d'ailleurs, on recherche la part de chaque pays dans le travail, on trouvera que la France et l'Angleterre représentent surtout le sensualisme et le scepticisme ; l'Écosse et l'Allemagne le spiritualisme, à des degrés différents ; pour le mysticisme, il est un peu partout, et particulièrement en Allemagne.

Tel est le résultat que donne l'observation : l'observation confirme donc la théorie. L'induction, appuyée sur l'histoire entière du passé, divisait d'avance la philosophie du dix-huitième siècle en quatre grandes écoles, et nous avons trouvé qu'en effet cette époque de l'histoire de la philosophie se divise ainsi. Cette division qui, en elle-même, ne serait qu'un fait réel, mais arbitraire, devient un fait nécessaire par son rapport à l'histoire entière qu'elle continue ; elle en exprime une loi. Nous la suivrons scrupuleusement. Comme l'Europe philosophique au dix-huitième siècle est divisée en quatre grandes écoles, de même ce cours sera divisé en quatre parties.

Je ferai passer tour à tour sous vos yeux l'école sensualiste, l'école idéaliste, l'école sceptique, l'école mystique. Mais dans quel ordre dois-je vous les présenter, et par laquelle de ces écoles commencerai-je ?

L'analyse de l'esprit humain ne nous a pas donné seulement quatre points de vue différents ; elle nous a donné ces quatre points de vue dans une corrélation intime qu'il importe de rappeler. L'esprit humain ne débute pas par la négation ; car, pour nier, il faut avoir quelque chose à nier, il faut avoir affirmé, et l'affirmation est le premier acte de la pensée. L'homme commence donc par croire, soit à ceci, soit à cela, et le premier système est nécessairement dogmatique. Ce dogmatisme est sensualiste ou idéaliste, selon que l'homme se fie davantage ou à la pensée ou à la sensibilité, mais il répugne que l'on commence par le scepticisme. D'autre part, si le scepticisme présuppose le dogmatisme, le mysticisme à son tour présuppose le scepticisme. Car qu'est-ce que le mysticisme ? c'est, encore une fois, le coup de désespoir de la raison humaine qui, après avoir cru naturellement à elle-même et débuté par le dogmatisme, effrayée et découragée par le scepticisme, se réfugie dans le sentiment, dans la pure contemplation et l'intuition immédiate. Voilà le mouvement naturel des systèmes dans l'esprit humain[1]. En concluant de l'esprit humain à son histoire, nous n'avons pas craint d'affirmer qu'ici encore l'histoire reproduirait ce que nous avait donné l'analyse ; et la méthode expérimentale, toujours d'accord avec la méthode rationnelle, nous a montré partout, dans chacune des grandes époques de l'histoire de la philosophie, le sensualisme et l'idéalisme, le scepticisme et le mysticisme se développant réciproquement dans un progrès et un ordre invariables. Partout, sur le premier plan de chaque époque, nous avons rencontré deux dogmatismes qui bientôt, entrant en lutte l'un contre l'autre, se blessent l'un l'autre, et finissent par faire naître le scepticisme ; celui-ci réagit sur eux à son tour et les modifie, en même temps qu'ils influent puissamment aussi sur sa marche et son caractère, et c'est alors que paraît le mysticisme, qui, né en quelque sorte de la peur du scepticisme et de la défiance de tout dogmatisme, s'écarte également de tous les deux, et s'y rattache encore par la guerre même qu'il leur livre. Cet ordre constant du développement des systèmes, nous pouvons l'ériger en loi, au même titre que la division des systèmes en quatre classes ; et, par conséquent, nous pouvons prédire qu'au dix-huitième siècle, non-seulement les mêmes systèmes se reproduiront, mais qu'ils se reproduiront dans le même ordre. En effet, si vous examinez attentivement les quatre grandes écoles qui se disputent la domination philosophique, sans jamais l'obtenir exclusivement, au dix-huitième siècle, vous verrez qu'elles sont toutes les

---

1. Voyez Histoire générale de la Philosophie, Ire et x^e leçons.

quatre entre elles dans le rapport que nous venons de déterminer.

Il n'y a pas alors une seule école qui n'agisse sur les autres et n'en ressente l'influence ; et c'est ce développement relatif des écoles, cette réciprocité d'action, cette action et réaction perpétuelle, qui constitue la vie philosophique de l'Europe.

Faites-vous une idée exacte de la véritable situation de la philosophie au dix-huitième siècle. Le siècle précédent s'était terminé partout, excepté en Angleterre, par le triomphe de l'idéalisme ; l'idéalisme n'avait pas étouffé, mais il avait vaincu le sensualisme ; et lui-même il s'était perdu dans ses propres fautes, dans les hypothèses ingénieuses mais chimériques qui marquent l'ascendant et amènent la ruine du cartésianisme. C'est alors que la minorité philosophique du dix-septième siècle, forte des fautes de la majorité, devint majorité à son tour; le sensualisme, qui ne comptait qu'un certain nombre de partisans au dix-septième siècle, monta au dix-huitième au premier rang, d'abord en Angleterre, puis en France, et vers 1750 Locke était le philosophe de toute l'Europe éclairée. L'idéalisme du dix-septième siècle résistait sans doute, mais il était battu sur tous les points. Plus tard parut un nouvel idéalisme, celui du dix-huitième siècle, celui de Rousseau et de Turgot, de l'école écossaise et de l'école allemande. Mais Rousseau est évidemment un opposant, un homme de la minorité, qui lutte contre la majorité sensualiste, représentée par les encyclopédistes. De même Reid est un antagoniste de Locke; l'école écossaise est une protestation du bon sens permanent de l'humanité contre les extravagances de la majorité nouvelle ; car, retenez-le bien, je vous prie, on n'est jamais majorité impunément. Kant, c'est Reid en grand, c'est-à-dire encore un antagoniste de Locke. Ainsi, tandis que le sensualisme du dix-huitième siècle est une réaction contre l'idéalisme du dix-septième, l'idéalisme de la fin du dix-huitième siècle est une réaction contre le sensualisme qui le précède. Quant au scepticisme, essayez, je vous prie, de comprendre Hume sans Locke et Berkeley. Qu'est-ce que Hume[1] ? Le dernier mot du système sensualiste de Locke et du système idéaliste de Berkeley. En Allemagne, Schulze-Ænesideme[2] et Hume-Jacobi[3] supposent une école sensualiste et une école idéaliste puissantes et redoutables ; car leur scepticisme, surtout celui de Jacobi, tombe à la fois sur l'une et sur l'autre. Et par parenthèse, remarquez comme l'histoire est bien faite, comme l'esprit qui y préside fait toute chose en son temps avec poids et mesure, et amène les systèmes quand il est bon qu'ils arrivent : après Locke et Berkeley, après Condillac et Kant, le scepticisme était nécessaire, et c'est alors qu'il est venu. D'un autre côté, Saint-Martin n'a-t-il pas été poussé à son mysticisme par l'effroi que lui causaient et le scepticisme auquel il voulait échapper et le triste dogma-

1. PREMIERS ESSAIS, p. 55-66, et PHILOSOPHIE ÉCOSSAISE *passim*.
2. Le grand ouvrage de Schulze est intitulé : *Ænesideme, ou des Fondements donnés à la Philosophie allemande par le professeur Reinhold avec une défense du Scepticisme contre les prétentions de la Critique de la Raison*, 1792. Voyez sur Schulze nos FRAGMENTS ET SOUVENIRS, *Souvenirs d'Allemagne*, p. 109.
3. Jacobi est auteur du traité célèbre : *David Hume et de la Foi, ou l'Idealisme et le Réalisme*. On ne connaît guère parmi nous ce noble esprit et ce noble cœur que par son roman philosophique de WOLDEMAR, traduit par Vanderbourg, 2 vol. in-12, an IV.

tisme de son temps? Il en est de même de Frédéric Schlegel, de Baader et des autres mystiques allemands de notre âge[1]. Ce sont, à mon gré, les enfants d'une époque blasée en fait de spéculation, les derniers produits d'une philosophie découragée qui s'abjure elle-même. Tous ou la plupart ont été d'ardents dogmatiques, que la lutte et le mouvement des systèmes s'entre-détruisant l'un l'autre ont précipités vers le scepticisme, et qui se sont réfugiés, les uns, les plus sensés, sous la discipline régulière et bienfaisante de l'Église, les autres dans un mysticisme hétérodoxe, arbitraire et chimérique. Mais enfin tout ce mysticisme est né du désespoir de la raison spéculative, et on n'arrive au désespoir qu'après avoir passé par l'illusion. Je tiens donc comme un point incontestable que non-seulement il y a quatre grandes écoles au dix-huitième siècle, mais que ces quatre grandes écoles se sont développées régulièrement : d'abord le sensualisme, puis l'idéalisme, puis le scepticisme, puis le mysticisme.

Je ferai comme l'esprit humain et l'histoire. L'esprit humain et l'histoire donnent quatre points de vue, quatre écoles, toujours et partout, et aussi au dix-huitième siècle ; je diviserai donc l'histoire de la philosophie du dix-huitième siècle en quatre parties. De plus, l'esprit humain et l'histoire font paraître ces quatre points de vue, ces quatre grandes écoles dans un ordre déterminé ; je vous les présenterai dans le même ordre : je commencerai par le sensualisme ; de là j'irai à l'idéa-

[1]. Voyez sur F. Schlegel et Franz Baader, dans l'ouvrage déjà cité, *Souvenirs d'Allemagne*, p. 68 et 69, et p. 71-76.

lisme, puis au scepticisme, et je finirai par le mysticisme. Mais j'aurai bien soin, en vous présentant successivement chacune de ces quatre écoles, de vous montrer toujours leur rapport intime et leur action réciproque à tous les degrés de leur développement. Tel sera l'ordre de ce cours.

Maintenant, quel en sera l'esprit ? De quel côté me rangerai-je, dans cette guerre intestine de la philosophie européenne au dix-huitième siècle? Serai-je sensualiste, idéaliste, sceptique, ou mystique ? Encore une fois, je ferai comme l'esprit humain et l'histoire. L'esprit humain et l'histoire portent quatre systèmes ; donc ces quatre systèmes sont vrais, au moins en partie; car rien n'est, rien ne peut être qui n'ait un rapport quelconque à la vérité. La pure erreur, je vous l'ai déjà dit, est à peu près impossible : l'erreur ne pénètre dans l'esprit d'un homme que par le côté de vérité qui est en elle; de même elle n'est admise par d'autres esprits, elle ne se soutient dans le monde que par là, et le succès de tout système y suppose quelque sens commun. Le dix-huitième siècle a pu porter ces quatre systèmes, ils y ont eu de grands succès; donc ces quatre systèmes ont leur vérité. D'un autre côté, ces quatre systèmes ont lutté ensemble, ils se sont fortement contredits. Le jour où dans le monde paraîtra la vérité absolue, il n'y aura plus de contradiction et de lutte, tout combat cessera; car c'est la vertu de la vérité de rallier à elle tous les esprits. Mais, au dix-huitième siècle, comme à toutes les grandes époques de l'histoire de la philosophie, je vois des luttes, une vive polémique entre ces quatre systèmes ; j'en conclus que si ces quatre sys-

tèmes, pour avoir été, ont eu leur raison d'être, leur
part de vérité, ils ont eu aussi leur part d'erreur, pour
être ainsi tombés dans la lutte et la polémique ; ils sont,
donc ils sont plus ou moins vrais ; ils sont quatre, donc
ils sont plus ou moins faux : cela est pour moi d'une
rigueur et d'une évidence plus que mathématique. Quel
est alors le devoir de l'historien? Ici comme ailleurs,
comme toujours, son devoir est de faire ce qu'ont fait
l'esprit humain et l'histoire : qu'il ne repousse pas
ces quatre systèmes, puisqu'ils ont été ; et en même
temps qu'il ne soit dupe d'aucun d'eux, car ils ont été
non pas un, mais quatre, et par conséquent plus ou
moins erronés et défectueux. Je ferai donc deux choses :
je justifierai les principes généraux des quatre écoles
que présente la philosophie du dix-huitième siècle ;
je défendrai chacune de ces écoles contre les trois
autres, au nom de l'esprit humain et de l'histoire, qui,
les ayant admises, ont eu pour cela, je pense, d'excellentes raisons que je donnerai ; et, en même temps,
tout en défendant chacune de ces écoles contre les trois
autres, j'accablerai du poids des trois autres, comme
l'ont fait l'esprit humain et l'histoire, les prétentions
exagérées et exclusives de chacune d'elles. Encore une
fois, l'histoire les a portées toutes les quatre, donc
je les accepterai toutes ; l'histoire les a contredites les
unes par les autres, donc je les contredirai les unes par
les autres et je n'en épouserai aucune. Ainsi, dans
l'examen que je ferai de chacune des grandes écoles
du dix-huitième siècle, il y aura toujours deux parties : 1° une partie apologétique, qui représentera
pour ainsi dire les raisons d'existence de chaque école

dans l'histoire ; 2° une partie critique, qui représentera la lutte et les défaites qu'elle a subies.

Tel est le plan, tels sont les divisions, l'ordre et l'esprit de l'histoire que je me propose de vous présenter des quatre grandes écoles du dix-huitième siècle. Mais me bornerai-je à ce rôle d'historien ? Un récit fidèle, empreint d'une impartialité, qui peut avoir l'air de l'indifférence, et qui repose au contraire sur une sympathie profonde pour l'humanité et pour tout ce qui vient d'elle, est-il l'unique, la suprême tâche que je me propose ? Non ; je conviens que je m'en propose une autre encore, et je vous avertis que tout ceci tend et aboutira à des conclusions dogmatiques.

Un peu de vérité est incontestablement sous les erreurs contraires des quatre systèmes élémentaires de la philosophie, sans quoi ces erreurs mêmes seraient impossibles. Mais c'est l'erreur qui est diverse : la vérité est une. Ces quatre systèmes, si différents dans leurs erreurs, peuvent et doivent s'accorder dans les vérités qu'ils renferment. Les erreurs des systèmes qui s'entre-détruisent couvrent des vérités qui ne passent point, et l'histoire de la philosophie contient, comme dit Leibniz, *perennis philosophia*, une philosophie immortelle, cachée et non perdue dans les développements excentriques des systèmes. C'est là le fonds commun sur lequel nous vivons tous, peuple et philosophes : nous vivons dans la vérité et de la vérité, pour ainsi dire ; et il suffit de dégager ce fonds immortel des formes défectueuses et variables qui l'obscurcissent à la fois et le manifestent dans l'histoire, pour atteindre à la vraie philosophie. Je l'ai dit il y a bien longtemps[1] : si la philosophie n'est pas déjà, vous la cherchez en vain ; vous ne la trouverez pas. Ne serait-il pas absurde, en effet, qu'ici, en 1829, je vinsse me porter pour avoir découvert enfin, dans ce point du temps et de l'espace, la vérité qui aurait échappé à trois mille ans de recherches infructueuses et à tant de générations d'hommes de génie ? La prétention est insensée, et toute philosophie qui se présente ainsi est une philosophie qu'il est aisé de confondre, même avant d'avoir entendu les révélations qu'elle promet. Si, au contraire, l'histoire de la philosophie contient disséminée parmi les innombrables systèmes qui paraissent et disparaissent tour à tour une philosophie toujours subsistante, toujours ancienne et toujours nouvelle, il ne s'agit que de la dégager et de la recueillir. Il s'agit de relever le côté vrai de tous les systèmes, de le mettre en harmonie avec le côté vrai de tous les points de vue de l'esprit humain, de rassembler et d'offrir aux hommes ce qui est déjà dans les divers philosophes, mais en fragments et comme en lambeaux, ce qui fut de tout temps et ce qui sera toujours, mais partout et toujours plus ou moins mélangé, altéré, corrompu par le mouvement du temps et des choses humaines, la faiblesse de la réflexion et les illusions systématiques du génie.

C'est là, vous le savez, l'objet de tous mes travaux ; cette histoire de la philosophie du dix-huitième siècle sera donc, à proprement parler, un cours de philosophie, sous la forme d'un cours de l'histoire de la philoso-

---

[1]. Premiers Essais, p. 242, etc.

phie, dans les limites d'une seule époque, de l'époque la plus récente, la plus voisine de nous. J'aboutirai, je veux aboutir à des conclusions théoriques, je ne m'en défends pas; mais ces conclusions ne seront autre chose que le relevé et la réunion de toutes les vérités qui ont été mises et répandues dans le monde par les quatre grandes écoles du dix-huitième siècle. Toute grande époque de l'histoire de la philosophie a pour ainsi dire un résultat net, qui se compose de toutes les erreurs et de toutes les vérités dues à cette époque : c'est là le legs qu'elle fait à celle qui la suit. Le dix-huitième siècle a aussi son résultat net; il a un legs à faire au dix-neuvième siècle. J'accepte ce legs avec reconnaissance, mais sous bénéfice d'inventaire; je veux l'épurer, et le présenter ainsi à la génération qui s'avance, comme son patrimoine, et le fonds sur lequel elle doit travailler.

Vous comprenez la portée de l'entreprise philosophique et historique que je me propose d'exécuter avec vous et devant vous. Le but est bon, je le crois, mais la route sera longue; ce n'est pas en quelques mois, ce n'est pas en une année, que nous pourrons arriver au terme. Il importe donc de faire les premiers pas le plus tôt possible, et j'aborderai dès la prochaine leçon la première grande école qui s'offre à nous au dix-huitième siècle, l'école sensualiste.

DEUXIÈME LEÇON

ÉCOLE SENSUALISTE AU DIX-HUITIÈME SIÈCLE

Sujet de cette leçon : Revue des divers systèmes de l'école sensualiste en Europe au dix-huitième siècle, en Angleterre, en France, en Allemagne. — Que, par fidélité même, l'histoire doit s'attacher aux systèmes les plus célèbres. Dans quel ordre les étudier ? Méthode ethnographique. Trois objections : 1° qu'elle est arbitraire ; 2° qu'elle ne montre pas le véritable enchaînement, l'action réciproque des systèmes ; 3° qu'elle est défavorable à l'instruction scientifique. — De la vraie méthode : Suivre à la fois les dates des systèmes, leur dépendance, et l'analogie des matières. — Commencer par les métaphysiciens et par Locke.

La précédente leçon a mis sous vos yeux la classification générale des systèmes qui remplissent la philosophie du dix-huitième siècle. Nous avons ramené ces systèmes si divers et si nombreux à quatre écoles ; nous avons déterminé l'ordre dans lequel ces quatre écoles ont paru, et par conséquent celui dans lequel il faut les présenter.

C'est l'école sensualiste qui précède les autres : c'est donc elle que nous examinerons la première.

Mais cette école est vaste ; elle embrasse plusieurs nations et bien des systèmes. Par où commencer ? Remarquez que ce n'est pas moi qui vous arrête quelque temps encore sur cette question préliminaire ; c'est la méthode elle-même, la méthode, qui met un frein à l'impétuosité naturelle de la pensée, et la condamne à ne rien entreprendre dont elle ne se soit rendu un compte sévère. C'est le propre de la philosophie naissante de se laisser emporter par son objet, et de se précipiter d'abord dans toutes les routes qui s'offrent à elle ; mais c'est le caractère d'une philosophie plus avancée d'emprunter à la réflexion les motifs de toutes ses démarches, et de ne s'engager dans aucune route sans l'avoir mesurée tout entière, sans avoir bien reconnu le point d'où elle part et celui où elle arrive. Ainsi, comme, en abordant le dix-huitième siècle, nous avons commencé par rechercher l'ordre dans lequel nous devions étudier les diverses écoles dont il se compose, de même nous ne pouvons aborder à l'aventure l'école sensualiste ; il nous faut aussi rechercher l'ordre dans lequel nous devons étudier les différents systèmes que renferme cette école.

Mais nous ne pouvons classer des systèmes dont nous n'aurions pas la moindre idée ; nous sommes donc condamné à commencer par une sorte de reconnaissance, de revue rapide de tous les monuments de l'école sensualiste du dix-huitième siècle. Assurément je ne dois, je ne veux entrer dans aucun détail, car j'anticiperais sur les leçons étendues qui doivent suivre ; je ne veux vous citer que des noms propres, des titres d'ouvrages et des dates ; mais enfin ces noms propres, ces titres, ces dates nous sont absolument nécessaires pour que nous puissions nous orienter dans le monde où nous faisons aujourd'hui les premiers pas.

Locke est le père de l'école sensualiste du dix-huitième siècle : placé entre deux siècles, il forme la transition de l'un à l'autre ; il est le dernier mot de l'école sensualiste du dix-septième siècle, et le premier mot de celle du dix-huitième. En effet, parcourez tous les philosophes sensualistes du dix-huitième siècle, il n'y en a pas un qui n'invoque l'autorité de Locke ; je ne parle pas seulement des métaphysiciens, mais des moralistes et des publicistes, et non pas seulement en Angleterre, mais en France, et d'un bout de l'Europe à l'autre. Locke est le chef, le maître avoué de toute l'école sensualiste du dernier siècle. Voici maintenant les représentants les plus célèbres de cette école.

En Angleterre, sans parler de Collins, de Dodwell et de Mandeville [1], que vous connaissez, nous trouvons un peu plus tard David Hartley, avec ses *Observations sur l'Homme* [2]. C'est la première sérieuse tentative pour rattacher l'étude de l'homme intellectuel à celle de l'homme physique. L'auteur de la *Zoonomie* [3] poursuivit l'œuvre de Hartley. Contemporain de Darwin, Priestley, qui s'est fait un nom comme physicien, a marché dans la même route et laissé un grand nombre d'ouvrages, dont le plus connu est son *Traité de la Matière et de l'Esprit* [4], où il

1. Voyez PHILOSOPHIE SENSUALISTE, IIe leçon.
2. David Hartley, médecin, né en 1704, mort en 1757. Il a publié : *Observations on Man, his frame, his duty, and his expectations*, London, 1749, in-8. La bonne édition, avec les notes et additions de Pistorius traduites en anglais, est de Londres, 1791, 3 vol. Cette édition a été plusieurs fois réimprimée. Il y en avait une traduction française, de l'abbé Jurain, 2 vol., Reims, 1755 ; mais celle de l'abbé Sicard l'a effacée : *De l'Homme, de ses Facultés physiques et intellectuelles*, 2 vol. in-8, 1802. Priestley a donné un ouvrage posthume de Hartley, intitulé : *Theory of human Mind*, Lond., 1775, non traduit.
3. Elle a été traduite en français, Gand, 4 vol. in-8, 1810-1812.
4. Principaux ouvrages philosophiques de Priestley : *an Examination of Dr. Reid's Inquiry into the human Mind, Dr. Beattie's Essay on the nature and immutability of Truth, and Dr. Oswald's Appeal to*

identifie l'esprit et la matière. Il a combattu l'école écossaise ; il est aussi théologien, et théologien hétérodoxe, comme vous pouvez le penser ; enfin, c'est un publiciste hardi et tout à fait radical : il est mort en 1804. Horne-Tooke, si fameux par ses aventures politiques, a appliqué à la grammaire[1] les principes généraux de l'école ; il a vécu jusqu'en 1812. Viennent ensuite deux publicistes encore vivants, Godwin, auteur de la *Justice politique*[2], et Bentham, qui est aujourd'hui le grand représentant de l'école politique sensualiste de l'Europe entière : son âge, sa renommée, sa qualité d'étranger, nous donnent, je pense, le droit de nous occuper de lui comme d'un philosophe qui appartient à l'histoire[3].

Si nous passons en France, nous y trouvons, vers la moitié du dix-huitième siècle, l'abbé de Condillac[4], dont les nombreux ouvrages embrassent toutes les parties de la philosophie ; mais c'est en lui le métaphysicien qui domine. On ne peut parler du dix-huitième siècle

---

common Sense. London, 1774.—*Letters on Materialism and Hartley's theory of the human Mind*, Lond., 1776.— *Disquisitions relating to Matter and Spirit*, Lond., 1777.—*The doctrine of philosophical Necessity illustrated*, etc., Lond., 1777.—*Three dissertations on the doctrine of Materialism and philosophical Necessity*, Lond., 1778. — *Letters to a philosophical Unbeliever containing an examination of the principal objections to the doctrines of natural Religion and especially those contained in the writings of Mr. Hume*, Bath., 1780 —*Additional Letter*, 1781-1787.—*A continuation of the Letters*, 1794. — On a traduit en français ses *Discours sur l'Histoire et sur la Politique*, Paris, an IV de la République, 2 vol. in-8.

1. Dans son ouvrage intitulé : "Ἔπεα πτερόεντα (p. 26) or *Diversions on Purley*, 1786, t. 1er ; le second a paru en 1805. —

2. *Inquiry concerning political Justice*, 2e édit., Londres, 1796, 2 vol. Godwin est célèbre par son roman de *Caleb William*.

3. Nous n'avions pas osé prendre cette liberté en 1819, PHILOSOPHIE SENSUALISTE, leç. VI, p. 213.

4. PHILOSOPHIE SENSUALISTE, leç. II et III.

en France sans faire mention de l'*Encyclopédie*; car l'*Encyclopédie* est le monument qui représente le mieux le dix-huitième siècle parmi nous, avec sa grandeur et sa hardiesse, comme avec tous ses déréglements. Diderot est surtout remarquable par ses idées sur les beaux-arts; c'est un critique paradoxal et enthousiaste [1]. Helvétius doit être considéré comme un disciple de Condillac, car le livre de l'*Esprit* parut en 1758, tandis que l'*Essai sur l'origine des Connaissances humaines* est de 1746, le *Traité des Systèmes* de 1749, et le *Traité des Sensations* de 1754; de telle sorte qu'il est impossible de ne pas placer Helvétius après Condillac, quoiqu'il soit mort avant lui [2]; car c'est moins la date de leur mort que celle de leurs ouvrages qui constitue l'âge relatif des philosophes. A la suite d'Helvétius vient Saint-Lambert [3], dont le *Catéchisme de Morale universelle* a été couronné dans le concours des prix décennaux au commencement de ce siècle. Vous pouvez placer à peu près à la même époque Condorcet, Dupuis et Cabanis. Condorcet appartient à l'histoire de la philosophie par son *Esquisse des progrès de l'Esprit humain* [4]: il a succombé avant le temps, en 1794. Dupuis, dont l'ouvrage sur l'*Origine des Cultes* est si répandu, est mort en 1809. Cabanis, qui joue à peu près en France le même rôle qu'Hartley en Angleterre

---

1. Voyez le jugement que nous en portons, DU VRAI, DU BEAU ET DU BIEN, leç. VI, p. 135.
2 Condillac est mort en 1780, et Helvétius en 1771. Voyez sur Helvétius PHILOSOPHIE SENSUALISTE, leç. IV.
3. *Ibid.*, leç. V.
4 Sur cet ouvrage, voyez INTRODUCTION A L'HISTOIRE DE LA PHILOSOPHIE, leç. XI, p. 245.

par ses *Rapports du Physique et du Moral*, est mort en 1808. Volney, l'auteur des *Ruines*, est mort il y a quelques années ; Gall, tout récemment. A cette liste je pourrais, je devrais peut-être, mais je n'oserai point ajouter un homme qui, par son âge, appartient à cette génération d'hommes célèbres plutôt qu'au siècle et au mouvement dans lequel nous sommes ; le respectable vieillard qui, par l'élévation et la bonté de son caractère, la rigueur de sa pensée et la lucidité de son style, est aujourd'hui parmi nous le représentant le plus fidèle et le plus complet de l'école sensualiste du dix-huitième siècle : vous pensez tous à notre compatriote si justement estimé, M. Destutt de Tracy.

En Allemagne, sans parler de quelques beaux esprits, français [1] ou allemands, de la cour de Frédéric, l'école sensualiste nous présente plusieurs noms célèbres, entre autres ceux de Herder et de Tiedemann. Herder a beaucoup écrit contre Kant ; mais l'ouvrage auquel est attaché son nom est sa *Philosophie de l'histoire de l'Humanité*[2]. Tiedemann a servi l'école sensualiste par une foule d'écrits théoriques et historiques, surtout par son *Esprit de la Philosophie spéculative*[3].

Si vous considérez les autres parties de l'Europe, vous n'y trouvez guère pour l'école que nous allons étudier que deux hommes dignes de l'attention de

---

1. Par exemple La Mettrie, né en 1709, mort en 1751. Ses principaux ouvrages sont : l'*Homme machine* et l'*Homme plante*. 1748. Ses œuvres philosophiques ont été recueillies en 2 petits vol. in-12, Amsterdam, 1752. Il y en a une dernière édition, Paris, 1796, 2 vol. in-8

2. Voyez INTRODUCTION A L'HISTOIRE DE LA PHILOSOPHIE, leç. XI, p. 240, etc.

3. *Ibid.*, leç. XII, p. 264, etc.

l'histoire. C'est d'abord en Italie Genovesi, de Naples [1] ; ses écrits retiennent quelque chose de la philosophie du dix-septième siècle et de Leibniz ; mais Locke y domine, et finit même par y paraître tout seul. En Suisse, vous avez Bonnet, qui semble formé à l'école de Hartley, naturaliste et métaphysicien sincèrement religieux et ouvertement matérialiste, qui appartient à l'histoire de la philosophie par l'*Essai analytique sur les facultés de l'Ame*[2].

Telle est la liste des noms et des systèmes qui remplissent l'école sensualiste au dix-huitième siècle : c'est sur cette liste qu'il s'agit d'opérer. Je la crois à peu près complète, ou du moins il n'y manque que des noms et des ouvrages peu renommés. Il faut mesurer à chacun la place qu'il doit tenir dans l'histoire sur celle qu'il a occupée dans la réalité. Posons en principe que notre attention se portera seulement sur les représentants éminents de l'école sensualiste, et que nous laisserons dans l'ombre, en les mentionnant sans doute, mais sans nous y arrêter, tous ceux qui n'ont fait autre chose que suivre les voies battues, et se grouper autour des hommes illustres qui seuls doivent nous intéresser. Cette première considération réduit déjà notre tâche ; reste à savoir dans quel ordre nous devons l'accomplir ; il importe de fixer cet ordre, sous peine de marcher en aveugles dans la route qui est devant nous.

Il semble que nous pourrions adopter l'ordre que nous venons de suivre. Qu'avons-nous fait ? Nous avons

---

1. Né en 1712, mort en 1769.
2. Né en 1720, mort en 1793. Ses œuvres complètes ont paru en 9 vol. in-4, de 1779 à 1783.

parcouru l'Europe de nation en nation ; nous avons considéré l'Angleterre, puis la France, puis l'Allemagne, puis l'Italie et la Suisse : c'est là ce qu'on appelle l'ordre ethnographique. Mais on peut faire contre cet ordre trois objections fondamentales.

D'abord, il nous a plu de commencer par l'Angleterre ; mais pourquoi avons-nous commencé par l'Angleterre, et non par la France ou par l'Allemagne ? Quelle raison y a-t-il pour commencer par une nation plutôt que par une autre ? On répondra que le choix n'est pas arbitraire, puisque c'est un Anglais, Locke, qui est le fondateur de toute l'école sensualiste moderne ; qu'ainsi il convient de commencer par Locke. Cela est vrai pour Locke ; mais vers 1750, les principes du philosophe anglais sont répandus dans toute l'Europe, et se développent partout ailleurs aussi bien qu'en Angleterre. Par exemple, après Locke et Hartley, selon l'ordre ethnographique, vous devriez prendre Darwin et Priestley ; mais ceux-ci ne sont pas plus disciples de Locke que ne l'étaient Voltaire, Helvétius, Saint-Lambert, et surtout Condillac, qui s'est tenu si près de Locke, et en a propagé si puissamment la métaphysique. De plus, lorsque vous aurez épuisé l'Angleterre, par quelle nation continuerez-vous ? Irez-vous de l'Angleterre à la France, ou à l'Allemagne, ou à la Suisse, ou à l'Italie ? Commencerez-vous par Condillac, ou par Herder, ou par Bonnet, ou par Genovesi ? Il n'y a pas de raison décisive d'opter pour la France plutôt que pour tout autre pays. Quelque pas que vous fassiez, vous ne pouvez échapper à l'arbitraire.

Voici le second inconvénient de la méthode ethnographique. Lorsque vous débutez par tel ou tel pays, par l'Angleterre, par exemple, que vous y poursuivez l'entier développement de l'école sensualiste, et parcourez successivement Locke, Hartley, Darwin, Priestley, Horne-Tooke, Godwin, Bentham, avant d'avoir fait connaître Condillac, Helvétius, Saint-Lambert, etc., vous ne faites pas moins que supprimer les relations des systèmes européens entre eux, et la réciprocité d'action de ces systèmes l'un sur l'autre. Quand Priestley écrivait, Condillac avait déjà produit une vive sensation en Europe ; par conséquent la pensée de Condillac avait dû avoir quelque influence sur celle de Priestley : négliger cette influence, c'est méconnaître la vraie place de Priestley dans l'histoire. Cette remarque s'applique bien davantage à Godwin et à Bentham, lesquels sont des disciples de l'école sensualiste de France tout autant ou plus encore que de cette même école en Angleterre. Je pourrais multiplier les exemples, mais un seul suffirait pour démontrer que la méthode ethnographique a l'immense inconvénient de détruire les relations naturelles des systèmes, leur ordre de dépendance, et par là le caractère le plus général de la philosophie européenne au dix-huitième siècle, son unité. En effet, l'Europe est une au dix-huitième siècle. Ce qui commence en Angleterre se poursuit en France, réagit sur l'Angleterre, repasse en France, revient encore en Angleterre, et c'est par ces contre-coups perpétuels que marche et se forme la philosophie européenne. Là où cet enchaînement, cet ordre progressif, cette logique des événements ne sont pas marqués, il y a des matériaux pour l'histoire, il n'y a pas d'histoire véritable.

L'ordre ethnographique fait plus, il s'oppose à ce qu'il sorte aucun résultat scientifique de l'histoire. Vous commencez par l'Angleterre, et vous rencontrez d'abord Locke, c'est-à-dire un métaphysicien. Viennent ensuite Hartley, Darwin, qui sont des physiologistes à proprement parler; vous perdez donc de vue la métaphysique, pour vous enfoncer dans la physiologie. Puis vous passez à Horne-Tooke, qui est un grammairien, et vous quittez la physiologie, comme tout à l'heure vous avez quitté la métaphysique. Enfin vous arrivez à Bentham, qui est un publiciste, et vous vous écartez à la fois et de la métaphysique, et de la physiologie, et de la grammaire. En venant d'Angleterre en France, vous trouvez Condillac, avec lequel vous recommencerez vos études métaphysiques, pour les abandonner bientôt, et reprendre vos études de politique et de morale avec Helvétius et Saint-Lambert. Vous voilà donc retrouvant à chaque pas les mêmes interruptions que vous aviez traversées en Angleterre. Les mêmes interruptions vous attendent en Allemagne. Sans cesse vous quittez un sujet pour un autre, puis cet autre pour revenir au premier. Or, je le demande, que gagne la métaphysique, que gagnent la morale, la politique, enfin toutes les parties de la philosophie, à des études qui ne commencent que pour être bientôt suspendues et ne recommencent que pour être abandonnées encore? L'histoire de la philosophie ainsi étudiée manque entièrement son but le plus élevé, qui est l'avancement de la science.

Telles sont les trois objections qui ne permettent pas de songer à la méthode ethnographique; il nous faut trouver une méthode qui soit à l'abri de ces objec-

tions : 1° une méthode qui ne soit point arbitraire ;
2° qui montre l'enchaînement des systèmes ; 3° qui répande une véritable lumière sur chacune des sciences dont on fait l'histoire.

Contre le péril de l'arbitraire nous emploierons la chronologie. Il n'y a rien de moins arbitraire que des chiffres et des dates. En suivant tous les systèmes dans l'ordre chronologique à travers l'Europe entière, vous ne vous mettez pas à la place de l'histoire, vous prenez l'histoire telle qu'elle s'est faite. Sous ce rapport, la méthode chronologique est celle que nous devons adopter ; mais seule elle ne suffirait pas, et il est indispensable de féconder et d'éclairer l'ordre du temps en y joignant celui de la dépendance réciproque des systèmes. Aussitôt qu'un système est donné avec sa date (et nous supposons ici un système capable d'exercer quelque influence en Europe, car autrement il n'appartient pas à l'histoire), on doit rechercher quels sont les effets de ce système, c'est-à-dire quels systèmes il engendre directement ou indirectement, soit parce qu'ils le reproduisent, soit parce qu'ils le combattent. Il ne faut point ici se renfermer dans un pays, il faut se donner pour théâtre l'Europe entière. Quel que soit le lieu où paraisse l'effet d'une cause, il faut l'y suivre et rapporter cet effet à sa cause ; si la cause est en Angleterre et l'effet en Allemagne, il faut aller de l'Angleterre à l'Allemagne pour revenir ensuite, s'il est nécessaire, de l'Allemagne à l'Italie, ou à l'Angleterre encore. Nous n'avons aucun droit sur la réalité ; et si c'est un caractère réel des systèmes philosophiques au dix-huitième siècle de s'être suscités les uns les autres d'un bout de l'Europe à l'autre, c'est le devoir de l'histoire de retracer ce mouvement et cet enchaînement. Dans le drame de la philosophie européenne du dix-huitième siècle, l'unité de lieu est indifférente; c'est à l'unité d'action qu'il faut s'attacher. En unissant l'ordre de dépendance réciproque des systèmes et leur ordre chronologique, vous vous préservez ici de l'arbitraire, là de l'incohérence. Ce n'est pas tout; on doit encore considérer les systèmes par l'analogie des matières dont ils traitent. Il serait absurde de mettre les métaphysiciens avec les publicistes, les moralistes avec les physiciens, les historiens avec les critiques et les grammairiens, etc.; loin de là, il importe de rapprocher les choses analogues, de telle sorte que le tableau des développements successifs d'une même science, de la métaphysique, par exemple, dans les divers pays de l'Europe, offre toute la métaphysique de l'école sensualiste en Europe au dix-huitième siècle. J'en dis autant pour la morale, pour la politique, pour l'esthétique, c'est de cette manière, et de cette manière seule, que l'histoire de la philosophie deviendra ce qu'elle doit être, un enseignement philosophique.

Fort bien! direz-vous, ces trois conditions sont excellentes, si elles sont possibles; mais peut-on faire marcher de front les dates des systèmes, leur dépendance réciproque, et l'analogie des matières, l'ordre chronologique, l'ordre historique et l'ordre scientifique?

Nous le croyons, et un examen attentif démontre, selon nous, que ces trois ordres se tiennent intimement. D'abord, pour qu'un système en produise un

autre, il faut bien qu'il l'ait précédé. Il y a plus : non-
seulement tout système précède celui qu'il produit,
mais on peut dire jusqu'à un certain point qu'il produit celui qu'il précède. Si nous étions à une époque
où les différentes nations de l'Europe fussent à peu
près isolées, assurément il serait fort possible qu'un
système parût à Londres sans avoir aucune influence
sur ceux qui paraîtraient plus tard à Paris ; mais, encore une fois, l'Europe est une au dix-huitième siècle :
des communications rapides et continuelles de tout
genre, l'imprimerie, la presse périodique, unissent
l'Angleterre, la France et l'Allemagne ; et aussitôt
qu'un système se montre sur tel ou tel point de l'Europe civilisée, il est connu et il agit presque immédiatement au point le plus éloigné de celui qui l'a vu
naître. Il se peut qu'il y ait des penseurs tellement
solitaires, ou tellement soigneux de leur originalité,
qu'ils ignorent ou prennent à tâche d'ignorer ce qui
se fait autour d'eux ; ce sont des exceptions plus ou
moins heureuses ; mais, en général, rien n'est isolé
en Europe au dix-huitième siècle, et la même année
produit une découverte et la répand d'un bout du
monde à l'autre. Ainsi, dès qu'un système se produit,
en supposant, et c'est toujours là l'hypothèse, songez-y
bien, que ce premier système jette un assez grand
éclat, il est impossible que les systèmes qui viennent
après ne s'y rattachent plus ou moins et ne soutiennent avec lui un rapport soit de ressemblance, soit
d'opposition. L'ordre chronologique est donc la condition de l'ordre historique.

Il en est de même de l'ordre des matières. Il est

également impossible de supposer les applications avant les principes. Or en philosophie la métaphysique est le principe; tout le reste est conséquence et application. La métaphysique est évidemment le fondement de la morale, de l'esthétique, de la politique. Dans une école, quelle qu'elle soit, l'histoire de la philosophie ne peut paraître qu'autant que la métaphysique de cette école et toutes les grandes applications morales, esthétiques et politiques auront été développées; sans cela cette école n'aura pas une mesure qui se puisse appliquer à tous les systèmes, et n'attendez pas qu'elle produise un historien [1]. Voilà ce que dit la raison; les faits s'accordent avec elle.

En Angleterre, l'ordre chronologique donne Locke et la métaphysique, puis les applications de la métaphysique, Hartley, Priestley, Bentham. Essayez de déplacer les termes de cette série; essayez de mettre Hartley, Priestley et Bentham avant Locke; vous ne le pouvez pas : donc l'ordre des matières, tel qu'il se tire de la nature même des choses, se réalise ici dans l'histoire de la philosophie anglaise. Il se réalise aussi dans l'histoire de la philosophie en France. Concevez-vous, je vous prie, Condorcet, Saint-Lambert, Helvétius avant Condillac? Il en est de même partout; partout les diverses parties de la philosophie suivent dans le temps le même ordre que dans la pensée, parce que le temps ne fait que manifester la nature des choses : la nature des choses et le temps, la théo-

---

[1]. Voyez dans l'INTRODUCTION A L'HISTOIRE DE LA PHILOSOPHIE, leç. XII, les conditions de tout grand développement de l'histoire de la philosophie.

rie et l'histoire nous donnent ce même résultat, que la métaphysique précède, que les applications morales, esthétiques et politiques suivent, et que ce qui termine est le jugement qu'une école complétement constituée porte sur le passé, c'est-à-dire l'histoire, et en particulier l'histoire de la philosophie. Donc l'ordre chronologique bien entendu et sagement interprété comprend les deux autres ; et ainsi se trouve établie l'harmonie des différents ordres.

Si l'historien de la philosophie du dix-huitième siècle veut embrasser toutes les faces des nombreux phénomènes qui sont sous ses yeux, il doit les considérer d'abord dans leur succession chronologique ; il doit ensuite les considérer dans leur dépendance réciproque ; il doit enfin les considérer dans leur rapport avec telle ou telle matière donnée. Et ces divers points de vue, également nécessaires, ne sont tous les trois que des côtés distincts de l'esprit philosophique appliqué à l'histoire.

L'ordre chronologique est sans contredit le fondement de l'histoire ; mais, employé seul et mal entendu, il ne donne que des dates insignifiantes, des expositions variées et plus ou moins intéressantes, mais sans unité, en un mot des chroniques. Les chroniques sont excellentes quand elles sont vraies, dans l'enfance de la civilisation où l'homme, sans comprendre et sans chercher à comprendre ce qui se passe sous ses yeux, le reproduit avec une fidélité naïve, et le transmet aux générations futures. Mais aujourd'hui la chronique, convertie en genre, est un véritable anachronisme. L'histoire ne peut plus être un simple amusement littéraire; elle doit parler à la raison. Ce n'est pas assez d'être un tableau, il faut qu'elle soit une leçon, et elle ne peut l'être qu'autant qu'elle rapporte les effets aux causes, et présente les faits non pas seulement dans leur succession chronologique, mais dans cet enchaînement qui les explique les uns par les autres en les tirant les uns des autres. C'est par là seulement qu'elle peut faire comprendre certains faits, certains systèmes. Il est tel système métaphysique qui, considéré seul, résiste à l'attention la plus pénétrante et demeure obscur. Mais mettez ce système en rapport avec ceux qui le suivent et qu'il a produits, la scène change; cette masse obscure s'éclaircit et se convertit en un principe lumineux qui vous révèle sa nature par ses effets, par les systèmes qui en sont les conséquences; ces conséquences en produisent d'autres qui développent les premières, jusqu'à ce que, de conséquences en conséquences et de systèmes en systèmes, la puissance du principe soit épuisée. S'il est faux, ce sont ses conséquences qui trahiront et mettront en lumière le vice de leur principe, qui tout seul vous eût peut-être échappé. L'ordre de dépendance peut seul vous donner cette haute instruction. Enfin, l'histoire de la philosophie se manquerait à elle-même, si elle n'était pas une éducation philosophique. Qu'est-ce que la vie d'un individu, sinon sa continuelle éducation? qu'est-ce que l'histoire politique, sinon une éducation sociale? que peut être l'histoire de la philosophie, sinon l'éducation du philosophe? Mais l'éducation philosophique ne se fait pas en courant à la hâte sur des matières sans aucune connexité entre elles et à travers des sujets qui changent et se métamorphosent perpétuellement sous l'œil qui les considère. L'ordre d'analogie des matières entre elles doit donc se joindre à l'ordre de dépendance des systèmes, lequel dérive de leur succession, de l'ordre chronologique, base nécessaire des deux autres.

Ces trois points de vue nous dirigeront dans l'histoire de l'école sensualiste du dix-huitième siècle. Je suivrai scrupuleusement l'ordre chronologique ; mais je l'interpréterai par l'ordre historique, par la recherche de la filiation et de la généalogie des systèmes ; et je me garderai bien de séparer ce que la nature des choses, ce que l'histoire et les dates ont rapproché : je mettrai tous les systèmes de métaphysique les uns avec les autres, puis j'examinerai toutes les grandes applications de la métaphysique à la morale, à l'esthétique, à la société, et je terminerai comme termine toute école, quel que soit son caractère, par ses applications à l'histoire générale et à l'histoire de la philosophie, qui en est le couronnement.

Pour être fidèle à l'ordre que je viens de vous indiquer, je dois commencer par la première série de l'école sensualiste, c'est-à-dire la série des métaphysiciens. Locke est à la tête des métaphysiciens sensualistes du dix-huitième siècle ; c'est lui qui a produit tous les autres et qui a fourni à ses successeurs les matières mêmes dont ils se sont occupés. C'est donc par Locke qu'il faut commencer. Sa gloire méritée, son génie, son immense influence en tout genre nous commandent de l'étudier sérieusement et d'en faire le sujet d'un examen approfondi.

TROISIÈME LEÇON

LOCKE. SA VIE.

Locke : sa biographie. — Sorti d'une famille libérale. — Ses premières études. — Descartes le dégoûte de la scolastique. — Il s'occupe particulièrement de médecine. — Il entre dans le monde politique ; son amitié avec Shaftesbury. — Ses fortunes diverses. — Chassé de l'université d'Oxford. — Se réfugie en Hollande. — Révolution de 1688. — Faveur de Locke jusqu'à sa mort — Son caractère : désintéressement, prudence, fermeté, indulgence. — Revue de ses ouvrages. — De l'*Essai sur l'Entendement humain.*

Locke est le père de toute l'école sensualiste du dix-huitième siècle. Il est incontestablement, en date comme en génie, le premier métaphysicien de cette école. Et Locke n'est pas seulement un métaphysicien ; il a transporté lui-même sa métaphysique dans la science du gouvernement, dans la religion, dans l'économie politique : ses ouvrages en ce genre ont servi de fondement aux ouvrages analogues de l'école sensualiste. Pour bien connaître cette école, il faut donc connaître à fond la métaphysique de Locke ; voilà pourquoi je me propose de l'examiner avec le soin le plus scrupuleux et l'étendue convenable.

Mais avant de vous exposer la philosophie de Locke,

il faut que vous sachiez quel a été, dans sa vie et dans son caractère, celui qui a exercé une si puissante influence sur la destinée morale et intellectuelle d'un si grand nombre de ses semblables.

Jean Locke [1] est né à Wrington, à quelques lieues de Bristol, dans le comté de Sommerset, le 29 août 1632. On ne sait presque rien de sa famille, sinon que son père était greffier d'une justice de paix, qu'il prit part aux troubles politiques de 1640, et servit même comme capitaine dans l'armée parlementaire sous le colonel Alexandre Popham. Le jeune Locke fit ses premières études au collége de Westminster, à Londres. Il y resta jusqu'à l'âge de dix-neuf ou vingt ans, jusqu'en 1651 ou 1652, où il passa à l'université d'Oxford, dans le collége de l'Église du Christ, auquel il fut plus tard agrégé.

L'université d'Oxford était alors, comme aujourd'hui, particulièrement célèbre par l'excellence des études classiques. Le jeune Locke s'y fit une certaine réputation par la délicatesse de son goût et de son esprit. C'est la coutume de cette université de célébrer

---

1. Nous nous sommes servi de la vie de Locke, écrite en français par son ami intime Leclerc, inserée dans le t. VI de la *Bibliothèque choisie*, année 1705, et qui a été reproduite dans les *Œuvres diverses de M. Jean Locke*, Amsterdam, 1710 ; de l'éloge de Locke par Coste, contenu dans une lettre à l'auteur des *Nouvelles de la République des Lettres*, publiée dans ces *Nouvelles*, février 1705, et qu'on retrouve dans toutes les éditions de la traduction française de l'*Essai sur l'Entendement humain*, à partir de la seconde, de 1729 ; de la vie de Locke, placée en tête de l'édition classique de ses œuvres, 4 vol. in-4°, 1768 ; enfin de l'excellent chapitre de M. D. Stewart sur Locke, dans son discours préliminaire à l'ENCYCLOPÉDIE BRITANNIQUE *sur les progrès des Sciences métaphysiques et morales en Europe après la Renaissance des lettres*, discours traduit en français par M. Buchon, 3 vol. in-8.

les divers événements publics par des vers latins et anglais, composés par les meilleurs étudiants. On a conservé de Locke deux pièces de vers de 1653, à l'occasion de la paix avec la Hollande, qui contiennent en latin et en anglais un grand éloge de Cromwell [1]. La philosophie qui régnait à Oxford était la scolastique péripatéticienne. Un homme le détourna de cette étude stérile, et cet homme est notre Descartes, le maître commun de tous les grands esprits de son temps. Locke, en lisant les ouvrages de Descartes, sans adopter son système, admira la parfaite clarté de son exposition ; et il se dégoûta de la philosophie barbare enseignée à Oxford ; de sorte que Descartes a l'honneur et le mérite d'avoir contribué à former son plus redoutable adversaire [2]. Locke fut reçu bachelier ès arts en 1655, et maître ès arts en 1658. L'étude à laquelle il se consacra fut la médecine. Il ne se fit point recevoir docteur ; il n'exerça point, à cause de l'extrême faiblesse de sa santé ; il n'eut pas non plus de chaire ; seulement il obtint au collège de l'Église du Christ un bénéfice simple, c'est-à-dire un titre, celui de *fellow*

---

[1] Voyez la vie de Locke en tête de l'édition de 1768. Nous possédons un recueil de vers d'Oxford, *Domiduca Oxoniensis sive Musæ academicæ*, *Oxoniæ*, 1662, à propos du mariage de Charles II avec Catherine de Portugal, où se trouve une assez longue pièce de vers anglais sur ce mariage, signée : « Jo. Locke, M. A. *and student of Ch. Ch.* »

[2] Ce fait curieux est attesté par Leclerc, qui déclare le tenir de Locke lui-même : « Les premiers livres qui donnèrent quelque goût de l'étude de la philosophie à M. Locke, comme il l'a raconté lui-même, furent ceux de Descartes, parce que, encore qu'il ne goûtât pas tous ses sentiments, il trouvait qu'il écrivait avec beaucoup de clarté, ce qui lui fit croire que s'il n'avait pas entendu d'autres livres philosophiques, c'était peut-être par la faute des auteurs et non par la sienne. Ayant alors recommencé à étudier plus sérieusement, etc. »

ou agrégé, une prébende sans fonctions. Mais, quoiqu'il n'ait jamais ni exercé, ni professé la médecine, Locke était fort estimé, si l'on en juge par le témoignage d'un des plus habiles praticiens du temps, Sydenham, qui, dans la dédicace de ses *Observations sur les maladies aiguës*, publiées en 1676, se fait honneur de l'approbation de Locke. Telles furent ses occupations jusqu'à l'an 1664. Remarquez bien la nature de ces occupations, et leur influence sur la direction de l'esprit. L'étude de la médecine suppose celle des sciences physiques et des sciences naturelles; elle développe le goût et le talent de l'observation, et, sous ce rapport, on peut dire que l'étude de la médecine est une excellente préparation à la métaphysique; mais il faut ajouter pour un esprit bien fait[1], car quand on est continuellement en présence des phénomènes de la vie organique, il est facile, il est naturel de se laisser surprendre et entraîner par l'apparence, et de confondre avec ces phénomènes d'autres phénomènes qui en sont très-différents; et je vous prie de ne pas oublier qu'en effet, dans l'histoire des écoles philosophiques, nous avons vu le sensualisme et l'empirisme, ainsi que le scepticisme et l'athéisme même, sortir souvent des écoles des physiciens et des médecins : rappelez-vous dans l'antiquité Sextus, Ænesidème, et plus d'un successeur d'Aristote[2].

---

1. Voyez pour cette remarque et aussi pour la réserve, M. Dugald-Stewart, discours déjà cité.
2. Le fait est certain, et nous l'avons signalé, mais nous devons ajouter que l'histoire est pleine aussi d'exemples contraires, et de médecins spiritualistes, depuis Hippocrate et Galien jusqu'à nos jours. La médecine en effet est fondée sur la physiologie, et la physiologie

En 1664, Locke accompagna comme secrétaire William Swan à la cour de Berlin. Au bout d'un an, il revint à Oxford, et c'est là, en 1666, à l'âge de trente-quatre ans, qu'il fit la rencontre qui décida du reste de sa destinée. Ashley Cooper, depuis comte de Shaftesbury, étant venu à Oxford pour sa santé, y connut Locke ; et, après l'avoir consulté comme médecin, il se l'attacha comme ami : depuis ils ne se séparèrent plus. Locke partagea la prospérité de son ami, mais il en partagea aussi les épreuves diverses ; il alla le joindre dans l'exil, il lui ferma les yeux sur la terre étrangère, et il entreprit d'écrire sa vie et de réhabiliter sa mémoire.

Qu'était-ce que Shaftesbury ? L'histoire a bien l'air de le peindre comme un esprit fort, sans convictions arrêtées, comme un ambitieux politique, qui changea plus d'une fois de rôle, mais un ambitieux d'un grand talent et même d'un grand caractère. Étrange ami pour un philosophe ! Aussi je ne vous donne ce jugement que comme celui des historiens et non comme le mien ; je n'ai point assez étudié les affaires de ce temps pour porter un jugement assuré sur les hommes qui y prirent part. Je sais que dans les temps de révolutions le même but veut souvent les voies les plus diverses ; je ne trouve point de contradiction essentielle dans tous les changements qu'on reproche à

---

qu'est-ce autre chose que l'étude des organes dans leur rapport à leurs fonctions, c'est-à-dire une science de moyens et de fins intimement liés ensemble, où le hasard n'a pas de place et où partout se montre un art incomparable, un esprit merveilleux, une divine providence, encore plus manifeste, plus sensible, plus saisissante que dans le spectacle de l'univers.

Shaftesbury ; il est possible que, sous l'apparence de l'intrigue, et avec l'intrigue même, il y ait eu en lui un patriotisme sincère, et j'avoue que l'amitié et la haute estime d'un homme aussi sensé et aussi vertueux que Locke protégent, à mes yeux, la mémoire douteuse de cet ardent et inquiet homme d'État, d'abord engagé avec lord Falkland dans le parti de la cour, puis jeté dans celui du parlement, mettant ensuite la main dans le rétablissement de Charles II et ministre de ce prince, enfin conspirant peut-être contre lui, et allant mourir en Hollande.

Ashley tira le jeune médecin de sa paisible solitude d'Oxford, et l'introduisit dans la société brillante de Londres. Locke s'y lia avec les personnages les plus importants, lord Halifax, le duc de Buckingham, le comte de Northumberland qu'il accompagna en France en 1668. Quelques années après, en 1674, ayant fait un voyage à Montpellier pour sa santé, qui avait toujours été très-délicate, il y fit la connaissance de lord Herbert, comte de Pembrocke, auquel il a dédié depuis son grand ouvrage sur l'*Entendement humain*. C'est en revenant de Montpellier qu'il passa par Paris et y connut le voyageur Bernier, élève de Gassendi, le calviniste Justel, qui plus tard, obligé de quitter la France à la révocation de l'édit de Nantes, devint bibliothécaire du roi d'Angleterre, et l'antiquaire Toinard, avec lequel il entretint une correspondance restée inédite[1].

Ashley était un des huit seigneurs auxquels Charles II avait concédé la propriété de la Caroline, et il chargea

---

1. Une grande partie de cette correspondance est entre les mains de M. Brunet, le savant auteur du *Manuel du Libraire*.

Locke de préparer un plan de constitution. Celui-ci le fit un peu plus favorable peut-être aux droits des propriétaires qu'à ceux des habitants; du moins il essaya d'y introduire la tolérance religieuse, et après l'article où il est déclaré que nul ne peut être propriétaire et électeur en Caroline qui ne reconnaît un Dieu et ne professe un culte public, il avait proposé d'accorder le droit de cité et de suffrage à toutes les sectes de chrétiens, même aux juifs et aux pauvres idolâtres indigènes, dans l'espoir que le voisinage du christianisme les éclairerait et les convertirait peu à peu; mais cette proposition fut rejetée par les propriétaires, qui ne crurent pas se pouvoir dispenser d'établir l'unité de culte public et l'omnipotence de l'Église anglicane [1].

En 1672, Ashley ayant été fait comte de Shaftesbury, et élevé à la dignité de grand chancelier d'Angleterre, fit donner à Locke un assez haut emploi, celui de secrétaire du conseil qui présentait aux bénéfices. Un changement ministériel emporta, en 1673, le grand chancelier et la place du philosophe. En 1679, nouvelle faveur de Shaftesbury, nouvelle faveur du philosophe; enfin, nouvelle disgrâce et pour l'un et pour l'autre; mais celle-ci fut tout autrement sévère que la première, et beaucoup plus longue. Le comte de Shaftesbury, rejeté dans les rangs de l'opposition, fut accusé d'avoir poussé l'opposition jusqu'à la faction, emprisonné, mis à la Tour de Londres, forcé plus tard de quitter

---

[1]. Voyez *Collection of several Pieces of Mr. John Locke*, donnée par Desmaizeaux, en 1720, p. 42, avec la note, et les Œuvres complètes, t. IV, p. 534. La constitution de la Caroline fut sanctionnée par le roi, en mars 1669.

l'Angleterre et de se réfugier en Hollande, où il mourut en 1683. Locke l'y suivit, et même de loin il ressentit les effets de l'inimitié du parti régnant. La cour de Charles II exigea de l'université d'Oxford qu'on lui ôtât sa place du collége de l'Église du Christ ; et comme le doyen Fell faisait quelque résistance, le 10 novembre 1684, un mandat royal, contre-signé Sunderland [1], raya Locke de la liste des membres de l'université d'Oxford, sans jugement ni enquête préalable. La haine de ses ennemis alla plus loin. C'était le temps où le comte de Monmouth tramait de l'étranger des conspirations véritables contre le trône des Stuarts. On impliqua Locke dans ces conspirations ; on demanda son extradition [2] ; et si Locke eût été livré, il eût très-bien pu monter sur un échafaud et finir comme Sydney. Heureusement il avait trouvé des amis en Hollande : il se cacha, et laissa passer l'orage. Un peu plus tard il forma avec quelques théologiens et médecins de Hollande une petite société philosophique qui a porté ses fruits. Les principaux membres de cette société étaient Leclerc, l'auteur de la *Bibliothèque universelle*, et Limborch, ministre protestant, remontrant et arminien, tous deux pénétrés, comme Locke, de l'esprit libéral en religion et en politique. Là furent composés les premiers écrits de Locke, sa *Méthode pour faire des Recueils*, insérée dans le journal de Leclerc, et sa lettre à Limborch sur la tolérance [3], véri-

---

1. Voyez plus bas, p. 51 et p. 63.
2. Voyez le détail de cette affaire dans Leclerc.
3. En voici le titre : *Epistola ad clarissimum virum T. A. R. P. T. O. L. A., scripta a P. A. P. O. J. L. A.;* c'est-à-dire *Theologiæ*

table manifeste de la minorité persécutée. Là encore, il acheva le grand ouvrage philosophique qu'il avait entrepris depuis plusieurs années, et qui est devenu l'*Essai sur l'Entendement humain ;* mais il n'en publia d'abord qu'un abrégé, une sorte de prospectus dans la *Bibliothèque universelle* de janvier 1688.

Sur ces entrefaites arriva la révolution de 1688. Vous jugez bien que Locke, en revenant d'exil en 1689, reçut à Londres, du nouveau gouvernement l'accueil le plus honorable ; le roi Guillaume lui accorda toute sa confiance ; et si sa santé, et peut-être la modestie de ses goûts, ne s'y fussent opposées, Locke eût pu pousser très-haut sa fortune politique. On lui proposa d'être ministre du roi auprès de la cour de Vienne ou auprès de la cour de Berlin ou de toute autre à son choix[1]. Il se contenta d'emplois moins élevés, mais très-considérables encore, d'abord celui de membre du conseil d'appel, *commissioner of appeals;* puis celui de membre du conseil de commerce, *commissioner of trade.* Outre son grand ouvrage sur l'*Entendement humain,* il publia plusieurs écrits qui concoururent puissamment à affermir et à populariser en Angleterre le gouvernement constitutionnel de 1688 qui conciliait la puissance nécessaire de la couronne et les droits sacrés des peuples, gouvernement, qui, au dix-huitième siècle, a inspiré Montesquieu, et a servi de modèle au nôtre. Vers l'année 1700, le soin de sa santé força

---

apud remonstrantes professorem, tyrannidis osorem, Limburgum, Amstelodamensem, scripta a pacis amico, persecutionis osore, Johanne Lockio Anglo.

1. Voyez Leclerc.

Locke de renoncer à toute carrière politique ; il se retira à Oates, dans le comté d'Essex, chez lady Masham, fille du célèbre docteur Cudworth, personne accomplie, également distinguée par la noblesse du caractère et les plus rares qualités de l'esprit. Il y passa doucement les dernières années de sa vie, uniquement occupé de bien mourir, entre la lecture des saintes Écritures et les soins de l'amitié. Il s'éteignit ainsi à l'âge de soixante-treize ans, le 28 octobre 1704.

Telle a été la vie de Locke : voyons quel a été son caractère. Tous ses contemporains, et, ce qui vaut mieux, toutes les actions connues de sa vie déposent que personne n'aima plus sincèrement et plus fidèlement la vérité, la vertu, et la cause de la liberté du genre humain. Il aima et servit cette noble cause, il eut même l'honneur de souffrir pour elle, mais sans jamais s'écarter de la plus parfaite modération. Naturellement porté à la colère, il était si bien parvenu à se commander à lui-même que la douceur semblait un fruit de son tempérament. On peut dire qu'il y avait en lui quelque chose de Socrate ou au moins de Franklin. Certes, ce n'est pas moi qui le blâmerai d'avoir assez aimé son pays pour s'être associé à ses destinées ; mais ceux même qui pourraient blâmer un philosophe d'être sorti de sa solitude et d'avoir pris part aux affaires, ne peuvent pas nier du moins qu'il y porta le plus rare désintéressement. En 1700, lorsqu'il résigna sa place de l'un des commissaires du commerce par raison de santé, le roi Guillaume, qui l'aimait et l'appréciait, voulut lui continuer son traitement, qui était assez considérable (il était ¹ de mille louis), en le dispensant de toute espèce de travail : Locke refusa de toucher le traitement d'une place qu'il ne pouvait remplir.

Il était prudent, réservé, discret. Pendant l'exil de Shaftesbury, et dans le moment de la persécution violente de tout le parti libéral, les ennemis de Locke ne cherchaient qu'une occasion pour lui ôter sa place du collège de l'Église du Christ. Le ministre, lord Sunderland, écrivit au docteur Fell, doyen du collège et évêque d'Oxford, pour avoir des renseignements sur son compte; Fell répondit² : « J'ai depuis plusieurs années l'œil sur lui, mais il s'observe tellement, que je puis affirmer qu'il n'est personne dans le collége qui ait entendu de lui un seul mot de politique... Ayant tenu et fait tenir devant lui, en public et en particulier, des propos contre l'honneur de lord Shaftesbury, contre son parti et ses desseins, il n'a laissé échapper ni parole ni geste qui marquât qu'il se crût engagé le moins du monde dans ces discours. Il n'y a pas d'homme aussi maître que lui de ses passions et de sa langue. »

Et ne croyez pas que cette prudence fût de la pusillanimité. A la mort de Charles II, quand Jacques II monta sur le trône, William Penn, qui, je ne sais trop comment, en sa qualité de philanthrope, avait partout des connaissances et même de la faveur à la cour, offrit à Locke, dont il avait été le condisciple à Oxford, de lui faire obtenir ce qu'il appelait sa grâce. Locke

---

1. Coste et Leclerc.
2. Leclerc. Voyez aussi plus bas, p. 62.

répondit, quoiqu'il fût alors exilé et dans la détresse, qu'il n'y avait pas lieu au pardon là où il n'y avait pas eu de crime.

Mais ce que j'admire le plus dans Locke, ce qui me le rend plus particulièrement respectable et cher, si j'ose me servir de cette expression, c'est une qualité qui, selon moi, est encore meilleure que la prudence et la fermeté, je veux dire l'indulgence, la tolérance philosophique. Un savant ecclésiastique du temps, le docteur Lowde, l'ayant accusé publiquement d'affaiblir par son système la distinction du bien et du mal, Locke, au lieu de se fâcher, répondit ainsi : « Le brave homme a raison, dit-il[1], il convenait à sa profession de se montrer ombrageux sur un pareil point, et de prendre l'alarme sur des expressions qui, si elles étaient considérées isolément, pourraient être malsonnantes et faire naître de justes soupçons. » Mais il a montré sa douceur philosophique dans une occasion tout autrement importante, et dont je veux vous entretenir un moment.

Newton, qui, quoique assez bon physicien, je pense, n'était pas du tout matérialiste, aperçut de bonne heure les conséquences du système de Locke, et s'en effraya. Il le prit pour un partisan de Hobbes, ce qui, depuis la révolution de 1688, était la dernière injure. Il conçut même des soupçons sur la conduite de Locke à son égard ; et, dans un mouvement d'humeur fort bizarre, qu'explique trop bien le désordre momentané d'esprit où était tombé ce grand homme, apprenant

---

[1] *Essai sur l'Entendement humain*, préface de la seconde édition.

que Locke était malade et qu'on disait qu'il avait peu de temps à vivre, il alla jusqu'à dire qu'il vaudrait mieux qu'il fût déjà mort. On est désarmé par la parfaite candeur avec laquelle Newton avoue lui-même à Locke sa faiblesse, et lui en demande pardon. « Pardonnez-moi, dit-il, je vous prie, ce défaut de charité. » La lettre est signée : *Votre très-humble et très-infortuné serviteur, Isaac Newton. Septembre* 1693. Je ne résiste pas au plaisir de vous lire la réponse de Locke, publiée pour la première fois par M. Dugald-Stewart[1]. Elle respire, comme le remarque l'ingénieux philosophe d'Édinburgh, une véritable magnanimité philosophique et la bienveillance de bon ton d'un homme du monde.

« Oates, 5 octobre 1693.

« Monsieur,

« Depuis que je vous connais, j'ai toujours été si fermement et si sincèrement votre ami, et je vous croyais si bien le mien que si toute autre personne m'eût dit de vous ce que vous m'en dites vous-même, j'aurais refusé d'y ajouter foi ; et quoique je ne puisse voir sans beaucoup de peine que vous ayez conçu sur mon compte tant d'idées mauvaises et injustes, j'avouerai cependant que s'il m'eût été plus agréable de recevoir de vous un échange des bons offices que ma sincère affection pour vous m'a constamment porté à vous rendre, cet aveu que vous me faites de vos torts est le

---

[1] *Discours*, etc., trad. franç., t. II, p. 75. — Voyez plus bas l'addition à la vie de Locke.

plus grand service que vous puissiez me rendre, puisqu'il me donne la consolation de n'avoir pas perdu une amitié dont je fais tant de cas. D'après ce que vous me dites dans votre lettre, je n'ai plus besoin de rien ajouter pour me justifier envers vous ; il suffira toujours à ma justification que vous réfléchissiez à ma conduite envers vous et envers tous les autres hommes. Mais d'ailleurs permettez-moi de vous dire que je mets plus d'intérêt à me rendre promptement à vos excuses que vous n'en pourriez mettre à les faire ; et je m'y rends si sincèrement et si entièrement que je ne désire rien autre chose qu'une occasion de vous convaincre de toute mon amitié et de toute mon estime, et de vous prouver que je suis autant le même à votre égard que si rien de ce que vous me dites ne fût arrivé. Afin même de vous en donner une preuve plus complète, je vous prierai de me fixer un lieu où je puisse vous voir ; je désire d'autant plus vivement une entrevue, que la conclusion de votre lettre me fait penser que je pourrais bien ne pas vous être tout à fait inutile. Je serai toujours prêt à vous servir de tous mes efforts de la manière qui vous conviendra le mieux ; je n'attendrai là-dessus que vos ordres et votre permission.

« La seconde édition de mon livre s'imprime en ce moment ; et quoique je puisse répondre de la pureté d'intention avec laquelle j'ai écrit ce livre, toutefois, puisque vous m'avez informé si à propos de ce que vous en avez dit, je regarderais comme une faveur extrême que vous voulussiez bien me désigner les endroits qui ont donné lieu à votre censure, afin que je puisse m'expliquer plus clairement, et éviter ainsi d'être mal compris par d'autres, ou de porter le moindre préjudice à la cause de la vérité et de la vertu. Je vous connais pour si attaché à toutes deux que je sais que, lors même que vous ne seriez pas d'ailleurs mon ami, vous n'hésiteriez pas à me rendre ce service. Mais je suis bien certain que vous feriez bien davantage encore pour un homme qui, après tout, vous porte comme moi tout l'intérêt d'un ami, vous souhaite toutes sortes de prospérités, et se dit sans compliment, etc. »

Il me reste à vous parler des ouvrages de Locke. Mais je ne vous citerai que les titres de ces ouvrages, pour arriver rapidement à celui qui doit être pour nous le sujet d'un long examen. Le premier écrit de Locke est un petit écrit latin, intitulé *Methodus Adversariorum*, c'est-à-dire modèle de la manière dont il faut dresser des recueils et mettre en ordre les extraits que l'on fait de ses lectures, traduit en français et publié pour la première fois dans la *Bibliothèque universelle*, juillet 1686, t. II, p. 315; le second est la fameuse lettre latine à Limborch sur la tolérance, dont nous avons déjà parlé, et qui fut aussi traduite en français et insérée dans la *Bibliothèque* en 1688. C'est en 1690 que parut à Londres l'*Essai sur l'Entendement humain*. La même année, Locke donna le traité du *Gouvernement civil*[1], réponse triomphante

---

1. En voici le titre original : « *Two Treatises of government ; in the former the false principles and fondation of sir Robert Filmer and his followers are detected and overthrown ; the latter is an essay concerning the true origine, extent and end of civil government,* » London, petit in-8, 1690, sans nom d'auteur. C'est le second traité,

au système du gouvernement paternel, et aux partisans des Stuarts qui accusaient d'usurpation la nouvelle dynastie. Locke établit que la légitimité d'un gouvernement repose sur le consentement du peuple, et que, le peuple approuvant la dynastie nouvelle, cette dynastie est légitime. La souveraineté du peuple, qui était le dogme régnant parmi les puritains et les indépendants d'Angleterre, chez lesquels Locke avait puisé ses premières impressions, est le principe philosophique de ce traité, qui a servi de modèle au *Contrat social* de Rousseau. Les *Pensées sur l'Éducation* ont aussi inspiré l'*Émile*[1]. Le *Christianisme raisonnable*[2] avait, comme le *Gouvernement civil*, un but de circonstance. Pour introduire un peu de tolérance et d'union parmi toutes les sectes qui divisaient l'Angleterre, il fallait saisir et fixer le point qui leur était commun à toutes, et c'est précisément ce point que Locke a essayé d'établir comme le fond même du christianisme. Enfin ses divers écrits comme membre du bureau du commerce ont fort éclairé l'économie poli-

---

d'un caractère général et théorique, qui a été traduit en français dès 1691, en Hollande. Cette traduction, retouchée sur la 5ᵉ édition anglaise de 1728, qui passe pour la plus correcte, a été bien des fois réimprimée.

1. *Some Thoughts concerning education*, 1693. Souvent réimprimé avec d'assez nombreuses corrections ; la traduction de Coste a eu de même bien des éditions, 1695, 1708, 1721, 1733.

2 *The Reasonableness of christianity, as delivered in the Scriptures*, 1695. La même année parut une première défense assez courte, *A Vindication*, etc., et une seconde, fort étendue, en 1697, *A Second Vindication*, un grand in-12 de 480 pages. Coste donna une traduction française de cet ouvrage en 1696 : *Que la religion chrétienne est très-raisonnable telle qu'elle nous est représentée dans l'Écriture sainte*. Elle a été réimprimée sous ce titre, qui a prévalu : le *Christianisme raisonnable*.

tique[1]. Mais le vrai titre de gloire de Locke est son *Essai sur l'Entendement humain*. C'est de celui-là que je dois vous entretenir, en me contentant pour le moment d'en considérer les dehors, avant d'entrer dans l'esprit même de l'ouvrage et de le soumettre à un examen approfondi.

L'*Essai sur l'Entendement humain* parut pour la première fois à Londres en 1690, dans le format in-folio. Il eut un immense succès. Bien des causes y concourent, et avant tout la célébrité de l'auteur, comme ami de la liberté religieuse et politique. C'était alors le déplorable temps de la révocation de l'édit de Nantes ; et tous ceux qui dans l'Europe entière tenaient à la cause proscrite, accueillaient avec le plus vif empressement et la plus haute faveur toutes les publications de Locke, qui, depuis sa lettre *sur la Tolérance*, était comme leur représentant. De là le prodigieux succès de l'*Essai sur l'Entendement humain;* les éditions et les traductions s'en multiplièrent rapidement. Du vivant de Locke, il y en eut en Angleterre quatre éditions, en 1690, 1694, 1697 et 1700 ; et à toutes ces éditions Locke faisait des changements considérables : les meilleurs chapitres même, par exemple celui *sur l'association des idées*, ne se trouvent que dans la quatrième édition. Il en préparait une cinquième lorsqu'il mourut ; elle vit le jour en 1705 ; il y en avait déjà une dixième en 1731. Ce qui contribua surtout à répandre en dehors de l'An-

---

1. Ils ont été recueillis par Locke lui-même en 1696 : « *Several Papers relating to money, interest and trade, writ upon several occasions and published at different times*, by John Locke, Esq. 1696. »

gleterre l'*Essai sur l'Entendement humain* fut la traduction française de Coste. Le français commençait à être la langue universelle de l'Europe. Aussi cette traduction, faite en 1700, du vivant et sous les yeux de Locke, et bien des fois remaniée et corrigée, eut un grand nombre d'éditions. Wynne, agrégé de l'université d'Oxford, depuis évêque de Saint-Asaph, publia un extrait anglais de l'ouvrage original, qui fut traduit en français par Bosset, en 1720 [1]. Il y a trois traductions latines : l'une qui parut à Londres en 1701 [2], réimprimée à Leipzig en 1709, et réimprimée encore à Amsterdam en 1729 ; la meilleure est celle de Thiele, Leipzig, 1731. On compte plusieurs traductions hollandaises et allemandes [3]. Enfin il en a été donné une version en grec moderne à Venise en 1796 [4].

Il ne manquait au succès de Locke que la colère des ennemis de toute liberté politique et religieuse. L'université d'Oxford proscrivit son ouvrage comme elle avait proscrit sa personne. Il fut convenu dans une assemblée que si on ne lançait pas un manifeste public contre l'*Essai sur l'Entendement humain*, tous les professeurs s'entendraient pour lui fermer la porte de leur auditoire.

Quel est donc cet ouvrage, qu'élèvent si haut dès sa naissance l'admiration des uns et les critiques des au-

---

1. Réimprimé à Genève en 1738, et de nouveau en 1741.
2. In-folio avec un portrait de Locke. Elle est faite sur la 4e édition de 1700.
3 Trois traductions allemandes, celles de Poleyen, en 1757, de Tittel, en 1791, et de Tennemann, en 1797.
4. Quoique le traducteur grec ne le dise point, c'est une version de l'abrégé de Wynne, un petit vol. de 316 pages.

tres ? Je ne veux le considérer ici, comme je l'ai dit, que par ses dehors. La composition générale se sent de l'agitation de la vie de l'auteur. Il n'y faut pas chercher l'enchaînement rigoureux et l'unité profonde des *Méditations* de Descartes. L'*Essai sur l'Entendement humain* a deux défauts graves : d'abord, des répétitions innombrables ; puis des variations souvent bien fortes. Aussi faut-il s'attacher à l'esprit général du livre, et à l'aide de cet esprit interpréter les passages contradictoires, et négliger les inconséquences de détail.

Pour le style, on convient généralement que la prose de Locke est une des meilleures proses du temps ; et sans savoir l'anglais d'une façon raffinée, il est aisé d'y reconnaître la manière d'un homme qui a vécu dans la meilleure société, et qui exprime sa pensée sans pédanterie, dans les termes les plus clairs, les plus simples et les plus familiers. Il y a un certain esprit mondain répandu dans tout l'ouvrage, qui n'a pas peu contribué à son succès. M. Dugald-Stewart remarque [1] que si le style de l'*Essai* a un peu vieilli, il conserve un certain parfum de naturel et

---

[1] *Discours*, t. II, p. 19. Shaftesbury, d'ailleurs si sévère pour le système, n'hésite pas à louer la manière de l'auteur, *Première Lettre à un jeune gentilhomme qui étudie à l'Université :* « Je ne suis pas fâché de vous avoir prêté l'*Essai* de M. Locke sur l'*Entendement humain*. Il est aussi de mise à l'Université que dans le monde, et aussi propre à nous diriger dans les affaires de la vie que dans les sciences. Je ne connais aucun auteur qui ait autant contribué à retirer la philosophie de l'état de barbarie, à l'introduire dans le monde poli, et à la faire recevoir de ces hommes élégants à qui elle aurait fait horreur sous son ancienne forme. » M. Mackintosh (*Mélanges philosophiques*, trad. franç., p. 194) cite plusieurs morceaux du livre II, chap. x. comme remarquables par la beauté des développements.

d'élégance qui donne une idée des belles conversations auxquelles l'ami d'Ashley avait dû assister. Je n'ai pas besoin de vous dire que le caractère éminent de ce style est la clarté. Pour l'obtenir, Locke prolonge ses développements outre mesure; il présente la même pensée sous une infinité de formes différentes, comme s'il voulait qu'il n'y eût pas un esprit dans lequel cette pensée ne pût s'introduire par une voie ou par une autre. La précision est sans doute la vraie clarté, mais c'est la clarté des forts; un peu de diffusion est nécessaire pour les faibles, destinés, ce semble, à faire longtemps encore la majorité, même parmi les philosophes.

Dans la prochaine réunion, j'entrerai dans l'examen de l'*Essai sur l'Entendement humain*.

ADDITION

A LA LEÇON SUR LA VIE DE LOCKE

Presqu'en même temps que cette leçon était publiée, lord King donnait une *Vie de Jean Locke avec des extraits de sa correspondance, de ses journaux, et de ses livres de notes; – the Life of John Locke, with extracts from his correspondence, journals, and common-place books*, deux volumes in-8, Londres, 1829; seconde édition, Londres, 1830. Après la mort de Locke, tous ses papiers passèrent entre les mains de sir Pierre King, son plus proche parent et son exécuteur testamentaire. C'étaient les originaux de plusieurs écrits déjà imprimés, quelques écrits inédits, une correspondance étendue avec plusieurs amis en Angleterre et à l'étranger, le journal des voyages de Locke en

France et en Hollande, enfin des petits livres où il déposait ses notes et souvenirs. Ces papiers se conservèrent religieusement dans la famille King, et c'est de là que l'héritier et le dernier chef de cette famille, lord King, a tiré une nouvelle vie de Locke, fondée sur des documents authentiques, et qui confirme et développe celle de Leclerc. Nous en extrairons quelques passages propres à éclaircir et à enrichir notre leçon.

Leclerc et les autres biographes appellent Guillaume Swan l'envoyé du roi d'Angleterre auprès des cours allemandes, que Locke accompagna en qualité de secrétaire en 1664. Lord King, p. 18, l'appelle Vane, nom illustre dans l'histoire constitutionnelle d'Angleterre. Quand Locke retourna en Angleterre, il paraît certain, d'après plusieurs lettres citées par lord King, p. 48, qu'il fut question de l'envoyer en Espagne, attaché à la légation anglaise. Il refusa la mission qui lui était offerte.

C'est à Oxford, en 1670, qu'il entreprit l'*Essai sur l'Entendement humain*. Il paraît qu'il était terminé dès 1671, car lord King déclare en posséder une copie de la propre main de Locke datée de 1671, et on trouve la première esquisse de cet ouvrage dans son livre de notes, avec ce commencement : « Sic cogitavit de intellectu humano Johannes Locke, ann. 1671. » Il ajoute en anglais : « J'imagine que toute connaissance est fondée sur la sensibilité et dérive, en fin de compte, de la sensibilité ou de quelque chose d'analogue ; de là ce qu'on appelle la sensation, laquelle nous donne des idées simples ou images des choses... » Voilà la vraie pensée de Locke, le fond du système, et cela dès 1671. Locke ne publia son ouvrage que dix-huit ans après, en 1690, et pendant ce long espace de temps, il y fit des corrections et des changements considérables, mais la pensée première a toujours subsisté.

On ne lira pas sans intérêt le journal de son voyage en France et ses jugements sur toutes choses. Lord King ne donne que des fragments de ce journal; nous aurions désiré qu'il l'eût publié tout entier. Le voyage de Locke dura quatre ans, de décembre 1675 au mois de mai 1679.

Lord King éclaircit particulièrement les persécutions que Locke eut à subir dans les années qui précédèrent la révolution de 1688. Toutes les tracasseries qu'on lui fit en 1684 pour son bénéfice du collége de l'Eglise du Christ, à Oxford, sont exposées dans le plus grand détail. Lord King cite un très-bel endroit de l'histoire de M. Fox sur cette affaire. Il cite encore un ouvrage de lord Grenville, intitulé *Oxford et Locke*. Voici, exactement traduite, toute la correspondance du ministre et du chef du collége auquel Locke était attaché, le doyen Fell, évèque d'Oxford :

Au lord évêque d'Oxford.

Whitehall, 6 novembre 1684.

Mylord,

Le roi ayant appris qu'un monsieur Locke qui appartenait au dernier comte de Shaftesbury, et qui dans plusieurs occasions s'est conduit très-factieusement et très-déloyalement à l'égard du gouvernement, est un étudiant du collége du Christ, Sa Majesté me commande d'informer votre seigneurie qu'elle désire qu'on lui ôte sa place d'étudiant, et que votre seigneurie me fasse connaître les moyens qu'il faut prendre pour arriver à ce résultat.

Signé Sunderland.

Au très-honorable comte de Sunderland, principal secrétaire d'État.

8 novembre 1684.

« J'ai reçu la lettre de votre seigneurie où elle me demande de lui rendre compte de la conduite de M. Locke, étudiant de cette maison. Voici ce que j'en puis dire. Comme c'est, ainsi que votre seigneurie le sait bien, une personne qui a été dans l'intimité du dernier comte de Shaftesbury, et qui est suspecte d'avoir de mauvais sentiments à l'égard du gouvernement, j'ai depuis plusieurs années l'œil sur lui ; mais il a si bien veillé sur lui-même que, d'après des informations exactes et souvent répétées, je puis affirmer avec assurance qu'il n'y a personne dans le collége, si familier qu'il soit avec lui, qui l'ait entendu dire un seul mot contre le gouvernement, et, ce qui est bien plus, relativement au gouvernement. Et quoique fréquemment, en public et en particulier, on ait tenu devant lui des propos contre son patron, le comte Shaftesbury, son parti et ses desseins, on n'a jamais pu l'amener à y faire attention et à témoigner en paroles ou même en gestes qu'il y prît le moindre intérêt ; de sorte que je crois qu'il n'y a point dans le monde un pareil modèle de taciturnité et d'impassibilité. Il avait ici l'état de médecin, ce qui l'exemptait des exercices du collége et de l'obligation imposée aux autres d'y résider. Il est maintenant sur le continent par raison de santé ; néanmoins je lui ai fait dire de revenir ici, dans cette vue que s'il ne revient pas on pourra l'expulser comme contumace, et s'il revient il répondra à votre seigneurie de tout ce qu'il aura fait par le passé. Ici, où il sait qu'il est surveillé, il a toujours été très circonspect ; mais il est probable qu'il s'est plus ouvert à Londres où la parole est plus libre, et où d'exécrables desseins contre Sa Majesté et son gouvernement ont été tramés et exécutés. S il n'est pas de retour au 1er janvier, qui est le temps que je lui ai fixé, je serai en droit de requérir son expulsion. Que si ce moyen ne paraît point assez prompt, et si le roi, notre fondateur et notre inspecteur, nous ordonne de l'éloigner immédiatement, à la réception de cet ordre adressé au doyen et au chapitre, il y sera fait droit ponctuellement.

« De Votre Seigneurie,

« Le très-humble et très-obéissant serviteur,

« JOHN, eveque d'Oxford. »

A l'éveque d'Oxford.

Whitehall 10 novembre 1684.

« MYLORD,

« Ayant communiqué à Sa Majesté la lettre du 8 de votre seigneurie, elle m'a ordonné de vous adresser cette incluse, contenant ses ordres pour l'immédiate expulsion de M. Locke. »

Au très-révérend père en Dieu, lord John, évêque d'Oxford, doyen du collège de l'Église du Christ, et à notre fidèle et bien-aimé chapitre de cette Eglise.

« Très-révérend père en Dieu, fidèle et bien-aimé, salut. Dès que nous avons été informé de la factieuse et déloyale conduite de Locke, un des étudiants de votre collége, nous nous sommes empressé de vous signifier notre volonté et notre plaisir que vous lui ôtiez son titre d'étudiant et le priviez de tous les droits et avantages que ce titre donne; et à cette fin que ceci vous serve de mandat. Donné à notre cour de Whitehall, le 11 novembre 1684.

« Par ordre du roi, Sunderland. »

Au tres honorable comte de Sunderland, principal secrétaire d'Etat.

16 novembre 1684.

« Je me crois obligé d'avertir votre seigneurie que l'ordre de Sa Majesté d'expulser M. Locke de ce collége a reçu son entière exécution.

« John, *évêque d'Oxford.* »

A l'evêque d'Oxford.

« Mylord,

« J'ai reçu la lettre de votre seigneurie du 16 courant et l'ai mise sous les yeux de Sa Majesté, qui est satisfaite de l'empressement que le collége a mis à exécuter l'ordre d'expulser M. Locke.

« Sunderland. »

Lord King fait paraître encore plus la faiblesse extrême,

pour ne pas dire la lâcheté de Fell, en publiant plusieurs lettres d'un autre temps où Fell appelle Locke son *estimé ami*, et l'assure qu'il est *son ami affectionné*. C'était d'ailleurs un fort savant homme, auteur d'une excellente édition de saint Cyprien.

Lord King publie pour la première fois le mémoire présenté par le ministre anglais à la Haye, aux Etats généraux, au nom de son gouvernement, pour obtenir l'extradition de plusieurs personnes, parmi lesquelles se trouve Locke avec le titre de secrétaire du dernier comte de Shaftesbury.

Leclerc a rapporté l'offre que William Penn fit à Locke de lui obtenir son pardon du roi. Le comte de Pembrocke, qu'il avait connu à Montpellier, s'entremit également pour le sauver, et ne cessa de lui donner des marques de sa haute estime et de son affection. C'est en souvenir de cette conduite que Locke dédia à lord Pembrocke son *Essai sur l'Entendement humain*.

T. Ier, page 357. Lettre de M. Tyrrel à Locke, avril 1704. Il l'informe des faits suivants : tous les chefs du collége d'Oxford se sont réunis, et il a été proposé d'enjoindre à tous les tuteurs de ne pas lire à leurs élèves l'*Essai sur l'Entendement humain* et la philosophie de Leclerc. Cette proposition allait passer, mais un docteur Dunstan fit remarquer qu'en proscrivant ces livres, on ne ferait que les signaler à la curiosité des élèves. Dans une autre assemblée, on tomba d'accord qu'au lieu de faire un arrêté d'interdiction, tous les chefs de maison donneraient à leurs maîtres des instructions particulières pour empêcher leurs élèves de lire ces ouvrages, autant que cela serait en leur pouvoir.

En lisant cette lettre, Locke put se ressouvenir que dans le journal de son voyage en France il avait écrit ces mots, à la date du 22 mars 1676 : « L'enseignement de la nouvelle philosophie de Descartes est interdit dans toutes les universités, écoles et académies. »

Pages 388-434. Diverses lettres de Newton, parmi lesquelles

la lettre bizarre à laquelle Locke a fait une si admirable réponse. Cette lettre de Newton doit être mise sur le compte du triste désordre d'esprit, où pendant quelque temps était tombé ce grand homme : elle est du 16 septembre 1693. Il faut y voir surtout la candeur avec laquelle Newton confesse à Locke ses mauvaises pensées et lui en demande pardon. Cette candeur est de lui ; le reste est de sa maladie. Aussi, quand il reçut la lettre de Locke, il ne put même se souvenir de ce qui y avait donné lieu. Il lui répond de Cambridge, le 5 octobre : « Monsieur, ce dernier hiver, en dormant trop souvent auprès de mon feu, j'ai pris la mauvaise habitude de dormir, et une indisposition qui, l'été dernier, a été épidémique, m'a troublé l'esprit [1], de sorte que quand je vous ai écrit, je n'avais pas eu une heure de sommeil depuis cinq jours, et pas un moment depuis cinq nuits. Je me souviens de vous avoir écrit, mais je ne me rappelle pas ce que je vous ai dit de votre livre. Si vous aviez la bonté de m'envoyer une copie de ce passage, je vous en rendrai compte, si je le peux. Je suis votre très-humble serviteur, Is. Newton. » Locke ne conserva aucun mauvais souvenir de ce petit démêlé, et partout dans sa correspondance il se complaît à rendre hommage au génie de Newton. P. 39 du second volume, dans une lettre à son cousin Pierre King, depuis lord chancelier, et qui est datée du 30 avril 1703, se trouvent les lignes suivantes, qui prouvent de quelle réputation Newton jouissait comme théologien : « M. Newton est réellement un homme d'une grande valeur, non-seulement pour sa science admirable en mathématique, mais aussi en théologie, et sa grande connaissance des saintes Ecritures où je lui connais peu d'égaux. »

Parmi les morceaux philosophiques publiés pour la première fois par lord King, il en est de fort précieux. Nous signalerons particulièrement, 1er vol, p. 134, quelques pages

---

1. C'est presque là un aveu de l'incontestable dérangement d'esprit de Newton ; voyez dans la *Biographie universelle*, l'article de M. Biot, et les articles du même ingénieux et habile écrivain, *Journal des Savants*, juin 1832 et mai 1834.

datées de l'année 1696, qui contiennent un examen de la preuve cartésienne de l'existence de Dieu, tirée de l'idée d'un être nécessaire. Locke rejette cette preuve que, pour notre part, nous tenons comme excellente, bien qu'incomplète. Nous pensons que ce fragment mériterait d'être traduit, et rapporté à l'endroit de l'*Essai sur l'Entendement humain,* où Locke expose lui-même sa preuve de l'existence de Dieu. Ce fragment est postérieur et très-supérieur au passage de l'*Essai.*

Nous terminerons ces extraits en exprimant le regret de n'avoir pas trouvé dans ces deux volumes plus de détails sur l'intime amitié de Locke et de lady Masham, la fille de Cudworth, chez laquelle il passa les dernières années de sa vie. Il paraît que c'était une personne aussi remarquable par son esprit que par l'agrément de ses manières. Plusieurs écrits attribués à Locke sont réellement de cette dame, entre autres un traité de l'amour divin, traduit en français par Coste, et imprimé à Amsterdam en 1705. Lord King reproduit le passage de la biographie de Leclerc, où sont racontés les derniers moments de Locke et sa mort pieuse et calme, en quelque sorte entre les mains de lady Masham.

« Quelques semaines avant sa mort, comme il ne pouvait plus marcher, on l'avait porté dans une chaise à bras par la maison; mais madame Masham l'étant allé voir le 27 d'octobre 1704 (vieux style), au lieu de le trouver dans son étude, où il avait accoutumé d'être, elle le trouva au lit. Comme elle en témoigna quelque surprise, il lui dit qu'il avait résolu de demeurer au lit parce qu'il s'était trop fatigué en se levant le jour précédent, qu'il ne pouvait pas souffrir cette fatigue, et qu'il ne savait pas s'il pourrait jamais se relever. Il ne put point dîner ce jour-là, et l'après-dîner, ceux qui lui tenaient compagnie étant allés en sa chambre, on lui proposa de lui lire quelque chose pour occuper son esprit, mais il le refusa. Néanmoins quelqu'un ayant apporté quelques papiers dans sa chambre, il voulut savoir ce que c'était, et on les lui lut; après quoi, il dit que *ce qu'il avait à faire ici s'en allait fait, et qu'il en remerciait Dieu.* Là-dessus on s'approcha de son lit, et il ajouta qu'il souhaitait *qu'on se ressouvînt de lui dans la prière du soir*. On lui dit que s'il le voulait, toute la famille viendrait prier Dieu dans sa chambre, et il y consentit. On lui demanda s'il croyait être près de mourir, et il répondit que cela arriverait peut-être cette nuit-là, mais que cela ne pouvait pas tarder trois ou quatre jours. Il eut alors une sueur froide, mais il en revint bientôt après. On lui offrit un peu de *mom* (c'est une bière forte qui se fait à Brunswick), qu'il avait pris avec plaisir une semaine auparavant. Il croyait que c'était le moins nuisible des breuvages forts, comme je le lui ai ouï dire moi-même. Il en prit quelques cuillerées et but à la santé de la compagnie, en disant : *Je vous souhaite à tous du bonheur, quand je m'en serai allé.* Les personnes qui étaient dans la chambre étant sorties, excepté madame Masham, qui demeura assise près de son lit, il l'exhorta à *regarder ce monde seulement comme un état de préparation pour un meilleur.* Il ajouta qu'il avait vécu assez longtemps, et qu'il remerciait Dieu d'avoir passé heureusement sa vie ; mais que cette vie ne lui paraissait qu'une pure vanité. Après souper, la famille monta dans sa chambre pour y prier Dieu, et entre onze heures et minuit il parut un peu mieux. Madame Masham ayant voulu veiller auprès de lui, il ne le voulut pas permettre, et dit que peut-être il dormirait, mais que s'il lui arrivait quelque changement il la ferait appeler. Il ne dormit point, mais il résolut d'essayer de se lever le lendemain, comme il le fit. On le porta dans son étude, et on le plaça sur une chaise plus commode, où il dormit assez longtemps, à plusieurs reprises. Paraissant un peu remis, il voulut qu'on l'habillât, comme il avait accoutumé d'être, et demanda de la petite bière, qu'il goûtait très-rarement. Après quoi, il pria madame Masham, qui lisait tout bas les psaumes pendant qu'on l'habillait, de lire haut. Elle le fit, et il parut fort attentif, jusqu'à ce que les approches de la mort l'en empêchèrent. Il pria alors cette dame de ne plus lire, et, peu de minutes après, il expira, le 28 d'octobre (vieux style) 1704, vers les trois heures après-midi, dans sa soixante et treizième année. »

Locke est enterré dans une petite église de village à High-

Laver. Sur sa tombe modeste et aujourd'hui en ruines, on a mis cette épitaphe, qu'il avait composée lui-même :

> Hic juxta situs est
> Joannes Lockius.
> Si qualis fuerit rogas,
> Mediocritate sua contentum.
> Se vixisse respondet.
> Litteris innutritus eousque
> Tantum profecit.
> Ut veritati unice litaret.
> Hoc ex scriptis ejus disce,
> Quæ quod de eo reliquum est
> Majori fide tibi exhibebunt,
> Quam epitaphii suspecta elogia.
> Virtutes si quas habuit,
> Minores sane quam sidi laudi
> Duceret,
> Tibi in exemplum proponeret :
> Vitia una sepielantur.
> Morum exemplum si quæras,
> Tu Evangelia habes,
> Vitiorum utinam nusquam !
> Mortalitatis certe (quod prosit)
> Hic et ubique.
> Natum anno Domini MDCXXXII,
> Mortuum XXVIII octobris MDCCIV,
> Memorat hæc tabella
> Brevi et ipsa interitura.

QUATRIÈME LEÇON [1]

ESSAI SUR L'ENTENDEMENT HUMAIN, SON ESPRIT, SA MÉTHODE.

Esprit général de l'*Essai sur l'Entendement humain*. — Sa méthode : étude de l'entendement humain dans ses phénomènes ou idées. — Division des recherches relativement aux idées, et détermination de l'ordre dans lequel ces recherches doivent être faites. Ajourner la question logique et ontologique de la vérité et de la fausseté des idées, de la légitimité ou de l'illégitimité de leur application à tels ou tels objets, s'en tenir à l'étude des idées en elles-mêmes, et là commencer par constater les caractères actuels des idées, et procéder ensuite à la recherche de leur origine. — Examen de la méthode de Locke. Son mérite : il ajourne et place en dernier lieu la question de la vérité et de la fausseté des idées; son tort : il néglige la question des caractères actuels des idées, et il débute par celle de leur origine. Première aberration de la méthode ; chances d'erreurs qu'elle entraîne ; tendance générale de Locke.

Voici la première question que nous adresserons à l'*Essai sur l'Entendement humain* : Sur quelle autorité s'appuie-t-il en dernière analyse ? L'auteur cherche-t-il la vérité à ses risques et périls par les seules forces de la raison, telle qu'elle a été donnée à

[1]. La PHILOSOPHIE SENSUALISTE contient une première leçon consacrée à l'examen de la philosophie de Locke, et qui est le point de départ et comme l'abrégé anticipé des leçons qui vont suivre.

l'homme, ou reconnaît-il une autorité étrangère et supérieure à laquelle il se soumette et emprunte les motifs de ses jugements? En effet, c'est là, vous le savez, la question sur laquelle il faut interroger d'abord tout ouvrage philosophique, afin de déterminer son caractère le plus général et sa place dans l'histoire de la philosophie, et même dans celle de la civilisation. Or, le premier coup d'œil jeté sur l'*Essai sur l'Entendement humain* suffit pour montrer que l'auteur est un libre chercheur de la vérité. Partout il s'adresse à la raison; et si plus tard il en admet une autre encore, il y arrive par la raison : de telle sorte que c'est toujours la raison qui le gouverne et qui tient en quelque sorte les rênes de sa pensée. Locke appartient donc à la grande famille des philosophes indépendants. Je dois ajouter que dans Locke l'indépendance est toujours unie au respect sincère et profondément senti de tout ce qui doit être respecté : Locke est philosophe, et en même temps il est chrétien. Tel est le chef. Quant à l'école, vous savez ce qu'elle a été. Son indépendance a passé rapidement à l'indifférence et de l'indifférence à l'inimitié. Je vous dis tou ceci, parce qu'il importe que vous ayez toujours dans la main le fil de l'école sensualiste.

Je passe à la question qui vient immédiatement après celle de l'esprit général de tout ouvrage philosophique, à savoir, la question de la méthode. Vous connaissez l'importance de cette question; il doit vous être évident aujourd'hui que l'adoption d'une méthode décide des destinées d'une philosophie. De là pour nous l'obligation étroite d'insister sur la méthode de Locke avec tout le soin dont nous sommes capable. Quelle est donc cette méthode qui contient en germe le système entier du philosophe anglais, ce système qui a produit la grande école sensualiste du dix-huitième siècle ? Nous laisserons Locke parler lui-même ; il s'exprime ainsi dans sa préface [1] :

« S'il était à propos de faire ici l'histoire de cet *Essai*, je vous dirais que cinq ou six de mes amis s'étant assemblés chez moi, et venant à discourir sur un sujet bien différent de celui-ci, se trouvèrent bientôt arrêtés par les difficultés qui s'élevèrent de différents côtés. Après nous être fatigués quelque temps sans nous trouver plus en état de résoudre les doutes qui nous embarrassaient, il me vint dans l'esprit que nous prenions un mauvais chemin, et qu'avant de nous engager dans ces sortes de recherches il était nécessaire d'examiner notre propre capacité, et de voir quels objets sont à notre portée ou au-dessus de notre compréhension. Je proposai cela à la compagnie, et tous l'approuvèrent aussitôt, sur quoi l'on convint que ce serait là le sujet de nos premières recherches. Il me vint alors quelques pensées indigestes sur cette matière, que je n'avais jamais examinée auparavant. Je les jetai sur le papier ; et ces pensées, formées à la hâte, que j'écrivis pour les confier à mes amis à notre prochaine entrevue, fournirent la première occasion de ce traité, qui, ayant été commencé par hasard et continué à la sollicitation de ces mêmes personnes, n'a été écrit que par pièces déta-

---

1. Disons une fois pour toutes que nous nous servons de la traduction de Coste.

chées ; car, après l'avoir longtemps négligé, je le repris selon que mon humeur ou l'occasion me le permettait ; et enfin, pendant une retraite que je fis pour le bien de ma santé, je le mis dans l'état où vous le voyez présentement. »

Locke revient à la même pensée dans l'Avant-propos qui suit la préface :

§ 2. « Je ne m'engagerai pas à considérer en physicien la nature de l'âme, à voir ce qui en constitue l'essence, quels mouvements doivent s'exciter dans nos esprits animaux, ou quels changements doivent arriver dans notre corps pour produire, au moyen de nos organes, certaines sensations et certaines idées dans notre entendement, et si quelques-unes de ces idées ou toutes ensemble dépendent dans leur principe de la matière ou non. Quelque curieuses et instructives que soient ces spéculations, je les éviterai, comme ne pouvant me conduire directement au but que je me propose. Il suffira, pour le dessein que j'ai présentement en vue, d'examiner les facultés de connaître qui se rencontrent dans l'homme, en tant qu'elles s'exercent sur les objets qui se présentent à elles. »

Locke est persuadé que c'est là le seul moyen de rabattre la témérité de la philosophie, et en même temps de l'encourager à d'utiles recherches.

§ 4. « Quelle que soit l'activité de notre esprit, cet examen pourra servir à la modérer, en nous obligeant à plus de circonspection lorsque nous nous occupons de choses qui passent notre compréhension, à nous arrêter lorsque nous avons porté nos recherches jusqu'au plus haut point où nous soyons capables de les porter, et à vouloir bien ignorer ce que nous voyons être au-dessus de nos pensées, après l'avoir bien examiné. Si nous en usions de la sorte, nous ne serions peut-être pas si empressés, par un vain désir de connaître, à exciter incessamment de nouvelles questions, à nous embarrasser nous-mêmes et à engager les autres dans des disputes sur des sujets qui sont tout à fait disproportionnés à notre entendement, et dont nous ne saurions nous former des idées claires et distinctes, ou même (ce qui n'est peut-être arrivé que trop souvent) dont nous n'avons absolument aucune idée. Si donc nous pouvons découvrir jusqu'où notre entendement peut porter sa vue, jusqu'où il peut se servir de ses facultés pour connaître les choses avec certitude, et en quel cas il ne peut juger que par de simples conjectures, nous apprendrons à nous contenter des connaissances auxquelles notre esprit est capable de parvenir, dans l'état où nous nous trouvons dans ce monde. »

§ 6. « Lorsque nous aurons examiné soigneusement ce que notre esprit est capable de faire, et que nous aurons vu en quelque manière ce que nous en pouvons attendre, nous ne serons portés ni à demeurer dans une lâche oisiveté et dans une entière inaction, comme si nous désespérions de jamais connaître quoi que ce soit, ni à mettre tout en question et à décrier toutes sortes de connaissances, parce qu'il y a certaines choses que l'on ne peut pas comprendre. »

Et encore, même paragraphe :

« Il est extrêmement avantageux au pilote de savoir

quelle est la longueur du cordeau de la sonde, quoiqu'il ne puisse pas toujours reconnaître par son moyen toutes les différentes profondeurs de l'Océan ; il suffit qu'il sache que le cordeau est assez long pour trouver fond en certains endroits de la mer qu'il lui importe de connaître pour bien diriger sa course, pour éviter les bas-fonds qui pourraient le faire échouer. »

Je ne ferai plus qu'une citation décisive :

« Ces considérations me firent venir la première pensée de travailler à cet *Essai sur l'Entendement ;* car je pensai que le premier moyen qu'il y aurait de satisfaire l'esprit de l'homme sur plusieurs recherches dans lesquelles il est fort porté à s'engager, ce serait de prendre, pour ainsi dire, un état des facultés de notre propre entendement, d'en examiner l'étendue, et de voir à quels objets elles peuvent s'appliquer. Jusqu'à ce que cela fût fait, je m'imaginai que nous prendrions la chose tout à fait à contre-sens... »

J'ai accumulé toutes ces citations à dessein, pour vous convaincre qu'elles ne renferment pas seulement une vue fugitive, mais une règle fixe, une méthode. Cette méthode est, à mes yeux, la méthode vraie, celle que Socrate a mise au monde [1], que Descartes a renouvelée et agrandie [2], qui est encore aujourd'hui la force et l'espoir de la science. Permettez-moi de vous la présenter dans un langage un peu plus moderne.

Quels que soient les objets que vous connaissiez ou tentiez de connaître, Dieu ou le monde, les êtres les

---

1. Histoire générale de la Philosophie, leç. iii, p. 125, etc.
2. *Ibid.*, leç. viii, p. 393, etc.

plus éloignés ou les plus voisins de vous, vous ne les connaissez, vous ne pouvez les connaître qu'à cette condition, que vous soyez capables de connaître en général ; et vous ne les connaissez, vous ne pouvez les connaître que dans la mesure de votre faculté générale de connaître. Toutes les connaissances que vous pouvez acquérir, les plus sublimes comme les plus grossières, reposent en dernier résultat sur la portée et la valeur de cette faculté. Appelez-la comme il vous plaira, esprit, raison, pensée, intelligence, entendement, Locke l'appelle entendement. Une sage philosophie, au lieu de se servir aveuglément de l'entendement et de l'appliquer à l'aventure, doit l'examiner d'abord, et rechercher quel il est et ce qu'il peut ; sans quoi elle s'expose à des mécomptes sans nombre. L'étude de l'entendement humain est donc l'étude philosophique par excellence. Il n'y a pas une partie de philosophie qui ne suppose celle-là et ne lui emprunte sa lumière. Que peut être la logique, par exemple, c'est-à-dire la connaissance des règles qui doivent diriger l'esprit humain, sans la connaissance de ce qu'il s'agit de diriger, à savoir, l'esprit humain ? Que peut être la morale, la connaissance des règles de nos actions, sans celle du sujet même de toute morale, de l'agent moral, de l'homme lui-même ? La politique, la science ou l'art du gouvernement de l'homme social, repose également sur la connaissance de l'homme que la société développe, mais qu'elle ne crée pas. L'esthétique, la science du beau et la théorie des arts ont leurs racines dans la nature de l'être capable de reconnaître le beau et de le reproduire, de ressentir les émotions particulières qui attestent sa présence, et de faire passer ces émotions dans l'âme des autres. Si l'homme n'était pas un être religieux, si nulle de ses facultés n'atteignait par delà la sphère bornée et finie de ce monde, Dieu ne serait pas pour l'homme, et il n'est pour lui que dans la mesure de ses facultés; l'examen de ces facultés et de leur portée est donc la condition de toute bonne théodicée. En un mot, l'homme est engagé dans toutes les sciences qui lui sont en apparence le plus étrangères. L'étude de l'homme est donc l'introduction nécessaire à toute science qui veut avoir son propre secret; et, quelque nom qu'on lui donne, psychologie ou tout autre, il faut concevoir que cette étude, sans être toute la philosophie, en est le fondement et le point de départ.

Mais la connaissance de la nature humaine, la psychologie est-elle possible? Nul doute; car la conscience est un témoin qui nous avertit de tout ce qui se fait dans l'intérieur de notre âme. Elle n'est le principe d'aucune de nos facultés, mais elle est leur lumière à toutes. Ce n'est pas parce que nous avons conscience de ce qui se passe en nous, qu'il se passe en nous quelque chose; mais ce qui s'y passe serait comme non avenu s'il ne nous était attesté par la conscience : ce n'est pas par elle que nous sentons, que nous voulons, que nous pensons; mais c'est par elle que nous savons que nous faisons tout cela. L'autorité de la conscience est la dernière autorité dans laquelle vient se résoudre celle de toutes les autres facultés, en ce sens que si celle-là était ébranlée, comme c'est par elle que l'action de toutes les autres arrive à notre connaissance, leur autorité, sans être détruite en elle-même, serait nulle pour nous. Aussi n'y a-t-il personne qui ne se fie pleinement à sa conscience. Là expire le scepticisme; car, comme l'a dit Descartes, doutât-on de tout, encore ne douterait-on pas que l'on doute[1]. La conscience a donc une autorité incontestée ; son témoignage est infaillible, et il ne manque à personne. En effet, la conscience est plus ou moins distincte, plus ou moins vive, mais elle est dans tous les hommes. Nul n'est inconnu à soi-même, quoique très-peu se connaissent parfaitement, parce que tous ou presque tous font usage de la conscience sans s'appliquer à l'éclaircir et à l'étendre par la volonté et l'attention. Dans la plupart des hommes, la conscience n'est qu'un procédé naturel ; quelques-uns élèvent ce procédé à la hauteur d'un art, d'une méthode, dans la réflexion, laquelle est en quelque sorte une seconde conscience, une reproduction libre de la première ; et, comme la conscience donne à tous les hommes la connaissance de ce qui se passe en eux, de même la réflexion peut donner au philosophe une connaissance certaine de tout ce qui tombe sous l'œil de la conscience. Et remarquez qu'il ne s'agit pas ici d'hypothèses et de conjectures, car il ne s'agit pas même de raisonnements; il ne s'agit que de faits, et de faits qui peuvent être observés tout aussi bien que ceux qui se passent sur la scène du monde. La seule différence est que les uns sont extérieurs, les autres intérieurs, et que, l'action naturelle de nos facultés nous

---

1. *Ibid.*, leç. VIII, p. 403, etc.

portant au dehors, il nous est plus facile d'observer les uns que les autres. Mais avec un peu d'attention, de volonté et d'exercice, on réussit dans l'observation intérieure comme dans l'observation extérieure. Enfin, fût-elle plus difficile en effet que la physique, la psychologie par sa nature est comme elle une science d'observation, et par conséquent elle a le même droit au rang et au titre de science véritable.

Mais il faut bien reconnaître ses objets légitimes. Les objets de la psychologie sont ceux de la réflexion, lesquels sont ceux de la conscience : or, il est évident que les objets de la conscience ne sont ni le monde extérieur, ni Dieu, ni même l'âme en tant que substance, car si on avait conscience de la substance de l'âme, on ne disputerait plus sur sa nature, spirituelle ou matérielle. L'être quel qu'il soit, celui des corps, celui de Dieu, celui de l'âme même, ne tombe pas sous la conscience. Une sage philosophie n'exclut pas l'ontologie, mais elle l'ajourne : la psychologie ne détrône pas la métaphysique, elle la précède et l'éclaire; elle ne fait pas un roman sur la nature de l'âme; elle l'étudie dans l'action de ses facultés, dans les faits que la conscience et la réflexion peuvent atteindre, et qu'elles atteignent directement.

Ceci peut mettre en lumière le vrai caractère de l'*Essai sur l'Entendement humain*. C'est un ouvrage de psychologie, et non d'ontologie. Locke n'y recherche pas la nature et le principe de l'entendement, mais les phénomènes par lesquels l'entendement se manifeste. Or, les phénomènes de l'entendement, Locke les appelle des *idées*. C'est le terme qu'il emploie partout pour désigner ce par quoi se produit l'entendement et ce à quoi il s'applique immédiatement.

« *Avant-propos*, § 8. Je m'en suis servi, dit-il, pour exprimer tout ce qu'on entend par fantôme, notions, espèces, ou quoi que ce puisse être, qui occupe notre esprit lorsque nous pensons. ... Je crois qu'on n'aura pas beaucoup de peine à m'accorder qu'il y a de telles *idées* dans l'esprit des hommes. Chacun les sent en soi-même, et peut assurer qu'elles se rencontrent dans les autres hommes, s'il prend la peine d'examiner leurs discours et leurs actions. »

Il est bien évident qu'ici les idées sont les phénomènes que la conscience de chacun peut apercevoir en soi lorsqu'il pense, et qui sont également dans la conscience des autres hommes, à en juger par leurs discours et leurs actions. Les idées sont à l'entendement ce que les effets sont aux causes. L'entendement se révèle par les idées comme les causes par leurs effets. Plus tard, nous examinerons les avantages et les inconvénients attachés à cette dénomination, et la théorie qu'elle entraîne. Pour le moment, il nous suffit de la constater et de la signaler comme l'étendard même de la philosophie de Locke. Pour Locke et pour toute son école, l'étude de l'entendement est l'étude des idées : de là l'expression récente et célèbre d'idéologie pour désigner la science de l'entendement humain. La source de cette expression est déjà dans l'*Essai sur l'Entendement humain*, et l'école idéologique est la fille naturelle de Locke.

Voilà donc l'étude de l'entendement humain réduite à l'étude des idées; cette étude renferme plusieurs ordres de recherches qu'il importe de bien déterminer[1]. D'après ce qui a été dit précédemment, on peut considérer les idées sous deux points de vue : on peut rechercher si dans leur rapport à leurs objets, quels qu'ils soient, elles sont vraies ou fausses; ou, laissant là leur vérité ou leur fausseté, leur application légitime ou illégitime, on peut rechercher seulement ce qu'elles sont en elles-mêmes et telles que la conscience nous les montre. Ce sont bien là les deux questions les plus générales que l'on peut se proposer relativement aux idées, et l'ordre dans lequel il convient de les traiter ne peut être douteux. Il est clair que commencer par considérer les idées par rapport à leurs objets, sans avoir reconnu ce qu'elles sont en elles-mêmes, c'est commencer par la fin, c'est commencer par rechercher la légitimité ou l'illégitimité des conséquences dans l'ignorance des principes. Il faut donc commencer par la recherche des idées, non comme vraies ou comme fausses, comme légitimement ou illégitimement applicables à tel ou tel objet, comme étant ou n'étant pas des fondements suffisants pour telle opinion, pour telle croyance, mais comme de simples phénomènes de l'entendement, marqués de tels et tels caractères. C'est incontestablement ainsi que doit procéder une vraie méthode d'observation.

Ce n'est pas tout, et dans ces limites mêmes il y a matière encore à deux ordres distincts de recherches.

---

1. Toutes les distinctions qui suivent sont déjà dans le discours d'ouverture de l'année 1817, *Classification des questions et des écoles philosophiques*, PREMIERS ESSAIS, p. 214, etc. Voyez aussi DU VRAI, DU BEAU ET DU BIEN, leç. II, *de l'Origine des Principes;* PHILOSOPHIE SENSUALISTE, leç. II, *Condillac.*

On peut d'abord étudier les idées qui sont dans l'entendement humain, développé comme il l'est aujourd'hui dans l'état présent des choses. Il s'agirait de recueillir les phénomènes que la conscience nous offre, et d'en constater soigneusement les dissemblances et les ressemblances, de manière à s'élever peu à peu à une bonne classification de tous ces phénomènes. Voici alors la première règle de la méthode d'observation : n'omettre aucun des phénomènes qu'attestera la conscience. En effet, vous n'avez sur eux aucun droit ; ils sont, donc il faut les reconnaître par cette raison seule ; ils sont dans la réalité, dans la conscience, donc ils doivent se retrouver dans le cadre de votre conscience, ou votre science n'est qu'un mensonge. Seconde règle : n'en imaginer aucun. Comme vous ne nierez pas ce qui est, de même vous ne feindrez pas ce qui n'est point ; vous n'inventerez et vous ne retrancherez rien. Ne rien omettre, ne rien supposer, telles sont les deux règles de l'observation, les deux lois essentielles de la méthode expérimentale appliquée aux phénomènes de l'entendement, comme à tout autre ordre de phénomènes. Et ce que je dis des phénomènes de l'entendement, je le dis de leurs caractères ; il n'en faut omettre aucun et n'en supposer aucun ; et ainsi n'ayant rien omis et n'ayant rien supposé, ayant embrassé tous les phénomènes réels, et seulement les phénomènes réels, avec tous leurs caractères, et seulement avec leurs caractères réels, vous aurez fait tout ce qu'il faut pour arriver à une classification légitime qui comprendra toute la réalité, à une statistique exacte et complète des phénomènes de l'entendement, des idées.

Cette statistique achevée, vous connaissez l'entendement tel qu'il est aujourd'hui ; mais a-t-il toujours été ce qu'il est aujourd'hui ? Depuis le jour où il est entré en exercice, n'a-t-il pas subi bien des métamorphoses ? Ces phénomènes, dont vous avez, avec tant de pénétration et de fidélité, analysé et reproduit les caractères, ont-ils toujours été ce qu'ils sont et ce qu'ils vous paraissent ? N'ont-ils pu avoir à leur naissance certains caractères qui ont disparu, ou manquer d'abord des caractères qu'ils ont acquis depuis ? De là l'importante question de l'origine des idées, ou des caractères primitifs des phénomènes de l'entendement. Quand cette seconde question sera résolue, quand vous saurez quels ont été dans leur berceau ces mêmes phénomènes que vous avez étudiés et que vous connaissez dans leur forme actuelle ; quand vous saurez ce qu'ils furent et ce qu'ils sont devenus, il vous sera facile de retrouver les routes par lesquelles ils sont arrivés de leur premier état à leur état présent ; vous saisirez aisément leur génération, après avoir reconnu leur état actuel et pénétré leur origine ; et c'est alors seulement que vous saurez parfaitement ce que vous êtes, car vous saurez et ce que vous fûtes et ce que vous êtes aujourd'hui, et comment vous avez été de ce que vous fûtes à ce que vous êtes. Ainsi vous sera familière, et dans son état actuel, et dans son état primitif, et dans ses métamorphoses, cette faculté de connaître, cette intelligence, cette raison, cet esprit, cette pensée, cet entendement qui est pour vous le principe de toute connaissance.

La question de l'état présent de nos idées et celle de leur origine sont donc deux questions distinctes, et toutes deux nécessaires pour constituer une psychologie complète. Tant que la psychologie n'a pas parcouru et épuisé ces deux ordres de recherches, elle ignore les phénomènes de l'entendement, car elle ne les connaît pas sous toutes leurs faces. Mais par où doit-on commencer? Faut-il commencer par reconnaître les caractères actuels de nos idées ou par rechercher leur origine?

Commencerons-nous par la question de l'origine de nos idées? C'est un point très-curieux, très-important sans doute. L'homme aspire à l'origine de toutes choses, et particulièrement à celle des phénomènes qui se passent en lui ; il ne peut être satisfait qu'après avoir pénétré jusque-là. La question de l'origine des idées est certainement dans l'esprit humain, elle a donc son droit dans la science, elle doit venir en son temps ; mais doit-elle venir la première? D'abord, elle est remplie d'obscurités. La pensée est un fleuve qu'on ne remonte pas aisément; sa source, comme celle du Nil, est un mystère. Comment, en effet, retrouver les phénomènes fugitifs dans lesquels s'est montrée la pensée naissante? Est-ce par la mémoire? Mais vous avez oublié ce qui se passait alors en vous, car vous ne le remarquiez pas. On vit, on pense alors sans faire attention à la manière dont on pense et dont on vit, et la mémoire ne rend pas le dépôt qu'on ne lui a pas confié. Consulterez-vous les autres? Ils sont dans le même embarras que vous. Étudierez-vous les enfants? Mais qui démêlera ce qui se cache sous les voiles de la pensée d'un enfant? Le déchiffrement de ces hiéroglyphes conduit aisément à des conjectures, à des hypothèses. Est-ce par là que vous voulez commencer une science expérimentale? Il est évident que si vous débutez par la question de l'origine des idées, vous débutez précisément sur la question la plus difficile. Or, si une sage méthode doit aller du plus connu au moins connu, du plus facile au moins facile, je demande si elle doit commencer par l'origine des idées. Première objection ; en voici une autre. Vous commencez par rechercher l'origine des idées ; donc vous commencez par rechercher l'origine de ce que vous ignorez, de phénomènes que vous n'avez pas étudiés, et dont vous ne pouvez dire ce qu'ils sont et ce qu'ils ne sont pas. Quelle origine pourrez-vous donc leur trouver? sinon une origine hypothétique? Et cette hypothèse sera vraie ou fausse. Est-elle vraie? A la bonne heure ; vous avez deviné juste : mais comme la divination, même celle du génie, n'est pas un procédé scientifique, la vérité, ainsi découverte, ne prend pas rang dans la science, et n'est encore qu'une hypothèse. Est-elle fausse? Au lieu de la vérité sous la forme vicieuse de l'hypothèse, avez-vous seulement une hypothèse sans la vérité? Alors voici ce qui arrivera. Comme cette hypothèse, c'est-à-dire cette erreur, aura pris place dans votre esprit, quand vous en viendrez à expliquer avec elle les phénomènes de l'intelligence telle qu'elle est aujourd'hui, s'ils ne sont pas ce qu'ils devraient être pour justifier votre hypothèse, vous n'y renoncerez pas pour cela, et vous y sacrifierez la réalité. Vous ferez de deux choses l'une : ou vous nierez intrépidement toutes les idées qui ne seront pas explicables par votre origine hypothétique, ou vous les arrangerez au gré et au profit de votre hypothèse. Il n'était pas nécessaire de choisir avec tant d'appareil la méthode expérimentale, pour la fausser tout de suite en la mettant sur une route aussi périlleuse. La sagesse, le bon sens, la logique, exigent donc que, négligeant provisoirement la question de l'origine des idées, nous nous contentions d'abord d'observer les idées telles qu'elles sont aujourd'hui, les caractères que présentent actuellement dans la conscience les phénomènes de l'intelligence.

Cela fait, pour compléter nos recherches, pour aller jusqu'au bout de nos forces, des besoins de l'esprit humain et des questions expérimentales, nous nous demanderons quelles ont été, dans leur origine, ces idées que nous possédons aujourd'hui. Ou nous découvrirons la vraie origine de nos idées, et la science expérimentale sera achevée; ou nous ne la découvrirons pas, et alors même rien ne sera ni perdu ni compromis. Nous n'aurons pas atteint toute la vérité possible; mais nous aurons déjà une grande partie de la vérité. Nous saurons ce qui est, si nous ne savons pas ce qui fut, et nous serons toujours à temps de reprendre la question délicate de l'origine des idées; au lieu qu'une fois égarés dans cette recherche prématurée, une première erreur vicie déjà toutes les recherches que nous pourrons faire ensuite, et corrompt d'avance l'observation. Ainsi l'ordre régulier des questions psychologiques peut être fixé de la manière suivante :

1° Rechercher sans aucun préjugé systématique, par l'observation seule, avec simplicité et bonne foi, les phénomènes de l'entendement dans leur état actuel, et tels que nous les présente aujourd'hui la conscience, en les divisant et les classant d'après les lois connues des divisions et des classifications scientifiques ;

2° Rechercher l'origine de ces mêmes phénomènes ou idées par tous les moyens qui sont en notre pouvoir, mais avec la ferme résolution de ne point nous laisser arracher par aucune hypothèse ce que nous aura donné l'observation, et les yeux toujours fixés sur la réalité présente et ses caractères incontestables. A cette question de l'origine des idées est jointe celle de leur formation et de leur génération, qui en dépend évidemment et y est comme enveloppée.

Tels sont, dans leur ordre méthodique, les divers problèmes qu'embrasse la philosophie. La plus légère interversion de cet ordre est pleine de périls et peut mener aux plus graves aberrations. Vous concevez que si vous traitez la question de la légitimité de l'application de nos idées à leurs objets avant de bien connaître quelles sont ces idées, quels sont leurs caractères actuels et leurs caractères primitifs, ce qu'elles sont et d'où elles viennent, vous vous égarez à l'aventure et sans flambeau dans le monde inconnu de l'ontologie. Vous concevez encore que si, dans les limites mêmes de la psychologie et de l'idéologie, vous commencez par vouloir emporter de vive force la question de l'origine des idées avant de savoir quelles sont ces idées et de les avoir reconnues par l'observation, vous cherchez la lumière dans les ténèbres, qui ne vous la donneront pas.

. Maintenant, comment a procédé Locke, et dans quel ordre a-t-il traité les questions philosophiques?

« *Avant-propos*, § 3. Voici, dit-il, la méthode que j'ai résolu de suivre :

« I. Je chercherai premièrement quelle est l'origine des idées, notions, ou comme il vous plaira de les appeler, que l'homme aperçoit dans son âme, et dont il a en lui-même la conscience, et par quels moyens l'entendement vient à acquérir toutes ces idées. »

« II. En second lieu, je tâcherai de montrer quelle est la connaissance que l'entendement acquiert par le moyen de ces idées, et quelle est la certitude, l'évidence et l'étendue de cette connaissance. »

« III. Je chercherai en troisième lieu la nature et les fondements de ce qu'on nomme foi ou opinion, par où j'entends cet assentiment que nous donnons à une proposition en tant que véritable, mais de la vérité de laquelle nous n'avons pourtant pas une connaissance certaine ; et de là je prendrai l'occasion d'examiner les raisons et les degrés de cet assentiment. »

Évidemment les deux derniers points indiqués ici se rapportent à une seule et même question, la question générale de la légitimité ou de l'illégitimité de l'application de nos idées à leurs objets ; et cette question est donnée comme la dernière question de la philosophie. Ce n'est pas moins que l'ajournement de toute recherche logique et ontologique après la psychologie. Voilà le caractère fondamental de la méthode de Locke et l'originalité de l'*Essai*. Nous nous joignons entièrement à Locke à cet égard, sous cette réserve hautement exprimée que l'ajournement de l'ontologie n'en soit pas la suppression.

Reste le premier point, qui est tout psychologique, et qui renferme la plus grande partie de l'ouvrage de Locke. Il y déclare que sa première recherche sera celle de l'origine des idées. Mais il y a là deux erreurs radicales en fait de méthode : 1° Locke traite de l'origine des idées avant d'avoir suffisamment étudié ces idées; 2° il fait bien plus; il ne met pas seulement la question de l'origine des idées avant celle de l'inventaire des idées; mais il néglige entièrement cette dernière question. C'était déjà s'aventurer beaucoup que de mettre une question avant l'autre : car c'était chercher d'abord une hypothèse, sauf à confronter ensuite l'hypothèse trouvée avec la réalité; mais que sera ce lorsque l'on s'interdit même ce retour à la vérité, lorsqu'on omet entièrement la question fondamentale de l'inventaire de nos idées et de leurs caractères actuels?

Telle est la première faute de Locke. Il reconnaît et proclame la méthode expérimentale; il se propose de l'appliquer aux phénomènes de l'entendement, aux idées; mais n'ayant point assez approfondi cette méthode qui était alors dans l'enfance, il n'a pas discerné toutes les questions qu'elle soulève; il n'a pas ordonné ces questions entre elles; il a méconnu et omis la question expérimentale par excellence, l'observation des caractères actuels de nos idées; il est tombé tout d'abord sur une question qu'il aurait dû remettre à un autre temps, la question obscure et difficile de l'origine de nos idées. Qu'arrivera-t-il donc? Ou Locke surprendra la véritable origine de nos idées par une sorte de bonne fortune et de divination que je lui souhaite; mais, quelque vraie qu'elle puisse être en elle-même, cette origine ne sera démontrée vraie, elle ne sera légitimement établie qu'à cette condition que Locke démontre plus tard que les caractères de nos idées sont explicables et qu'ils sont expliqués tous et dans toute leur étendue par l'origine supposée. Ou bien Locke se trompera: mais, s'il se trompe, l'erreur ici ne sera point une erreur particulière resserrée sur un seul point et sans influence sur le reste; ce sera une erreur générale, une erreur immense qui altérera à sa source même toute la psychologie, et par conséquent toute la métaphysique. Pour être fidèle à son hypothèse, à l'origine qu'il aura assignée à toutes les idées sans les bien connaître, il sacrifiera toutes les idées qui ne se laisseront pas ramener à cette fausse origine. Le mensonge de l'origine se répandra jusque sur l'état actuel de l'intelligence, et voilera aux yeux mêmes de la conscience fascinée les caractères réels de nos idées; de là, d'application en application, c'est-à-dire d'aberration en aberration, l'entendement humain et la nature humaine de plus en plus méconnus, la réalité détruite et la science pervertie.

Voilà l'écueil; il fallait le signaler. Nous ignorons si Locke y a échoué; car nous ignorons encore ce qu'il a fait, s'il a eu le bonheur de deviner juste, ou s'il a eu le sort de la plupart des devins et de ceux qui se jettent à l'aventure dans une route qu'ils n'ont pas mesurée. Nous supposons que nous l'ignorons, nous l'examinerons plus tard ; mais déjà nous pouvons remarquer que c'est en grande partie de Locke que vient au dix-huitième siècle, dans toute son école, l'habitude systématique de placer la question de l'origine et de la génération des idées à la tête de toutes les recherches philosophiques. En métaphysique, ce qui préoccupe cette école est de savoir quelles sont les premières idées qui entrent dans l'esprit de l'homme ; en morale, quelles sont, abstraction faite de l'état actuel de la moralité humaine, les premières idées de bien et de mal qui s'élèvent dans l'homme considéré dans l'état sauvage ou dans l'enfance, deux états où l'observation est très-mal sûre et facilement arbitraire; en politique, quelle est l'origine des sociétés, des gouvernements, des lois. En général, c'est dans le fait qu'elle cherche le droit, et la philosophie se réduit pour elle à l'histoire, et à l'histoire la plus ténébreuse, celle du premier âge de l'humanité. De là les théories politiques de cette école, souvent opposées dans les résultats, conformes entre elles dans la méthode qui y préside. Ceux-ci, s'enfonçant dans des conjectures anté ou antihistoriques, trouvent à l'origine des sociétés l'empire de la force et les conquérants : le premier gouvernement que leur présente l'histoire est despotique ; donc l'idée du gouvernement est l'idée même du despotisme. Ceux-là, au contraire, dans les obscurités commodes de l'état primitif, croient apercevoir un contrat, des stipulations réciproques, et des titres de liberté que plus tard le despotisme a fait disparaître, et que le temps présent doit restituer. Dans l'un et dans l'autre cas, l'état légitime des sociétés humaines est toujours tiré de leur première forme, de cette forme qu'il est presque impossible de retrouver, et les droits de l'humanité sont à la merci d'une érudition hasardeuse, à la merci d'une hypothèse. Enfin, d'origine en origine, on en est venu jusqu'à chercher la véritable nature de l'humanité dans les hypothèses géologiques les plus absurdes : le dernier terme de cette déplorable méthode est l'ouvrage célèbre de Maillet, *Telliamed* [1].

En résumé, le caractère le plus général de la philosophie de Locke est l'indépendance; et ici je me range ouvertement sous son drapeau, avec toutes les réserves nécessaires, sinon vis-à-vis du chef, du moins vis-à-vis de l'armée. Quant à la méthode, celle de Locke est la méthode psychologique ou idéologique, peu importe le mot ; et ici encore je me déclare de son école. Mais, faute d'avoir assez approfondi la méthode psychologique, Locke a commencé par un ordre de recherches qui met nécessairement la psychologie dans la voie de l'hypothèse et lui ôte plus ou moins son caractère expérimental, et là-dessus je m'en sépare.

Reconnaissons où nous en sommes. Voilà Locke sur une route périlleuse, mais a-t-il eu le bonheur, malgré son imprudence, d'arriver à la vérité, c'est-à-dire à la véritable explication de l'origine de nos idées ? Quelle est, selon lui, cette origine ? Ce sera le sujet de nos prochaines leçons.

[1] Sur les dangers où nous jette, dans tous ces ordres de recherches, la question des origines, prématurément abordée, voyez partout dans nos écrits, et singulièrement, PHILOSOPHIE SENSUALISTE, leç. VI, *Hobbes*, p. 229, etc.

CINQUIÈME LEÇON

ESSAI. LIVRE I, IDÉES INNÉES. LIVRE II, DE L'ESPACE

Premier livre de l'*Essai sur l'Entendement humain*. Des idées innées. — Deuxième livre. Expérience, source de toutes les idées. Sensation et réflexion. — Des opérations de l'âme. Selon Locke, elles ne s'exercent que sur les données sensibles. Base du sensualisme. — Examen de la doctrine de Locke sur l'idée d'espace. — Que l'idée d'espace, dans le système de Locke, doit se réduire et se réduit à celle de corps. — Cette confusion est contredite par les faits et par Locke lui même. Distinction des caractères actuels de l'idée de corps et de celle d'espace. — Examen de la question de l'origine de l'idée d'espace. Distinction de l'ordre logique et de l'ordre chronologique de son idée. L'idée d'espace est la condition logique de l'idée de corps ; l'idée de corps est la condition chronologique de l'idée d'espace. — De la raison et de l'expérience, considerées tour à tour comme condition réciproque de leur développement mutuel. — Mérite du système de Locke. Ses vices : 1° confond la mesure de l'espace avec l'espace ; 2° la condition de l'idée d'espace avec cette idée même.

Sans doute ce n'est pas Locke qui a le premier posé la question de l'origine des idées; mais c'est Locke qui, le premier, l'a élevée à la hauteur de la question philosophique par excellence, et c'est depuis Locke qu'elle est restée à ce rang dans son école. Au reste, si cette question n'est pas celle qu'une méthode sévère doit agiter la première, il est certain que, mise à sa place, elle est de la plus haute importance : voyons comment Locke l'a traitée.

En entrant dans la recherche de l'origine des idées, Locke rencontre une opinion qui, si elle était fondée, couperait court à la question ; je veux parler de la doctrine des idées innées. En effet, si les idées sont innées, c'est-à-dire si, comme le mot semble l'indiquer, les idées sont déjà dans l'esprit au moment même où il commence à entrer en exercice, il ne les acquiert pas, il les possède dès le premier jour telles qu'elles seront au dernier; et, à proprement parler, elles n'ont point de progrès, de génération et d'origine. Cette doctrine, que Locke impute à tort ou à raison à ses adversaires, s'opposait à son dessein de commencer par la question de l'origine des idées ; elle s'opposait encore à la solution qu'il en voulait donner, et au système qui le préoccupait. Il lui fallait avant tout écarter cet obstacle, réfuter la doctrine des idées innées. De là la polémique qui remplit le premier livre de l'*Essai sur l'Entendement*. Je vous dois compte de cette polémique.

Selon Locke, il y a des philosophes qui considèrent comme innés certains principes, certaines maximes, certaines propositions, lesquelles ont cours en métaphysique et en morale. Or, à quel titre des propositions peuvent-elles être dites innées ? On en peut donner et on en donne deux motifs : 1° que ces propositions sont universellement admises ; 2° qu'elles le sont primitivement, qu'on les connaît dès qu'on fait usage de sa raison.

Locke examine successivement ces deux motifs.

En métaphysique, il prend les deux propositions suivantes : Ce qui est est ; le même est le même ; et il examine si en effet tous les hommes admettent ces deux propositions. Laissant là les hommes civilisés qui ont lu les philosophes, il s'adresse aux peuples sauvages, et il demande si un sauvage sait que ce qui est est, que le même est le même. Il répond, pour le sauvage, que le sauvage n'en sait rien et ne s'en soucie guère. Il interroge l'enfant, et il trouve que l'enfant est dans le même cas que le sauvage. Enfin, supposé que les sauvages et les enfants, comme les peuples civilisés, admissent que ce qui est est, que le même est le même, Locke tient en réserve une objection qu'il croit sans réplique : l'idiot n'admet pas ces propositions ; et cette seule exception suffirait, selon lui, pour démontrer qu'elles ne sont point universellement admises, et par conséquent qu'elles ne sont point innées ; car l'âme de l'idiot est aussi une âme humaine. Examinant ensuite si ces propositions sont primitives, si elles sont les premières que l'on acquiert aussitôt qu'on commence à faire usage de sa raison, Locke, prenant encore l'enfant pour sujet d'expérience, soutient qu'il y a dans l'enfant une foule d'idées qui précèdent celles-là : l'idée des couleurs, l'idée des corps, l'idée de son existence ; et qu'ainsi les propositions dont il s'agit ne sont pas les premières qui paraissent dans l'intelligence.

Voilà pour la spéculation : il en est de même pour la pratique. Locke soumet les propositions ou maximes morales aux mêmes épreuves qu'il a fait subir aux propositions métaphysiques. Là, plus que jamais, il se fonde sur les mœurs des sauvages, les récits des voyageurs et l'observation des enfants. Sa conclusion est qu'il n'y a pas de maxime morale universellement et primitivement admise, ni par conséquent innée.

Tels sont les deux premiers chapitres du premier livre de l'*Essai sur l'Entendement humain*. Le troisième et dernier va plus loin encore. Si les propositions et maximes, tant métaphysiques que morales, précédemment examinées, ne sont ni universellement ni primitivement admises, que faut-il penser des idées renfermées dans ces propositions, et qui en sont les éléments? Locke en choisit deux sur lesquelles il établit une discussion étendue, l'idée de Dieu et l'idée de substance. Il a recours à ses arguments ordinaires pour prouver que l'idée de Dieu et celle de substance ne sont ni universelles ni primitives; il appelle en témoignage des peuples sauvages qu'il prétend n'avoir pas l'idée de Dieu; il s'adresse aux enfants pour savoir s'ils ont l'idée de substance, et, ne trouvant pas en eux cette idée, il en conclut que l'idée de Dieu ni celle de substance ne sont innées, et qu'aucune idée particulière, ni aucune proposition générale, spéculative ou morale, n'est antérieure à l'expérience.

Comme c'est depuis Locke que la question de l'origine des idées est devenue la question fondamentale dans l'école sensualiste, remarquez aussi que c'est depuis Locke que la polémique contre les idées innées est comme l'introduction obligée de cette école. Et non-seulement le sujet, mais la manière de le traiter, vient de Locke. C'est depuis lui qu'il est passé en habitude d'en appeler aux sauvages et aux enfants, sur lesquels l'observation est si difficile ; car, pour les uns, il faut s'en rapporter à des voyageurs souvent prévenus, qui ne savent pas les langues des peuples qu'ils visitent ; et, pour les enfants, on est réduit à des signes très-équivoques. La polémique de Locke, pour le fond et pour la forme, est devenue la base de la polémique de l'école sensualiste contre les idées innées.

Et quelle est la valeur réelle de cette polémique ? Permettez-moi d'ajourner cette question [1] ; car si la discussion était trop générale, elle n'apprendrait rien ; et, un peu approfondie, elle anticiperait sur les discussions particulières qu'amènera successivement l'examen de l'*Essai sur l'Entendement*. Ainsi, sans admettre comme sans combattre les conclusions de ce premier livre, j'entre de suite dans le second, qui contient la théorie spéciale de Locke sur l'origine des idées.

« Supposons, dit Locke, liv. II, chap. IV, § 2, qu'au commencement l'âme est ce qu'on appelle une table rase [2], *tabula rasa*, vide de tous caractères, sans aucune idée, quelle qu'elle soit ; comment vient-elle à recevoir des idées ? Par quel moyen en acquiert-elle cette prodigieuse quantité que l'imagination de l'homme, toujours agissante et sans bornes, lui présente avec une variété presque infinie ? D'où puise-t-elle tous ces matériaux qui sont comme le fond de tous ses raisonnements et de toutes ses connaissances ?

---

1 Voyez plus bas la fin de la leç. IX.
2. Sur la table rase, voyez PHILOSOPHIE SENSUALISTE, leç. I, p. 10-12 et PHILOSOPHIE ÉCOSSAISE, leç. XI, p. 456.

A cela je réponds en un mot : De l'expérience. C'est là le fondement de toutes nos connaissances, et c'est de là qu'elles tirent leur première origine. »

Voyons ce qu'entend Locke par expérience. Laissons-le parler lui-même :

« Liv. II, chap. 1ᵉʳ, § 3. Les observations que nous faisons sur les objets extérieurs et sensibles, ou sur les opérations intérieures de notre âme que nous apercevons, et sur lesquelles nous réfléchissons nous-mêmes, fournissent à notre esprit les matériaux de toutes ses pensées. Ce sont là les deux sources d'où découlent toutes les idées que nous avons ou que nous pouvons avoir naturellement. »

« *Objets de la sensation, première source de nos idées.* — Et premièrement, nos sens étant frappés par certains objets extérieurs font entrer dans notre âme plusieurs perceptions distinctes des choses, selon les diverses manières dont ces objets agissent sur nos sens. C'est ainsi que nous acquérons les idées que nous avons du *blanc*, du *jaune*, du *chaud*, du *froid*, du *dur*, du *mou*, du *doux*, de l'*amer*, et de tout ce que nous appelons *qualités sensibles*. Nos sens, dis-je, font entrer toutes ces idées dans notre âme ; par où j'entends qu'ils font passer des objets extérieurs dans l'âme, ce qui y produit ces sortes de *perceptions*. Et comme cette grande source de la plupart des idées que nous avons, dépend entièrement de nos sens et se communique à l'entendement par leur moyen, je l'appelle *sensation*. »

« § 4. *Les opérations de notre esprit, autre source de nos idées.* — L'autre source d'où l'entendement vient à recevoir des idées, c'est la perception des opérations de notre âme appliquée aux idées qu'elle a reçues par les sens ; opérations qui, devenant l'objet des réflexions de l'âme, produisent dans l'entendement une autre espèce d'idées que les objets extérieurs n'auraient pu lui fournir : telles sont les idées de ce qu'on appelle *percevoir*, *penser*, *douter*, *croire*, *raisonner*, *connaître*, *vouloir*, et toutes les différentes actions de notre âme, de l'existence desquelles étant pleinement convaincus, parce que nous les trouvons en nous-mêmes, nous recevons par leur moyen des idées aussi distinctes que celles que les corps produisent en nous lorsqu'ils viennent à frapper nos sens. C'est là une source d'idées que chaque homme a toujours en lui-même ; et quoique cette faculté ne soit pas un sens, parce qu'elle n'a rien à faire avec les objets extérieurs, elle en approche beaucoup, et le nom de *sens intérieur* ne lui conviendrait pas mal. Mais comme j'appelle l'autre source de nos idées *sensation*, je nommerai celle-ci *réflexion*, parce que l'âme ne reçoit par son moyen que les idées qu'elle acquiert en réfléchissant sur ses propres opérations. C'est pourquoi je vous prie de remarquer que, dans la suite de ce discours, j'entends par *réflexion* la connaissance que l'âme prend de ses différentes opérations, par où l'entendement vient à s'en former des idées. Ce sont là, à mon avis, les seuls principes d'où toutes nos idées tirent leur origine, savoir les choses extérieures et matérielles qui sont les objets de la *sensation*, et les opérations de notre esprit, qui sont les objets de la *réflexion*. J'emploie ici le mot d'*opération* dans un sens étendu, non-seulement pour signifier les actions de l'âme concernant ses idées, mais encore certaines passions qui sont produites quelquefois par ces idées, comme le plaisir ou la douleur que cause quelque pensée que ce soit. »

« § 5. *Toutes nos idées viennent de l'une de ces deux sources.* — L'entendement ne me paraît avoir absolument aucune idée qui ne lui vienne de l'une de ces deux sources. *Les objets extérieurs fournissent à l'esprit les idées des qualités sensibles,* c'est-à-dire toutes ces différentes perceptions que ces qualités produisent en nous ; et *l'esprit fournit à l'entendement les idées de ses propres opérations.* Si nous faisons une exacte revue de toutes ces idées et de leurs différents modes, combinaisons et relations, nous trouverons que c'est à quoi se réduisent toutes nos idées, et que nous n'avons rien dans l'esprit qui n'y vienne par l'une de ces deux voies. »

Locke confond ici évidemment la réflexion avec la conscience. La réflexion, à parler rigoureusement, est une faculté analogue sans doute à la conscience [1], mais distincte d'elle, et qui appartient plus particulièrement au philosophe ; tandis que la conscience appartient à tout homme comme être intellectuel. De plus, Locke réduit arbitrairement la portée de la réflexion ou de la conscience, en la limitant aux opérations de l'âme : il est manifeste que la conscience ou la réflexion a pour objets tous les phénomènes qui se passent en nous, sensations aussi bien qu'opérations.

1. Voyez la leç. précédente, p. 79; et PHILOSOPHIE ÉCOSSAISE, leç. VIII, p. 321.

Les vraies puissances, les sources spéciales d'idées, sont donc les sensations d'une part, et de l'autre les opérations de l'âme, sous cette condition générale que nous ayons conscience des unes comme des autres, et que nous puissions réfléchir sur elles.

Maintenant, est-ce la sensibilité, sont-ce les opérations de notre âme qui entrent d'abord en exercice ? Locke n'hésite point à prononcer que nos premières idées nous sont fournies par la sensibilité, et que celles que l'on doit à la réflexion viennent plus tard. Il le déclare, livre II, chapitre 1, § 8 ; il le déclare plus expressément encore, *ibid.*, § 20 « Je ne vois aucune raison de croire que l'âme pense avant que les sens lui aient fourni des idées pour être l'objet de ses pensées. » Et encore, § 23 : « L'on demande quand c'est que l'homme commence à avoir des idées : je crois que la véritable réponse qu'on puisse faire, c'est de dire : dès qu'il a quelque sensation... »

Ainsi Locke place les acquisitions des sens avant celles de la pensée. On pourrait l'arrêter ici : on pourrait lui demander si cet ordre est certain ; s'il est possible de concevoir, non pas une sensation peut-être, mais une idée de sensation, sans l'intervention et le concours de quelques-unes des opérations de l'âme[1]. Mais, sans insister sur cette objection, qu'il nous suffise de constater que Locke ne laisse arriver les opérations de l'âme qu'après les sensations. Reste à savoir ce que font ces opérations, et quelles sont leurs fonctions propres, sur quoi et dans quel cercle elles agissent, et

---

1. Premiers Essais, *Analyse de la Connaissance sensible*, p. 235, etc.

si, en supposant qu'elles n'entrent en exercice qu'après la sensibilité, elles sont ou ne sont pas condamnées à travailler uniquement sur les données primitives que leur fournissent les sens. Pour cela, il faut examiner avec soin la nature et l'objet des opérations de l'âme.

Locke est le premier qui ait donné une analyse ou plutôt un essai d'analyse de la sensibilité et des différents sens dont elle se compose, des idées que nous devons à chacun d'eux et à l'action simultanée de plusieurs livres, livre II, chap. II, § 2 ; chap. III, IV et V ; de même il a le premier donné l'exemple de ce qui, plus tard, entre les mains de ses successeurs, est devenu une théorie des facultés de l'âme. Celle de Locke, curieuse, précieuse même pour le temps, est en elle-même extrêmement faible, vague et confuse. Cependant, fidèle à l'esprit général de la philosophie, Locke tente déjà de présenter les facultés dans l'ordre de leur développement probable.

La première dont il traite est la *perception*, liv. II, chap. IX, § 2 : « Chacun peut mieux connaître ce que c'est que perception en réfléchissant sur ce qu'il fait lui-même lorsqu'il voit, qu'il entend, qu'il sent ou qu'il pense, que par tout ce que je lui pourrais dire sur ce sujet. Quiconque réfléchit sur ce qui se passe dans son esprit ne peut éviter d'en être instruit ; et, s'il n'y fait aucune réflexion, tous les discours du monde ne sauraient lui en donner aucune idée. » § 3 : « Ce qu'il y a de certain, c'est que, quelques altérations, quelques impressions qui se fassent dans notre corps ou sur des parties extérieures, il n'y a point de perception si l'esprit n'est pas actuellement frappé de ces altérations, si ces impressions ne parviennent point jusque dans l'intérieur de notre âme. » § 4 : « Partout où il y a sentiment ou perception, il y a quelque idée actuellement produite, et présente à l'entendement. » Et § 15 : « La perception est le premier degré vers la connaissance. » La perception de Locke est ce qu'on nomme aujourd'hui la conscience, la faculté d'apercevoir ce qui se passe actuellement en nous.

Après la perception vient la *rétention*, chap. x, § 1, ou la puissance de retenir les perceptions actuelles, les idées, de les *contempler* lorsqu'elles sont présentes, ou de les *rappeler* lorsqu'elles sont évanouies. Dans ce dernier cas, la rétention est la *mémoire*, dont les aides sont l'*attention* et la *répétition*.

Viennent ensuite la faculté de *distinguer les idées*, chap. xi, et celle de les *comparer :* d'où naissent toutes les idées de relation, sans oublier la faculté de *composition*, d'où naissent les idées complexes qui viennent de la combinaison de plusieurs idées simples. Plus tard, enfin, se développe la faculté d'*abstraire* et de *généraliser*. Locke ne compte pas d'autres facultés. Ainsi, en dernière analyse, la perception, la rétention ou la contemplation et la mémoire, le discernement et la comparaison, la composition, l'abstraction, telles sont les facultés de l'entendement humain, car la volonté, avec le plaisir et la douleur et les passions, que Locke donne pour des opérations de l'âme, forment un autre ordre de phénomènes.

Or, quel est le caractère et quel est l'emploi de ces opérations ? Sur quoi s'exerce la perception ? à quoi s'applique-t-elle? A la sensation. Et que fait-elle? Elle ne fait pas autre chose que percevoir la sensation, en avoir conscience. Ajoutez que, selon Locke, la perception est passive, chap. IX, § 1, forcée, inévitable ; elle n'est guère qu'un effet de la sensation. La première faculté de l'âme n'ajoute donc rien à la sensation ; seulement elle en prend connaissance. Dans la rétention, la contemplation fait durer cette perception ; évanouie, la mémoire la rappelle. Le discernement sépare, la composition réunit les perceptions ; l'abstraction en saisit les caractères les plus généraux ; mais enfin les matériaux sont toujours ici, en dernière analyse, les idées de sensation dues à la perception. Nos facultés n'ajoutent aux causes qu'elles en tirent que celle de leur propre existence et de leur propre action.

Ainsi, d'une part, la sensation précède ; de l'autre, l'entendement n'est pour Locke qu'un instrument dont toute la puissance se consume sur la sensation. Locke sans doute n'a pas confondu la sensation et les facultés de l'âme ; il les distingue très-expressément ; mais il fait jouer à nos facultés un rôle secondaire en concentrant leur action sur les données sensibles : de là à les confondre avec la sensibilité elle-même, il n'y avait qu'un pas, et déjà était déposé dans la philosophie le germe faible encore de la future théorie de la sensation transformée, de la sensation comme le principe unique de toutes les opérations de l'âme. C'est Locke qui, sans le savoir et sans le vouloir, a frayé la route à cette théorie exclusive, en n'ajoutant à la sensation que des facultés dont tout l'emploi est de s'exercer sur elle. L'école sensualiste ne sera constituée que quand elle sera arrivée à ce point. En attendant que l'avenir pousse jusque-là le système de Locke, prenons ce système pour ce qu'il est, ou plutôt pour ce qu'il se donne : sa prétention est d'expliquer toutes les idées qui sont et peuvent être dans l'entendement humain par la sensation et par la réflexion, c'est-à-dire le sentiment de nos propres opérations.

« Si nous prenons la peine, dit Locke, chap. XII, de suivre pied à pied les progrès de notre esprit, et que nous nous appliquions à observer comment il répète, ajoute et unit ensemble les idées simples qu'il reçoit par le moyen de la sensation et de la réflexion, cet examen pourra conduire plus loin que nous ne pourrions peut-être nous le figurer d'abord; et si nous observons soigneusement les origines de nos idées, nous trouverons, à mon avis, que les idées même les plus abstruses, quelque éloignées qu'elles paraissent des sens ou d'aucune opération de notre propre entendement, ne sont pourtant que des notions que l'entendement se forme, en répétant et combinant les idées qu'il avait reçues des objets des sens ou de ses propres opérations concernant les idées qui lui ont été fournies par les sens; de sorte que les idées les plus étendues et les plus abstraites nous viennent par la sensation ou par la réflexion; car l'esprit ne connaît rien et ne saurait rien connaître que par l'usage ordinaire de ses facultés, qu'il exerce sur les idées qui lui viennent par les objets extérieurs, ou par les opérations qu'il observe en lui-même au sujet de celles qu'il a reçues par les sens. C'est ce que je tâcherai de faire voir à l'égard des idées que nous avons de l'espace, du temps, de l'infini et de quelques autres qui paraissent les plus éloignées de ces deux sources. »

A la bonne heure. Ceci a un peu l'air d'un défi; acceptons-le, et voyons comment Locke tirera, par exemple, l'idée d'espace de la sensation et de la réflexion.

Je suis un peu embarrassé pour vous exposer l'opinion de Locke sur l'espace, et j'ai besoin de vous rappeler ici une observation que j'ai déjà faite. Locke est un chef d'école; n'attendez donc pas que Locke ait tiré de ses principes toutes les conséquences qu'ils contiennent, n'attendez pas même que l'inventeur d'un principe l'établisse avec netteté et précision. Cette remarque, qui s'applique à tout l'*Essai sur l'Entendement humain*, est particulièrement vraie des chapitres où Locke traite de l'idée d'espace. Il y règne, sous une clarté quelquefois réelle et plus souvent apparente et superficielle, une extrême confusion, et des contradictions telles que le *oui* et le *non* ne se rencontrent pas seulement de chapitre à chapitre, mais de paragraphe à paragraphe dans le même chapitre. Sans doute c'est le devoir de l'historien de relever ces contradictions, afin de caractériser et l'époque et l'homme ; mais l'histoire ne s'intéresse pas seulement à un individu, quelque grand qu'il soit ; c'est le germe de l'avenir qu'elle cherche dans le passé. Je m'attacherai donc, après vous avoir signalé une fois pour toutes les innombrables inconséquences de Locke, à dégager du milieu de ces inconséquences stériles ce qui a été fécond, ce qui a porté ses fruits, ce qui constitue, à proprement parler, un système, le système véritable de Locke. Il consiste, vous le savez, à tirer toutes les idées de deux sources, la sensation et la réflexion. Il faut donc que l'idée d'espace dérive de l'une ou de l'autre de ces deux origines. Incontestablement l'idée d'espace n'est pas acquise par la réflexion, par la conscience des opérations de l'entendement. Elle vient donc de la sensation. Voilà le principe systématique. Nous allons laisser Locke partir de ce principe, et arriver à l'idée d'espace. Mais Locke ne se propose pas de réformer l'entendement humain, il ne veut que l'expliquer ; il veut montrer l'origine de ce qui est, non de ce qui pourrait ou devrait être. Donc l'épreuve, pour lui comme pour tout autre philosophe, est celle-ci : le principe de son système admis, en tirer ce qui est aujourd'hui, à savoir l'idée d'espace, telle qu'elle est dans l'esprit humain. Ainsi nous le laisserons procéder à sa manière ; puis nous prendrons de ses mains l'idée d'espace telle qu'il la donne, et nous la confronterons avec l'idée d'espace telle que nous l'avons, telle que l'ont tous les hommes.

Selon Locke [1], l'idée d'espace vient de la sensation. Mais de quel sens vient-elle? Ce n'est point de l'odorat, ce n'est point du goût, ce n'est point de l'ouïe ; c'est donc de la vue et du toucher. C'est aussi ce que dit Locke, livre II, chap. XIII, § 2 : « Nous acquérons l'idée d'espace par la vue et l'attouchement ;

---

1. Sur l'idée d'espace, voyez PREMIERS ESSAIS, *Analyse de la connaissance sensible*, p. 237; DU VRAI, DU BEAU ET DU BIEN, leçon IV, p. 27; PHILOSOPHIE SENSUALISTE, leçon III, opinion de Condillac, p. 99 ; PHILOSOPHIE ÉCOSSAISE, leçon VIII, p. 340 ; PHILOSOPHIE DE KANT, leçon IV, *Esthétique transcendentale*, etc.

ce qui est, ce me semble, d'une telle évidence que, etc. »

Si l'idée d'espace est une acquisition de la vue et du toucher, pour savoir ce qu'elle doit être à cette condition, recourons aux chapitres antérieurs, où Locke traite des idées qui nous arrivent par la vue et surtout par le toucher. Voyons ce que peut donner le toucher, selon Locke et selon tout le monde.

Le toucher, aidé ou non aidé de la vue, nous suggère l'idée de quelque chose qui résiste ; et résister, c'est être solide. « L'idée de la solidité, dit Locke, chap. IV, § 1, nous vient par l'attouchement, et elle est causée par la résistance que nous trouvons... » Plus de solidité, c'est la dureté, moins, c'est la mollesse. Ajoutez la figure avec ses dimensions. Ce quelque chose qui résiste, qui est solide, qui l'est plus ou moins, qui a telle ou telle figure, telle ou telle dimension, telle ou telle étendue, d'un seul mot, c'est le corps.

Est-il bien vrai que le tact, avec la vue, suffit à donner ce qui résiste, le solide avec ses diverses qualités, le corps? Je ne veux pas trop l'examiner. L'analyse me forcerait peut-être d'admettre ici l'intervention nécessaire de toute autre chose encore que le sens du toucher[1]. J'aime mieux supposer qu'en effet le toucher, la sensation donne l'idée de corps. Que la sensation aille jusque-là, je veux bien l'accorder; mais qu'elle aille plus loin, Locke ne le prétend

---

. 1. Par exemple, le principe de causalité, PREMIERS ESSAIS, *Analyse de la connaissance sensible*, p. 229, et PHILOSOPHIE ÉCOSSAISE, leçon VIII, p. 332, etc.

pas. Locke, dans le chapitre où, presque sans esprit de système, il recherche ce qui dérive de la vue et de l'attouchement, n'en tire rien de plus que le solide, c'est-à-dire le corps. Si donc plus tard et systématiquement il prétend, comme nous l'avons vu, que l'idée de l'espace vient de la sensation, à savoir de la vue et de l'attouchement, il s'ensuit qu'il réduit l'idée d'espace à l'idée de corps, et que pour lui l'espace n'est rien autre chose que le corps lui-même, le corps agrandi, multiplié d'une manière indéfinie, le monde, l'univers. En effet, § 10, chap. XIII : « Il est certain, dit Locke, que nous avons l'idée du lieu par les mêmes moyens que nous acquérons celle de l'espace dont le lieu n'est qu'une considération particulière, bornée à certaines parties, je veux dire par la vue et l'attouchement... » Même chapitre, même paragraphe : « Que si l'on dit que l'univers est quelque part, cela n'emporte dans le fond autre chose, si ce n'est que l'univers existe... » Cela est clair : l'espace de l'univers équivaut ni plus ni moins à l'univers lui-même ; et comme l'idée de l'univers n'est après tout que l'idée du corps, c'est à celle-là que se réduit l'idée de l'espace. Telle est la génération nécessaire de l'idée d'espace dans le système de Locke.

Qu'il y ait au milieu de ces différents chapitres des paragraphes contradictoires les uns avec les autres, et que la contradiction soit souvent grossière, cela est vrai ; mais il ne l'est pas moins que le système de Locke étant donné, c'est-à-dire ici la sensation comme principe unique de l'idée d'espace, le résultat nécessaire est l'idée d'espace telle que Locke vient de la déterminer. Mais ce résultat systématique, est-ce la réalité ? L'idée d'espace issue de la sensation, du toucher et de la vue, est-elle l'idée d'espace telle qu'elle est dans votre esprit et dans celui de tous les hommes? Voyons si en effet aujourd'hui, tels que nous sommes, nous confondons l'idée de corps et l'idée d'espace, si pour nous il n'y a là qu'une seule et même idée.

En faisant sur nous-mêmes une pareille expérience, gardons-nous de deux choses qui corrompent toute expérience : gardons-nous d'avoir en vue telle ou telle conclusion systématique, et aussi de songer à une origine quelconque, car la préoccupation de telle ou telle origine pourrait, à notre insu même, nous faire attribuer aux idées, telles qu'elles sont aujourd'hui dans notre conscience, tel ou tel caractère plus en rapport avec l'origine que nous préférons intérieurement. Nous verrons plus tard les conclusions qu'on peut tirer de l'expérience que nous voulons instituer ; plus tard nous remonterons jusqu'à l'origine de l'idée qu'il s'agit et qu'il suffit d'abord de constater sans aucun préjugé, sans aucune vue étrangère.

L'idée d'espace se réduit-elle dans l'entendement à l'idée de corps? telle est la question ; c'est une question de fait. Prenons tel corps que vous voudrez ; prenons ce livre qui est sous nos yeux, sous notre main ; il résiste, il est solide, il est plus ou moins dur, il a telle figure, etc. Ne pensez-vous rien de plus à son égard ? Ne croyez-vous point, par exemple, que ce corps est quelque part, dans un certain lieu ? Ne vous étonnez pas de la naïveté de mes questions ; il ne faut pas craindre de ramener les philosophes aux questions les plus simples, car c'est précisément parce qu'elles sont les plus simples, qu'ils les négligent souvent, et que, faute de recueillir des faits évidents, ils se précipitent dans des systèmes absurdes.

Ce corps est-il quelque part ? est-il dans un lieu ? Oui, sans doute, répondront tous les hommes. Eh bien ! prenons un corps plus considérable, prenons le monde. Le monde aussi est-il quelque part ? est-il dans un lieu ? Personne n'en doute. Prenons des milliers de mondes, des milliards de mondes ; ne pourrons-nous pas, sur ces milliards de mondes, faire la même question que je viens de faire sur ce livre ? Sont-ils quelque part ? sont-ils dans un lieu, c'est-à-dire sont-ils dans un espace ? On peut faire la question pour un monde et pour des milliards de mondes comme pour ce livre, et à toutes ces questions vous répondez également : Ce livre, ce monde, ces milliards de mondes sont quelque part, sont dans un lieu, sont dans l'espace. Il n'y a pas une créature humaine, sinon un philosophe préoccupé d'un système, qui puisse mettre en doute ce que je viens de vous dire. Prenez le sauvage auquel Locke en appelle si souvent, prenez l'enfant, prenez l'idiot, à moins qu'il ne le soit complétement ; si quelqu'une de ces créatures humaines a l'idée d'un corps quelconque, livre ou monde ou milliard de mondes, elle croit naturellement que ce livre, ce monde, ces milliards de mondes sont quelque part, dans un lieu, dans un espace. Qu'est-ce à dire ? c'est reconnaître qu'autre chose est l'idée d'un livre, d'un monde, de milliards de mondes, solides, résistants, situés dans un espace, et autre chose l'idée de l'espace dans lequel ce livre, ce monde ou ces milliards de mondes sont situés.

Cela est si évident que Locke lui-même, quand il n'est pas sous le joug de son système, distingue parfaitement l'idée du corps et celle de l'espace, et en établit très-bien la différence. Livre II, chapitre XIII, § 11 : « J'en appelle à ce que chacun juge en soi-même, pour savoir si l'idée de l'espace n'est pas aussi distincte de celle de la solidité que l'idée de la couleur qu'on nomme écarlate. Il y a plusieurs idées qui, pour exister, ou pour pouvoir être conçues, ont absolument besoin d'autres idées dont elles sont pourtant très-différentes. Le mouvement ne peut être ni être conçu sans l'espace, et cependant le mouvement n'est point l'espace, ni l'espace le mouvement, et ce sont deux idées fort distinctes. Il en est de même, à ce que je crois, de l'espace et de la solidité. » Suivent plusieurs considérations sur la différence qui sépare le corps et l'espace, considérations qui remplissent plus de dix paragraphes auxquels je renvoie pour ne pas trop multiplier les citations. Je ne puis cependant me refuser de vous lire ici un passage décisif et curieux, chapitre XIV, § 5 :

« Il y a bien des gens, au nombre desquels je me range, qui croient avoir des idées claires et distinctes du pur espace et de la solidité, et qui s'imaginent pouvoir penser à l'espace sans y concevoir quoi que ce soit qui résiste, ou qui soit capable d'être poussé par aucun corps. C'est là, dis-je, l'idée de l'espace pur, qu'ils croient avoir aussi nettement dans l'esprit que l'idée qu'on peut se former de l'étendue du corps; car l'idée de la distance qui est entre les parties opposées d'une surface concave est tout aussi claire, selon eux, sans l'idée d'aucune partie solide qui soit entre deux, qu'avec cette idée. D'un autre côté, ils se persuadent qu'outre l'idée de l'espace pur, ils en ont une autre tout à fait différente de quelque chose qui remplit cet espace, et qui peut en être chassé par l'impulsion de quelques autres corps, ou résister à ce mouvement. Que s'il se trouve d'autres gens qui n'aient pas ces deux idées distinctes, mais qui les confondent et des deux n'en fassent qu'une, je ne vois pas que des personnes qui ont la même idée sous différents noms, ou qui donnent le même nom à des idées différentes, puissent s'entretenir ensemble ; pas plus qu'un homme qui n'est ni aveugle ni sourd, et qui a des idées distinctes de la couleur nommée écarlate et du son de la trompette, ne pourrait discourir de l'écarlate avec l'aveugle dont je parle ailleurs, qui s'était figuré que l'idée de l'écarlate ressemblait au son d'une trompette. »

Ainsi, selon Locke lui-même, l'idée d'espace et l'idée de corps sont totalement distinctes. Pour bien mettre en lumière cette distinction, reconnaissons la différence des caractères que présentent ces deux idées.

Vous avez l'idée d'un corps, vous croyez qu'il est ; mais pourriez-vous supposer qu'il ne fût pas ? Je vous le demande, ne pouvez-vous pas supposer que ce livre soit détruit ? Sans doute. Et ne pouvez-vous supposer aussi que le monde entier soit détruit, et qu'il n'y ait pas de corps ? Vous le pouvez. Pour vous, constitués tels que vous l'êtes, la supposition de la non-existence des corps n'implique pas contradiction. Et comment appelle-t-on l'idée d'une chose que nous concevons comme pouvant ne pas être? On l'appelle une idée contingente et relative. Mais si vous pouvez supposer ce livre détruit, le monde détruit, toute matière détruite; pouvez-vous supposer l'espace détruit? pouvez-vous supposer qu'alors même il n'y aurait plus de corps, il ne resterait pas un espace pour les corps qui arriveraient à l'existence? Vous ne le pouvez pas; s'il est au pouvoir de la pensée de l'homme de supposer la non-existence des corps, il n'est pas en son pouvoir de supposer la non-existence de l'espace; l'idée de l'espace est donc une idée nécessaire et absolue. Voilà déjà deux caractères parfaitement différents qui séparent les deux idées de corps et d'espace.

De plus, tout corps est évidemment limité; vous saisissez ses limites de toutes parts. Agrandissez, étendez, multipliez ce corps par des milliers de corps analogues; vous avez reculé les limites de ce corps, vous ne les aurez pas détruites, vous les concevrez encore. Mais pour l'espace, il n'en va pas ainsi. L'idée de l'espace vous est donnée, comme celle d'un continu dans lequel vous pouvez bien opérer des divisions utiles et commodes, mais artificielles, sous lesquelles subsiste l'idée d'un espace sans aucune limite. Car par delà telle portion déterminée d'espace, il y a de l'espace encore; et par delà cet espace, il y a toujours et toujours de l'espace. Le corps a dans toutes ses dimensions quelque autre chose qui le borne, à savoir l'espace qui le renferme; mais l'espace n'a pas de bornes.

L'idée de corps n'est pas complète sans celle de forme et de figure, et vous pouvez toujours vous le représenter sous une forme déterminée; c'est toujours une image. Loin de là, l'espace est une conception et non une image ; et aussitôt que vous concevez l'espace imaginativement, aussitôt que vous vous le représentez sous une forme déterminée quelconque, ce n'est plus l'espace que vous concevez, mais quelque autre chose, mais un corps dans l'espace. L'idée d'espace est une conception de la raison, distincte de toute représentation sensible.

Je pourrais prolonger cette opposition des caractères de l'idée de corps et de l'idée d'espace. Il me suffit d'avoir établi ces trois caractères fondamentaux : 1° l'idée de corps est une idée contingente et relative, tandis que l'idée d'espace est une idée nécessaire et absolue; 2° l'idée de corps implique l'idée de limite, et l'idée d'espace implique l'absence de toute limite ; 3° enfin l'idée de corps est une représentation sensible, et l'idée d'espace est une conception pure et toute rationnelle.

Si ces caractères sont vraiment ceux de l'idée de l'espace et de l'idée de corps, ces deux idées sont profondément différentes, et toute philosophie qui prétendra s'appuyer sur l'observation ne devra jamais les confondre. Cependant leur confusion dérive nécessairement du système de Locke. Condamnée à venir de la sensation, et ne pouvant venir ni de l'odorat, ni de l'ouïe, ni du goût, il fallait bien que l'idée d'espace vînt de la vue et du toucher ; et, venant de la vue et du toucher, elle ne pouvait être autre que l'idée de corps plus ou moins généralisée. Or, il a été démontré que l'idée d'espace n'est pas celle de corps; elle ne vient donc pas de la vue et du tact, elle ne vient donc pas de la sensation; et comme elle ne vient pas davantage de la réflexion, du sentiment de nos opérations, et qu'elle est pourtant, il s'ensuit que toutes les idées ne dérivent pas seulement de la sensation et de la réflexion, et que le système de Locke, sur l'origine des idées, est incomplet et défectueux, du moins en ce qui regarde l'idée d'espace.

Mais pour mieux pénétrer dans ce système, il faut descendre nous-mêmes sur le terrain de Locke, et arriver à la question qui est pour lui la question philosophique par excellence. Après avoir déterminé les caractères que l'idée d'espace et l'idée de corps ont aujourd'hui dans l'intelligence de tous les hommes, et montré que ces caractères déposent d'une profonde différence entre ces deux idées, il faut rechercher quelle est leur origine, quelle est l'origine de l'idée d'espace relativement à l'idée de corps. Tout a été simple et clair jusqu'ici, j'espère; car nous ne sommes pas sortis de l'intelligence humaine telle qu'elle est aujourd'hui. Poursuivons, et tâchons de ne pas laisser s'éteindre les lumières que nous devons à une observation impartiale dans les ténèbres d'aucune hypothèse.

Il y a deux sortes d'origine; il y a dans les connaissances humaines deux ordres de rapports qu'il importe de bien distinguer.

Entre deux idées, on peut rechercher si l'une ne suppose pas l'autre, si l'une étant admise ne pas admettre l'autre n'est pas encourir le reproche d'inconséquence. C'est là l'ordre logique des idées.

Si l'on envisage sous ce point de vue la question de l'origine des idées de corps et d'espace, voici ce qui en résulte.

Étant données l'idée de corps et l'idée d'espace, laquelle suppose l'autre? Laquelle est la condition logique de l'admission de l'autre? Évidemment c'est l'idée d'espace qui est la condition logique de l'admission de l'idée de corps. En effet, prenez tel corps que vous voudrez, vous ne pouvez en admettre l'idée qu'à la condition que vous admettiez en même temps l'idée d'espace ; sans quoi vous admettriez un corps qui ne serait nulle part, qui n'aurait point de lieu, et un tel corps est inconcevable. Prenez un agrégat de corps, ou prenez un seul corps, puisque tout corps est aussi un agrégat de parties, ces parties sont plus ou moins distantes entre elles, et en même temps elles coexistent l'une à l'autre ; ce sont là les conditions de tout corps, même le moindre. Ne voyez-vous pas quelle est la condition de la coexistence et de la distance? Encore l'espace. Car comment pourrait-il y avoir de la distance entre des corps ou entre les parties d'un corps sans espace, et quelle coexistence est possible sans un continu quelconque? Il en est de même de la contiguïté. Détruisez par la pensée la continuité de l'espace, nulle distance n'est appréciable, nulle contiguïté n'est possible. De plus, l'étendue n'est qu'à la condition d'un continu, c'est-à-dire de l'espace. L'étendue du corps suppose donc déjà l'espace ; l'espace n'est pas le corps, un solide résistant, mais ce qui résiste ne résiste que sur un point réel ; or, tout point réel quelconque est étendu, et par conséquent est dans l'espace ; donc ôtez l'idée d'espace et l'idée d'étendue, et nul corps réel n'est supposable. Donc, comme conclusion dernière, dans l'ordre logique des connaissances humaines, ce n'est pas l'idée de corps qui est la condition logique de l'admission de l'idée d'espace ; c'est au contraire l'idée d'espace, l'idée d'un continu, l'idée d'étendue qui est la condition logique de l'admission de la moindre idée de corps.

Cela est hors de doute ; et quand on envisage sous le point de vue logique la question de l'origine des idées, cette solution, qui est incontestable, accable le système de Locke. Or, c'est par là que l'école idéaliste a pris, en général, la question de l'origine des idées. Par l'origine des idées, elle entend d'ordinaire la filiation logique des idées entre elles. Voilà pourquoi elle a pu dire, avec son dernier et son plus illustre interprète, que, loin que l'idée de corps soit le fondement de l'idée d'espace, c'est l'idée d'espace qui est le fondement de l'idée de corps[1]. L'idée de corps nous est donnée par le toucher et par la vue, c'est-à-dire par l'expérience, et par l'expérience des sens. Au contraire, l'idée d'espace nous est donnée, à l'occasion de l'idée de corps, par la pensée, l'entendement, l'esprit, la raison, enfin par une puissance autre que la sensation. De là cette formule kantienne : l'idée pure et rationnelle de l'espace vient si peu de l'expérience, qu'elle est la condition de toute expérience ; et cette formule

---

[1]. PHILOSOPHIE DE KANT, leçon IV, *Esthétique transcendentale.*

hardie est d'une rigueur parfaite prise d'un certain côté, du côté de l'ordre logique des connaissances humaines.

Mais ce n'est pas là l'ordre unique de la connaissance ; et le rapport logique n'épuise pas tous les rapports que peuvent soutenir les idées entre elles. Il en est un autre encore, celui d'antériorité ou de postériorité, l'ordre du développement relatif des idées dans le temps, leur ordre chronologique ; on peut aussi envisager sous ce point de vue la question de l'origine des idées. Or, l'idée d'espace, qui est bien, nous l'avons vu tout à l'heure, la condition logique de toute expérience sensible, est-elle aussi la condition chronologique de toute expérience et de l'idée de corps? Nullement. Non, à prendre les idées dans l'ordre où elles se produisent dans l'intelligence, à ne rechercher que leur histoire et leur apparition successive, il n'est point vrai que l'idée d'espace précède l'idée de corps. Il est si peu vrai que l'idée de corps suppose en elle l'idée d'espace, que si vous n'aviez pas l'idée de corps vous n'auriez jamais l'idée d'espace. Otez toute sensation, ôtez la vue et le toucher, vous n'avez plus aucune idée de corps, ni par cela même aucune idée d'espace. L'espace est le lieu des corps : qui n'a pas l'idée d'un corps n'aura jamais l'idée du lieu qui le renferme. Rationnellement, logiquement, si vous n'avez point l'idée d'espace, vous ne pouvez avoir l'idée d'un corps ; mais la réciproque est vraie chronologiquement, et de fait l'idée d'espace n'arrive qu'avec l'idée de corps ; et comme vous n'avez point l'idée de corps sans qu'aussitôt vous n'ayez l'idée d'espace, il s'ensuit que ces deux idées sont contemporaines. Et non-seulement on peut dire que l'idée de corps est contemporaine de celle d'espace, mais on peut, mais on doit dire qu'elle lui est antérieure. En effet, l'idée d'espace est contemporaine de l'idée de corps en ce sens qu'aussitôt que l'idée de corps vous est donnée, vous ne pouvez pas ne pas avoir celle d'espace ; mais il a fallu d'abord que vous ayez celle d'un corps pour que celle de l'espace qui le renferme vous apparût ; en sorte que c'est par l'idée de corps que vous allez à l'idée d'espace ; l'une peut donc être appelée la condition chronologique de l'autre.

Sans doute (je ne saurais trop le répéter, car c'est là qu'est le nœud de la difficulté, le secret du problème), sans doute aussitôt que l'idée de corps est donnée, à l'instant même l'idée d'espace arrive ; mais, si cette condition n'était accomplie, l'idée d'espace n'entrerait jamais dans l'entendement. Quand elle y est, elle s'y établit et y persiste, indépendante de l'idée de corps qui l'y a introduite ; car on peut supposer l'espace sans corps, tandis qu'on ne peut supposer de corps sans espace. L'idée de corps a été la condition chronologique de l'idée d'espace, comme celle-ci est la condition logique de celle-là[1]. Les deux ordres sont inverses, et, à le bien prendre, tout le monde a raison, et tout le monde a tort d'une certaine façon. Logiquement, l'idéalisme et Kant ont bien raison de soutenir

---

1. Sur la distinction de l'ordre logique et de l'ordre historique ou chronologique des connaissances humaines, voyez partout dans nos écrits, et par exemple : PHILOSOPHIE ÉCOSSAISE, leçon VIII, etc., et plus bas, leçon VI, p. 132.

que l'idée pure de l'espace est la condition de l'idée de corps et de l'expérience; et chronologiquement, l'empirisme et Locke ont raison à leur tour de prétendre que l'expérience, à savoir ici la sensation, et la sensation de la vue et du toucher, est la condition de l'idée d'espace et de tout exercice de l'entendement.

• En général, l'idéalisme néglige plus ou moins la question de l'origine des idées, et n'envisage guère les idées que dans leurs caractères actuels. Se plaçant d'abord au faîte de l'entendement tel qu'il est aujourd'hui, il n'en recherche pas les acquisitions successives; il ne se met pas en peine de l'ordre chronologique des idées, il s'arrête à leur lien logique; il part de la raison, non de l'expérience. Locke, au contraire, préoccupé de la question de l'origine des idées, néglige leurs caractères actuels, confond leur condition chronologique avec leur fondement logique, et la puissance de la raison avec celle de l'expérience qui la précède et la guide, mais ne la constitue pas. L'expérience, mise à sa juste place, est la condition, non le principe de la connaissance. Va-t-elle plus loin, et prétend-elle constituer toute la connaissance; ce n'est plus alors qu'un système, et un système incomplet, exclusif, vicieux; c'est l'empirisme, ou l'opposé de l'idéalisme, lequel est à son tour l'exagération de la puissance propre de la raison, l'usurpation de la raison sur l'expérience, la destruction ou l'oubli de la condition chronologique et expérimentale de la connaissance, dans la préoccupation excessive de ses principes logiques et rationnels.

Locke a introduit et accrédité l'empirisme dans la

philosophie du dix-huitième siècle. Il a très-bien vu que nous n'aurions aucune idée de l'espace, si nous n'avions quelque idée de corps. Le corps n'est pas l'espace, mais c'est le corps qui remplit ou qui mesure l'espace; si donc l'espace n'est pas le corps, toujours est-il que nous ne savons de l'espace que ce que le corps nous en apprend. Locke a vu cela ; c'est là son mérite. Son tort est : 1° d'avoir confondu ce qui remplit et mesure l'espace et nous le révèle, avec l'idée propre dè l'espace; 2° et ce second tort est beaucoup plus général et plus étendu que le premier, d'avoir confondu la condition chronologique des idées avec leur condition logique, les données expérimentales, externes ou internes, à la condition desquelles l'entendement conçoit certaines idées, avec ces idées elles-mêmes.

C'est là le point de vue critique le plus général qui domine toute la métaphysique de Locke. Je le tire de l'examen auquel je viens de soumettre sa théorie de l'idée de l'espace ; je puis l'appliquer, et je l'appliquerai dans les prochaines leçons, à sa théorie de l'idée de l'infini, du temps, et d'autres idées que Locke s'était vanté, vous le savez, de déduire aisément de l'expérience, de la sensation ou de la réflexion.

SIXIÈME LEÇON

ESSAI. LIVRE II, TEMPS. INFINI. IDENTITÉ. SUBSTANCE.

Suite de l'examen du second livre de l'*Essai sur l'Entendement humain*. De l'idée de temps. — De l'idée d'infini. — De l'idée d'identité personnelle. — De l'idée de substance.

Je commencerai par remettre sous vos yeux les résultats que nous a donnés la dernière leçon ; il s'agissait de l'espace.

Une saine philosophie ne doit pas sans doute retrancher et détruire les questions ontologiques de la nature de l'espace en lui-même, s'il est matériel ou spirituel, s'il est une substance ou un attribut, s'il est indépendant de Dieu ou s'il se rapporte à Dieu ; car toutes ces questions sont dans l'esprit humain : mais elle doit les ajourner jusqu'au temps où des observations psychologiques, bien faites et habilement combinées, nous permettront de les résoudre ; elle s'occupera donc avant tout de la question psychologique de l'idée d'espace.

Il suffit d'interroger l'entendement humain tel qu'il est aujourd'hui dans tous les hommes, pour y reconnaître l'idée de l'espace avec ces trois caractères éminents : 1° l'espace nous est donné comme nécessaire, tandis que le corps nous est donné comme pouvant être ou n'être pas ; 2° l'espace nous est donné comme sans limite, le corps nous est donné comme limité de toutes parts ; 3° l'idée de l'espace est toute rationnelle, celle du corps est accompagnée d'une représentation sensible.

La question préliminaire des caractères actuels de l'idée d'espace ainsi résolue, on peut aborder sans danger la question tout autrement difficile et obscure de l'origine de l'idée d'espace. Ici, nous avons distingué soigneusement deux points de vue liés intimement ensemble mais que l'analyse doit séparer, l'ordre logique des idées et leur ordre chronologique. Aux yeux de la raison et de la logique, le corps présuppose l'espace ; car qu'est-ce qu'un corps ? la juxta-position, la coexistence de points résistants, c'est-à-dire solides : mais où se feraient la juxta-position et la coexistence, sinon dans un continu, dans un espace ? D'un autre côté, si dans l'ordre de la raison et de la nature le corps présuppose l'espace, il faut reconnaître que dans l'ordre chronologique il y a contemporanéité entre l'idée de corps et l'idée d'espace, puisque nous ne pouvons avoir l'idée de corps sans celle d'espace, ni celle d'espace sans celle de corps. Et si, dans cette contemporanéité, on peut distinguer un antécédent, ce n'est pas l'idée d'espace qui est antérieure à celle de corps, c'est celle de corps qui est antérieure à celle d'espace : ce n'est pas par l'idée d'espace que nous débutons ; et si la sensibilité, si le toucher ne prenait l'initiative et ne nous suggérait l'idée de la résistance, du solide, du corps, nous n'aurions jamais l'idée d'espace. Sans doute l'idée de corps ne peut être achevée dans la pensée, sans que déjà nous n'ayons l'idée d'espace; mais elle y naît la première; elle précède, en quelque degré, l'idée d'espace, qui la suit immédiatement.

Voilà donc deux ordres parfaitement distincts l'un de l'autre. Dans l'ordre de la nature et de la raison, le corps présuppose l'espace. Dans l'ordre de l'acquisition de la connaissance, c'est au contraire l'idée de corps qui est la condition de l'idée de l'espace. Or, l'idée de corps est acquise dans la perception du tact, aidé de la vue; elle est donc une acquisition de l'expérience; il est donc vrai de dire que, dans l'ordre chronologique de la connaissance, l'expérience et un exercice quelconque des sens sont la condition de l'acquisition de l'idée d'espace; et en même temps, comme le corps présuppose l'espace, et que l'idée d'espace nous est donnée par la raison, non par les sens et l'expérience, il est vrai de dire logiquement que c'est l'idée d'espace et un exercice quelconque de la raison qui rendent possible toute expérience.

De ce point de vue se découvrent le véritable caractère, le mérite et les défauts de la théorie de Locke. Qu'a fait Locke? Je crains qu'il n'ait supprimé, au lieu de se contenter de l'ajourner, la question ontologique de la nature de l'espace : mais enfin il a eu la sagesse de mettre au premier rang la question psychologique de l'idée d'espace. Il aurait dû s'arrêter plus longtemps sur les caractères actuels de cette idée, et ç'a été pour lui une faute grave de se jeter d'abord dans la question de son origine. Son système général sur l'origine des idées étant que toutes nos idées dérivent de deux sources, la réflexion ou la conscience et la sensation ; comme l'idée d'espace ne peut pas venir de la conscience, il fallait bien qu'elle vînt de la sensation ; et pour tirer l'idée d'espace de la sensation, il fallait la réduire à l'idée de corps. C'est aussi ce qu'a fait Locke dans les parties systématiques de son ouvrage, sauf à se contredire plus d'une fois, car souvent il parle de l'espace comme tout-à-fait distinct des corps. Mais quand revient son système, quand revient la nécessité de tirer l'idée d'espace de la sensation, alors il affirme que l'idée d'espace est acquise par la vue et par le toucher; et comme le toucher aidé de la vue ne donne que le corps et non l'espace, par cela seul Locke réduit l'espace au corps ; il le fait même ouvertement lorsqu'il dit que demander si l'univers existe quelque part, c'est demander si l'univers existe. La confusion de l'existence de l'espace et de l'existence de l'univers est celle de l'idée d'espace et de l'idée de corps ; et cette confusion était nécessaire pour que le système fût rigoureux, au moins en apparence. Mais la croyance universelle du genre humain déclare qu'autre chose est le corps, autre chose est l'espace qui le renferme, autre chose est l'univers et tous les univers possibles, et l'espace infini et illimité qui les embrasserait dans son sein.

Voilà où nous en sommes : avançons ; interrogeons successivement le second livre de l'*Essai sur l'Entendement humain*, sur l'origine des idées les plus importantes, et nous verrons que Locke y confond constamment l'ordre d'acquisition de nos connaissances avec leur ordre logique, et l'antécédent nécessaire d'une idée avec cette idée. Je me propose d'examiner aujourd'hui l'idée de temps, l'idée de l'infini, l'idée de l'identité personnelle, l'idée de la substance. Je commence, comme Locke, par l'idée du temps[1].

Ici, la première règle, vous le savez, c'est de négliger la question de la nature du temps, et de rechercher seulement quelle est l'idée du temps dans l'entendement humain, si elle y est, et avec quels caractères elle y est. Elle y est incontestablement. Il n'y a personne qui, aussitôt qu'il a sous les yeux ou qu'il se représente dans son imagination un événement quelconque, ne conçoive que cet événement s'est passé ou se passe dans un certain temps. Je vous demande si vous pouvez supposer un événement duquel vous ne soyez forcé de concevoir qu'il s'est passé telle heure, tel jour, telle semaine, telle année, tel siècle. Vous pouvez supposer l'abolition de tout événement, mais vous ne pouvez pas supposer celle du temps. Devant une horloge, on peut très-bien faire la supposition que d'une heure à l'autre il ne s'est passé aucun événement ; cependant vous n'êtes pas moins convaincu que le temps s'est écoulé, alors même que nul événement n'a marqué son cours. L'idée du temps est donc une idée nécessaire, comme l'idée de l'espace. J'ajoute

---

[1]. Sur l'idée du temps, voyez PREMIERS ESSAIS, *De la durée*, p. 182; PHILOSOPHIE SENSUALISTE, 1ⁿᵉ leçon, opinion de Locke, IIIᵉ leçon, opinion de Condillac; PHILOSOPHIE ÉCOSSAISE, leçon VIII, opinion de Reid : PHILOSOPHIE DE KANT, leçon IV.

que, comme l'espace, le temps est illimité. Les divisions du temps, comme celles de l'espace, sont purement artificielles, et supposent une unité, un continu absolu de temps. Prenez des milliers d'événements, faites sur ces milliers d'événements ce que vous avez fait sur les corps, multipliez-les indéfiniment, et ils ne suffiront pas au temps qui les précède et qui les surpasse. Avant tous les temps finis, et par delà tous les temps finis, est encore le temps illimité, infini, inépuisable. Enfin, ainsi que l'idée de l'espace illimité et nécessaire, l'idée du temps nécessaire et illimité est une idée pure de la raison qui échappe à toute représentation et à toutes les prises de l'imagination et de la sensibilité.

Il en est de l'origine de l'idée du temps comme de l'origine de l'idée d'espace. Distinguez encore l'ordre d'acquisition de nos idées et leur ordre logique. Dans l'ordre logique des idées, l'idée d'une succession quelconque d'événements présuppose celle du temps; il ne peut y avoir de succession, en effet, qu'à la condition d'une durée continue aux différents points de laquelle soient attachés les divers nombres de la succession. Otez la continuité du temps, vous ôtez la possibilité de la succession des événements, comme, étant ôtée la continuité de l'espace, est abolie la possibilité de la juxtaposition et de la coexistence des corps. Mais, dans l'ordre chronologique, au contraire, l'idée d'une succession d'événements précède l'idée du temps qui les renferme. Je ne veux pas dire, pour le temps comme pour l'espace, que nous ayons une idée claire et achevée d'une succession, et qu'ensuite arrive dans l'entendement l'idée d'un temps qui renferme cette succession : je dis seulement qu'il faut bien que nous ayons d'abord la perception de quelques événements, pour que nous concevions que ces événements sont dans un temps. Le temps est le lieu des événements comme l'espace est celui des corps : qui n'aurait l'idée d'aucun événement n'aurait l'idée d'aucun temps. Si donc la condition logique de l'idée de succession est dans l'idée de temps, la condition chronologique de l'idée de temps est dans l'idée de succession.

Nous voilà conduits à ce résultat, que l'idée de succession est l'occasion, et, si vous me passez ce langage un peu scholastique, l'antécédent chronologique de la conception nécessaire du temps. Mais toute idée de succession est une acquisition de l'expérience ; reste à savoir de quelle expérience. Est-ce celle des sens ou celle des opérations de l'âme ? La première succession nous est-elle donnée dans le spectacle des événements extérieurs, ou dans la conscience des événements qui se passent en nous ?

Prenez une succession d'événements extérieurs : pour que ces événements se succèdent, il faut qu'il y ait un premier, un second, un troisième événement, etc. Mais si, quand vous voyez le second événement, vous ne vous souveniez pas du premier, il n'y aurait pas de second, il n'y aurait pas de succession pour vous ; vous vous arrêteriez toujours à un premier qui n'aurait pas même le caractère de premier, puisqu'il n'y aurait pas de second. L'intervention de la mémoire est donc nécessaire pour concevoir une succession quelconque. Or, la mémoire n'a pour objet direct rien d'extérieur ;

elle ne se rapporte point immédiatement aux choses, mais à nous. Quand on dit : Nous nous souvenons d'une personne, nous nous souvenons d'un lieu, cela ne veut dire autre chose, sinon que nous nous souvenons d'avoir été voyant tel lieu, voyant ou entendant telle personne. Nous n'avons mémoire que de nous-mêmes, car il n'y a mémoire qu'à cette condition qu'il y ait eu conscience, et la conscience évidemment ne se rapporte qu'à nous. Si donc la conscience est la condition de la mémoire, comme la mémoire est la condition de l'idée de succession, il s'ensuit que la première succession nous est donnée en nous-mêmes, dans la conscience, dans les objets propres de la conscience, dans nos pensées, dans nos idées. Mais si la première succession qui nous est donnée est celle de nos idées, comme à toute succession est attachée nécessairement la conception du temps, il s'ensuit que la première idée que nous avons du temps est celle du temps dans lequel nous sommes ; et de même que la première succession est pour nous la succession de nos idées, de même la première durée est pour nous notre propre durée ; la succession des événements extérieurs, et la durée dans laquelle s'accomplissent ces événements, ne nous sont connues qu'après. Je ne dis pas que la succession des événements extérieurs ne soit qu'une induction de la succession de nos idées[1] ; je ne dis pas que la durée extérieure ne soit qu'une induction de notre durée personnelle ; non, mais je dis que nous

---

1. Allusion à la théorie de l'induction de M. de Biran combattue dans la leçon suivante, et dans la leçon II du livre DU VRAI, DU BEAU ET DU BIEN.

ne pouvons avoir l'idée ni d'une succession, ni d'une durée extérieure qu'après avoir eu la conscience et la mémoire de quelques phénomènes intérieurs, et par conséquent la conception de notre durée propre. Ainsi, en résumé, la première durée que nous concevons, c'est la nôtre, parce que la première succession qui nous est donnée est la succession de nos idées.

Une analyse approfondie peut aller plus loin encore; il y a une foule d'idées, de phénomènes sous les yeux de la conscience : rechercher quelle est la première succession qui nous est donnée, c'est rechercher quelles sont nos premières idées, les premiers phénomènes qui tombent sous la conscience et forment la première succession. Il est évident que pour les sensations, elles ne sont des phénomènes de conscience qu'à cette condition que nous y fassions attention. Mille et mille impressions peuvent assaillir ma sensibilité ; si je n'y prête pas mon attention, je n'en ai pas conscience. Il en est de même de beaucoup de pensées qui, si mon attention est dirigée ailleurs, n'arrivent pas à ma conscience et s'évanouissent en rêveries. La condition essentielle de la conscience, c'est l'attention; le phénomène interne le plus intime à la conscience est donc l'attention, et la série des actes d'attention est nécessairement la première succession qui nous soit donnée. Mais qu'est-ce que l'attention? Ce n'est pas moins que la volonté elle-même ; car nul n'est attentif qui ne veut l'être. La première succession est donc celle de nos actes volontaires. Or, la succession mesure le temps, comme le corps mesure l'espace ; d'où il suit que la première succession étant celle des actes volontaires, la volonté est la mesure primitive du temps; et cette mesure a cela d'excellent qu'elle est égale à elle-même; car tout diffère dans la conscience, sensations et pensées, tandis que les actes de l'attention étant éminemment simples, sont essentiellement similaires.

Telle est la théorie de la mesure primitive et égale du temps, telle que nous la devons à M. de Biran; et vous pouvez la lire exprimée avec une parfaite originalité d'analyse et de style dans les leçons de M. Royer-Collard [1]. M. de Biran répétait sans cesse que l'élément de la durée, c'est la volonté; et pour passer de notre durée à la durée extérieure, de la succession de nos actes à la succession des événements, de la mesure primitive et égale du temps pour nous à la mesure postérieure et plus ou moins uniforme du temps hors de nous, M. de Biran s'appuyait sur un phénomène de la volonté à double face, qui regarde à la fois le monde extérieur et le monde intérieur. Selon M. de Biran, le type du sentiment de la volonté est dans le sentiment de l'effort [2]. Je fais effort pour mouvoir mon bras, et je le remue; je fais effort pour marcher, et je marche. L'effort est un rapport à deux termes. L'un est interne, à savoir, la volonté, l'acte de volonté; l'autre est extérieur, à savoir, le mouvement du bras, ou le pas que j'ai fait, lequel a sa cause et sa mesure dans le mouvement intérieur de la volonté. L'instant n'est pas autre chose que l'acte le plus simple de la volonté. Il est d'abord tout intérieur,

---

1. Œuvres de Reid, t. IV, p. 394-411.
2. Œuvres de M. de Biran, avec l'Introduction de l'éditeur, *passim*.

puis il passe au dehors, dans le mouvement produit par le *nisus* ou l'effort, mouvement qui réfléchit celui de la volonté, et devient la mesure de tous les mouvements extérieurs subséquents, comme la volonté est la mesure primitive et indécomposable du premier mouvement qu'elle produit.

Sans prendre sur moi ni l'honneur ni la responsabilité de toutes les parties de cette théorie, je me hâte d'arriver à celle de Locke. Le mérite de Locke est d'avoir établi que l'idée du temps nous est suggérée par l'idée d'une succession quelconque d'événements, et que cette succession n'est pas prise dans le monde extérieur, mais dans le monde de la conscience. Voyez, au livre II, les chap. xiv, xv, xvi. Par exemple, chap. xiv, § 2 : « L'idée que nous avons de la durée nous vient de la réflexion que nous faisons sur la suite des idées qui se succèdent dans notre esprit. » *Ibid.*, § 6 : « L'idée de la succession ne nous vient pas du mouvement : » Et § 12 : La suite de nos idées est la mesure des autres successions. » L'analyse de Locke ne détermine pas dans quelle succession particulière d'idées nous est donnée la première succession et avec elle la première durée ; et quand même on dirait que Locke, faisant venir l'idée de la durée de la réflexion, la fait venir par conséquent du sentiment des opérations de l'âme, comme, selon Locke, les opérations de l'âme ne sont pas toutes actives et volontaires, il y aurait encore bien loin de sa théorie à celle que nous avons exposée. Cependant il faut convenir que l'une a pu frayer la route à l'autre. Locke a vu que l'idée du temps nous est donnée dans la succession, et que la première succession pour nous est nécessairement la succession de nos idées ; jusque-là il ne mérite que des éloges, car il ne donne la succession de nos idées que comme la condition de l'acquisition de l'idée du temps. Mais la condition d'une chose est facilement prise pour cette chose elle-même, et Locke après avoir pris l'idée de corps, pure condition de l'idée d'espace, pour l'idée d'espace, prend aussi la condition de l'idée de temps pour cette idée, et confond la succession avec le temps ; il ne dit plus seulement : La succession de nos idées est la condition de la conception du temps ; mais il dit : Le temps n'est rien autre chose que la succession de nos idées.

Livre II, chap. XIV, § 4 : « Que la notion que nous avons de la succession et de la durée vienne de cette source, je veux dire de la réflexion que nous faisons sur cette suite d'idées que nous voyons paraître l'une après l'autre dans notre esprit, c'est ce qui me semble suivre évidemment de ce que nous n'avons aucune perception de la durée qu'en considérant cette suite d'idées qui se succèdent les unes aux autres dans notre entendement. En effet, dès que cette succession d'idées vient à cesser, la perception que nous avons de la durée cesse aussi, comme chacun l'éprouve clairement par lui-même lorsqu'il vient à dormir profondément ; car qu'il dorme une heure, un jour, ou même une année, il n'a aucune perception de la durée des choses tandis qu'il dort ou qu'il ne songe à rien. Cette durée est alors tout à fait nulle à son égard, et il lui semble qu'il n'y a aucune différence entre le moment où il a cessé de penser en s'endormant, et celui où il commence à penser de nouveau. Et je ne doute pas qu'un homme éveillé n'éprouvât la même chose s'il lui était alors possible de n'avoir qu'une idée dans l'esprit, sans qu'il lui arrivât aucun changement à cette idée et qu'aucune autre vînt lui succéder. »

Dans tout ce morceau, extrêmement vague, il y a :

1° Confusion de deux idées très-distinctes, la durée et la succession ;

2° Paralogisme évident, car on y explique la durée par la succession, laquelle n'est explicable que par la durée. En effet, où se succéderaient les éléments de la succession, sinon dans une durée quelconque ? Où y aurait-il succession, c'est-à-dire distance entre les idées, sinon dans l'espace des idées et des esprits, c'est-à-dire dans le temps ?

3° De plus, voyez à quels résultats conduit la théorie de Locke. Si la succession n'est plus seulement la mesure du temps, mais le temps lui-même ; si la succession des idées n'est plus seulement la condition de la conception du temps, mais cette conception elle-même, le temps n'est pas autre chose que ce que le fait être la succession de nos idées. La succession de nos idées est plus ou moins rapide ; donc le temps est plus ou moins court, non en apparence, mais en réalité : dans le sommeil absolu, dans la léthargie, toute succession d'idées, tout esprit cesse ; donc alors nous ne durons pas et non-seulement nous ne durons pas, mais rien n'a duré, car non-seulement notre temps, mais le temps en lui-même n'est que la succession de nos idées. Les idées n'existent que sous les yeux de la conscience ; or, il n'y a pas conscience dans la léthargie, dans le sommeil ; par conséquent il n'y a pas eu de temps ; l'horloge a vainement marché, l'horloge a eu tort ; et le soleil, comme l'horloge, aurait dû s'arrêter Voilà des résultats bien extravagants, et pourtant ce sont des résultats nécessaires de la confusion de l'idée de succession et de celle du temps ; et cette confusion est nécessaire elle-même dans le système général de Locke, que toutes nos idées dérivent de la sensation et de la réflexion. La sensation avait donné l'espace, la réflexion donne le temps ; mais la réflexion, c'est-à-dire la conscience avec la mémoire, n'atteint que la succession de nos idées ou de nos actes volontaires, succession finie et contingente, et non pas le temps nécessaire et illimité dans lequel s'opère cette succession : l'expérience, soit externe, soit interne, n'atteint que la mesure du temps, non le temps lui-même. Or, Locke s'était interdit toute autre source de connaissance que la sensation et la réflexion ; il fallait donc qu'il réduisît le temps à être explicable par l'une ou par l'autre : il a très-bien vu qu'il n'était pas explicable par la sensation ; et il ne pouvait l'être par la réflexion qu'à la condition de le réduire à la mesure du temps, à la succession. Il est vrai qu'ainsi Locke détruisait le temps, mais il sauvait son système : c'est au même prix qu'il le sauvera encore sur l'idée de l'infini.

Le temps et l'espace ont pour caractère d'être illimités et infinis. Sans doute l'idée de l'infini s'applique à autre chose encore qu'au temps et à l'espace, par exemple à Dieu, qui en est le sujet propre ; mais, puisque nous n'avons traité jusqu'ici que du temps et de l'espace, c'est au temps et à l'espace seulement que nous rapporterons l'idée de l'infini, comme Locke nous en donne l'exemple.

L'espace et le temps sont infinis ; or on peut détacher l'idée d'infini de celles du temps et de l'espace, et la considérer en elle-même, pourvu que l'on ait toujours présent à la pensée le sujet auquel on l'a empruntée. L'idée de l'infini existe incontestablement dans l'entendement humain, puisqu'il y a incontestablement dans l'entendement l'idée d'un temps et d'un espace infinis. L'infini est distinct du fini, et par conséquent de la multiplication du fini par lui-même, c'est-à-dire de l'indéfini. Ce qui n'est pas infini ajouté autant de fois que vous voudrez à lui-même ne fera jamais l'infini. Vous ne tirerez pas plus l'infini du fini, que vous n'avez pu tirer l'espace du corps, le temps de la succession.

Quant à l'origine de l'idée d'infini, rappelez-vous que si vous n'aviez eu l'idée d'aucun corps et d'aucune succession, vous n'auriez jamais eu l'idée ni du temps, ni de l'espace, et qu'en même temps vous ne pouvez avoir l'idée d'un corps et d'une succession, sans avoir l'idée de l'espace et du temps. Le corps et la succession, c'est le fini ; l'espace et le temps, c'est l'infini. Donc, sans fini, pour vous point d'infini ; mais, en même temps, aussitôt que vous avez l'idée du fini vous ne pouvez pas ne pas avoir l'idée de l'infini. Rappelez-vous encore la distinction de l'ordre d'acquisition de nos connaissances d'avec leur ordre logique. Dans l'ordre logique, le fini suppose l'infini, comme son fondement nécessaire ; mais, dans l'ordre chronologique, c'est l'idée du fini qui est la condition nécessaire de l'acquisition de l'idée d'infini.

Ce sont là des faits évidents ; mais Locke a un système ; ce système consiste à n'admettre d'autre origine à toutes nos idées que la sensation et la réflexion. L'idée de fini, qui se résout dans celle de corps et de succession, vient aisément de la sensation ou de la réflexion ; mais l'idée d'infini, qui ne se résout ni dans l'idée de corps ni dans celle de succession, puisque le temps et l'espace ne sont ni l'une ni l'autre de ces deux choses, l'idée de l'infini ne peut venir ni de la sensation ni de la réflexion. Le système de Locke, si l'idée de l'infini subsistait, serait donc faux ; il ne faut donc pas que l'idée de l'infini subsiste ; et Locke l'écarte et l'élude le plus qu'il peut. Il commence par déclarer que c'est une idée fort obscure, tandis que celle du fini est fort claire et nous vient aisément dans l'esprit, liv. II, chap. XVII, § 2. Mais, obscure ou non, est-elle dans l'intelligence ? C'est là la question, et c'est votre devoir de philosophe, obscure ou non, si elle est réelle, de l'admettre, sauf à vous à l'éclaircir. Et puis, obscure, entendons-nous. Le sens atteint directement le corps ; la conscience ou la réflexion atteint directement la succession ; les objets du sens et de la conscience sont le corps et la succession, c'est-à-dire le fini. Aussi, rien de plus clair pour le sens et pour la conscience que le fini ; au contraire, l'infini est et doit être fort obscur pour le sens et pour la conscience, par ce motif très-simple que l'infini n'est l'objet ni du sens ni de la conscience, mais de la raison seule. Si donc, c'est avec le sens ou la conscience que vous voulez atteindre l'infini, il vous est nécessairement obscur et même inaccessible ; si c'est avec la raison, rien de plus clair, jusque-là que c'est alors le fini qui s'obscurcit à vos yeux et vous échappe. Et voilà comment l'empirisme, qui s'appuie exclusivement sur l'expérience interne ou externe, est tout naturellement conduit à nier l'infini ; tandis que l'idéalisme, qui s'appuie exclusivement sur la raison, conçoit très-bien l'infini, mais a très-grand'peine à admettre le fini, qui n'est pas son objet propre.

Après s'être un peu moqué de l'idée de l'infini comme obscure, Locke objecte encore qu'elle est purement négative, et qu'elle n'a rien de positif. Liv. II, chap. xvii, § 13 : « Nous n'avons point d'idée positive de l'infini. » § 16 : « Nous n'avons point d'idée positive d'une durée infinie. » § 18 : « Nous n'avons point d'idée positive d'un espace infini. » C'est là la source de cette accusation tant répétée depuis contre les conceptions de la raison, qu'elles ne sont point positives. Mais d'abord remarquez qu'il n'y a pas plus d'idée de succession sans l'idée de temps, que d'idée de temps sans l'idée préalable de succession, et pas plus d'idée de corps sans l'idée d'espace, que d'idée d'espace sans l'idée préalable de corps ; c'est-à-dire qu'il n'y a pas plus d'idée de fini sans l'idée d'indéfini qu'il n'y a d'idée d'infini sans l'idée préalable de fini ; d'où il suit qu'à la rigueur ces idées se supposent, et, si l'on veut, se limitent réciproquement ; par conséquent l'idée d'infini n'est pas plus négative de celle du fini que l'idée du fini n'est négative de celle d'infini ; elles sont négatives au même titre, ou elles sont toutes deux positives, car ce sont deux affirmations simultanées, et toute affirmation contient une idée positive. Ou bien entend-on par positif ce qui tombe sous l'expérience, externe ou interne, et négatif ce qui n'y tombe pas ? Alors je conviens que l'idée de corps, de succession, de fini, tombe seule sous l'expérience, sous la sensation et la conscience, et qu'elle seule est positive ; et que l'idée de temps, d'espace, d'infini, ne tombant que sous la raison, est purement négative. Mais il faut soutenir, à ce compte, que toutes les conceptions rationnelles, et, par exemple, celles de la géométrie et de la morale, sont aussi purement négatives et n'ont rien de positif. Ou si on entend par positif tout ce qui n'est pas abstrait, tout ce qui est réel, tout ce qui tombe sous la prise immédiate et directe de quelqu'une de nos facultés, il faut accorder que l'idée d'infini, de temps et d'espace, est aussi positive que celle de fini, de succession et de corps, puisqu'elle tombe sous la raison, faculté tout aussi réelle et par conséquent tout aussi positive que les sens et la conscience, quoique ses objets propres ne soient pas des objets d'expérience [1].

Enfin, obligé de s'expliquer catégoriquement, après bien des contradictions, car Locke parle souvent ailleurs et ici de l'infinité de Dieu, liv. II, chap. xvii, § 1, et même de l'infinité du temps et de l'espace, *ibid.*, § 4 et 5, il termine par résoudre l'infini dans le nombre, *ibid.*, § 9 : « *Le nombre nous donne la plus nette*

---

[1]. Sur l'infini et le nécessaire comme objets propres de la raison, voyez PHILOSOPHIE DE KANT, leçon VI, p. 214, etc.

idée de l'infinité. Mais de toutes les idées qui nous fournissent l'idée de l'infinité, telle que nous sommes capables de l'avoir, il n'y en a aucune qui nous en donne une idée plus nette et plus distincte que celle du nombre, comme nous l'avons déjà remarqué ; car lors même que l'esprit applique l'idée de l'infinité à l'espace et à la durée, il se sert d'idées de nombres répétés, comme de millions de lieues ou d'années, qui sont autant d'idées distinctes que le nombre empêche de tomber dans un confus entassement où l'esprit ne saurait éviter de se perdre. » Mais qu'est-ce que le nombre ? c'est, en dernière analyse, tel ou tel nombre, car tout nombre est un nombre déterminé ; donc c'est un nombre fini, quel qu'il soit, et si élevé qu'il vous plaira. Le nombre engendre la succession, non la durée ; le nombre et la succession mesurent le temps, mais ne l'égalent et ne l'épuisent point. La réduction de l'infini au nombre est donc la réduction du temps infini à sa mesure indéfinie ou finie, ce qui est au fond la même chose, comme pour l'espace la réduction de l'espace au corps est la réduction de l'infini au fini. Or, réduire l'infini au fini, c'est le détruire ; c'est détruire la croyance du genre humain, mais, encore une fois, c'est sauver le système de Locke. En effet, l'infini ne peut entrer dans l'entendement ni par la conscience ni par le sens ; mais le fini y entre à merveille par ces deux portes ; il y entre seul : donc il n'y a pas autre chose et dans l'entendement et dans la nature ; et l'idée d'infini n'est qu'une idée vague et obscure, toute négative, qui se résout, réduite à sa juste valeur, dans le nombre et la succession. C'est ainsi que l'esprit systématique traite les idées de l'humanité.

Examinons la théorie de l'identité personnelle[1], dans le système de Locke, comme nous avons fait celle de l'infini, du temps et de l'espace.

L'idée de l'identité personnelle est-elle ou n'est-elle pas dans l'entendement humain? Que chacun de vous fasse la réponse : y a-t-il quelqu'un de vous qui doute de son identité personnelle, qui doute qu'il est le même aujourd'hui qu'il était hier et qu'il sera demain? Si nul ne doute de son identité personnelle, il s'agit seulement de déterminer quelle est l'origine de cette idée.

Je suppose qu'aucun de vous ne pensât et n'eût la conscience d'aucune pensée, nul de vous ne saurait qu'il existe. Chercher si, dans l'absence de toute pensée et de toute conscience, vous pourriez avoir aucune idée de votre existence, et par conséquent de votre existence une et identique. Au contraire, pouvez-vous avoir conscience d'une seule opération de votre esprit, sans qu'à l'instant même vous ne croyez irrésistiblement à votre existence? Non, et lorsque la mémoire arrive à la suite de la conscience, vous concevez que le même être, le même moi, qui tout à l'heure était le sujet du phénomène dont vous aviez conscience, est encore et est le même que la mémoire vous rappelle. Ainsi la conscience et la mémoire ne peuvent s'exercer sans que la raison ne vous suggère la conviction irrésistible de votre existence personnelle, une et identique.

---

1. Sur l'identité personnelle, voyez PREMIERS ESSAIS, *De l'identité du moi*, p. 151, PHILOSOPHIE ÉCOSSAISE, leçon VIII, etc.

Maintenant, si vous distinguez encore ici les deux ordres que je vous ai rappelés plusieurs fois, l'ordre logique et l'ordre chronologique de la connaissance, il est évident que dans l'ordre de la nature et de la raison, ce ne sont pas la conscience et la mémoire qui sont le fondement de l'identité personnelle, et que c'est au contraire l'identité personnelle, l'existence continue de l'être, qui est le fondement de la conscience et de la mémoire. Otez l'être, plus de phénomènes, et ces phénomènes n'arrivent plus à la conscience et à la mémoire ; dans l'ordre de la nature et de la raison, c'est donc la conscience et la mémoire qui présupposent l'identité personnelle : mais il n'en est pas ainsi dans l'ordre chronologique ; et si dans cet ordre nous ne pouvons avoir la conscience et la mémoire d'un phénomène quelconque sans qu'à l'instant même nous n'ayons la conviction rationnelle de notre existence identique, cependant il faut, pour que nous ayons cette conception de notre identité, qu'il y ait eu quelque acte de la conscience et de la mémoire. Sans doute l'acte de la mémoire et de la conscience n'est pas consommé, que déjà nous concevons notre identité personnelle ; mais un acte quelconque de mémoire et de conscience doit avoir eu lieu, pour que la conception de notre identité ait lieu à son tour. Dans cette mesure, je dis qu'une opération, une acquisition quelconque de la mémoire et de la conscience est la condition chronologique nécessaire de la conception, de notre identité personnelle.

L'analyse peut élever sur les phénomènes de conscience et de mémoire qui nous suggèrent l'idée de notre identité personnelle, le même problème qu'elle a déjà élevé sur les phénomènes de conscience qui nous suggèrent l'idée de temps : elle peut rechercher quels sont, parmi les phénomènes nombreux dont nous avons la conscience et la mémoire, ceux à l'occasion desquels nous acquérons d'abord la conviction de notre existence. Au fond, c'est rechercher quelles sont les conditions de la mémoire et de la conscience. Or, nous l'avons vu, la condition de la mémoire, c'est la conscience ; et, nous l'avons vu encore, la condition de la conscience c'est l'attention et le principe de l'attention, c'est la volonté. C'est donc la volonté attestée par la conscience qui nous suggère la conviction de notre existence, et c'est la continuité de la volonté, attestée par la mémoire, qui nous suggère la conviction de notre identité personnelle. C'est encore à M. de Biran que nous renvoyons l'honneur et la responsabilité de cette théorie.

Reconnaissons celle de Locke. Locke a très-bien vu, liv. II, chap. XXVII, § 9, que là où il n'y a pas de conscience et, comme on l'a très-bien remarqué, Locke aurait dû ajouter la mémoire à la conscience ; là, dis-je, où il n'y a ni mémoire ni conscience il ne peut y avoir pour nous aucune idée de notre identité personnelle, en sorte que le signe, le caractère et la mesure de la personnalité, c'est la conscience. Je ne saurais trop rendre hommage à cette partie de la théorie de Locke : elle atteint et met en lumière le vrai signe, le vrai caractère, la vraie mesure de la personnalité ; mais autre chose est le signe, autre chose la chose signifiée ; autre chose est la mesure, autre chose la chose mesurée ; autre chose est le caractère éminent et fondamental du moi de l'identité personnelle, autre chose est cette identité elle-même. Ici, comme pour l'infini, comme pour le temps, comme pour l'espace, Locke a confondu la condition d'une idée avec cette idée même ; il a confondu l'identité avec la conscience et la mémoire, qui en suggèrent l'idée. Livre II, chap. XXVII, § 9 : « Puisque la conscience accompagne toujours la pensée, et que c'est là ce qui fait que chacun est ce qu'il nomme soi-même, c'est aussi en cela seul que consiste l'identité personnelle... Et aussi loin que cette conscience peut s'étendre sur les actions ou les pensées déjà passées, aussi loin s'étend l'identité de cette personne ; le soi est présentement le même qu'il était alors, et cette action passée a été faite par le même être qui se la représente actuellement par la réflexion. » § 10 : « La conscience fait l'identité personnelle. » § 16 : La conscience fait la même personne. » § 17 : L'identité personnelle dépend de la conscience. » § 23. « La conscience seule constitue l'identité personnelle. » Mais la confusion de la conscience et de l'identité personnelle détruit l'identité personnelle, comme la confusion du nombre et de l'infini détruit l'infini, comme la confusion de la succession et du temps détruit le temps, comme la confusion du corps et de l'espace détruit l'espace. En effet, si l'identité personnelle est tout entière dans la conscience, là où il y affaiblissement ou abolition de la conscience, il devrait y avoir affaiblissement ou abolition de l'identité personnelle ; le sommeil absolu, la léthargie, qui est une espèce de sommeil ; la rêverie, l'ivresse, la passion, qui souvent abolissent la conscience, et avec elle la mémoire, devraient aussi abolir non pas seulement le sentiment de l'existence, mais l'existence elle-même. Il n'est pas besoin de suivre toutes les conséquences de cette théorie. Il est évident que si la mémoire et la conscience ne mesurent pas seulement l'existence à nos yeux, mais la constituent, celui qui a oublié qu'il a fait une chose ne l'a pas faite réellement ; celui qui a mal mesuré par la mémoire le temps de son existence a moins existé réellement. Alors plus d'imputation morale, plus d'action juridique. Un homme ne se souvient plus d'avoir fait telle ou telle chose, donc il ne peut être mis en jugement pour l'avoir faite, car il a cessé d'être le même. Le meurtrier ne peut plus porter la peine de son crime, si, par un bienfait du hasard, il en a perdu le souvenir.

En résumé, nul doute que la personnalité n'ait pour signe éminent la volonté et les opérations dont nous avons conscience et mémoire, et que si nous n'avions ni conscience ni mémoire d'aucune opération et d'aucun acte volontaire, jamais nous n'aurions l'idée de notre identité personnelle ; mais une fois cette idée introduite dans l'intelligence par la conscience et la mémoire, elle y persiste. Nul doute que ce qui déclare et mesure la personnalité et l'imputabilité morale de nos actes, c'est la conscience de la volonté libre qui les a produits ; mais ces actes une fois accomplis par nous avec conscience et volonté, leur souvenir peut s'affaiblir ou même s'évanouir entièrement, et la responsabilité ainsi que la personnalité rester tout entière. Ce n'est donc pas la conscience et la mémoire qui constituent notre identité personnelle. Et non-seulement la conscience et la mémoire ne constituent pas l'identité personnelle, mais l'identité personnelle n'est pas même l'objet de la conscience et de la mémoire; nul de nous n'a conscience de sa propre nature, sans quoi les abîmes de l'existence seraient faciles à sonder, les mystères de l'âme nous seraient sans voiles; nous apercevrions l'âme comme nous apercevons un phénomène quelconque de la conscience que nous atteignons directement, une sensation, une volition, une pensée. De fait, il n'en va pas ainsi, parce que l'être que nous sommes ne tombe pas sous les yeux de la conscience et de la mémoire; il n'y tombe que les opérations par lesquelles cet être se manifeste. Ces opérations sont les objets propres de la conscience et de la mémoire, tandis que l'identité personnelle est une conviction irrésistible de la raison. Mais toutes ces distinctions ne pouvaient trouver leur place dans la théorie de Locke. La prétention de cette théorie est de tirer toutes les idées de la sensation et de la réflexion; ne pouvant faire venir l'identité personnelle de la sensation, il faut donc qu'elle la fasse venir de la réflexion, c'est-à-dire qu'elle en fasse un objet de la mémoire et de la conscience; c'est-à-dire qu'elle détruise l'existence personnelle en la confondant avec les phénomènes qui la manifestent, et qui sans elle seraient impossibles.

Il ne nous reste plus à examiner, dans cette leçon, que la théorie de la substance[1]. Ne vous effrayez pas

---

1. Sur l'idée de substance, voyez Premiers Essais, cours de 1816, *passim*. Du Vrai, du Beau et du Bien, leçon ii, p. 50, Philosophie

plus de l'idée de la substance que de celle de l'infini. L'infini est le caractère du temps et de l'espace; de même l'idée et le mot de substance expriment le fait dont je viens de vous entretenir. La conscience, avec la mémoire, vous atteste une opération ou plusieurs opérations successives, et en même temps la raison vous suggère la croyance à votre existence personnelle. Or, votre existence personnelle, l'être que vous êtes et que la raison vous révèle, qu'est-ce relativement aux opérations que vous attestent la conscience et la mémoire? Le sujet de ces opérations; et ces opérations en sont les caractères, les signes, les attributs. Ces opérations varient; elles sont des accidents; au contraire, votre existence personnelle subsiste toujours la même, dans la diversité perpétuelle de vos actes. L'identité personnelle, c'est l'unité de votre être sous la multiplicité des actes de la conscience et de la mémoire. Or, l'être un et identique, opposé aux accidents variables, aux phénomènes transitoires, c'est la substance.

Voilà pour la substance personnelle; il en est ainsi de la substance extérieure, que je ne veux pas encore appeler substance matérielle. Le tact, la vue et les autres sens vous donnent l'idée du solide, et des autres qualités des corps appelées premières ou secondes. Mais quoi! est-ce qu'il n'y a devant vous que ces qualités? Est-ce qu'en même temps que les sens vous donnent le solide, l'étendue, la couleur, la figure, la mollesse, la rudesse, etc., vous ne croyez pas que ce ne

---

SENSUALISTE, leçon III, PHILOSOPHIE ÉCOSSAISE, leçons VIII et IX, PHILOSOPHIE DE KANT, leçon VI, etc.

sont pas là des qualités en l'air, mais bien les qualités de quelque chose qui est solide, étendu, dur, mou, etc.? Vous n'auriez pas l'idée de ce quelque chose, si les sens ne vous donnaient l'idée de ces qualités ; mais vous ne pouvez avoir l'idée de ces qualités sans l'idée de ce quelque chose d'existant; c'est là la croyance universelle, laquelle implique la distinction des qualités et du sujet de ces qualités, la distinction des accidents et de la substance.

Tout ce qui a été dit du corps et de l'espace, de la succession et du temps, du fini et de l'infini, de la conscience et de l'identité personnelle, tout cela doit être dit de l'attribut et du sujet, des qualités et de la substance, des phénomènes et de l'être. Si nous cherchons l'origine de l'idée de phénomène, de qualité, d'attribut, elle nous est donnée par les sens s'il s'agit d'un attribut de la substance extérieure, par la conscience s'il s'agit d'un attribut de l'âme. Quant à la substance, qu'elle soit matérielle ou spirituelle, elle ne nous est donnée ni par les sens ni par la conscience ; c'est une révélation de la raison dans l'exercice des sens et de la conscience, comme l'espace, le temps, l'infini, l'identité personnelle nous sont révélés par la raison dans l'exercice de la sensibilité, de la conscience et de la mémoire. Enfin, comme le corps, la succession, le fini, la variété, présupposent logiquement l'espace, le temps, l'infini et l'identité ; de même, dans l'ordre de la raison et de la nature, il est évident que l'attribut et l'accident présupposent le sujet et la substance. Mais il n'est pas moins évident que, dans l'ordre d'acquisition de nos idées, l'idée d'attribut et d'accident est la condition nécessaire pour arriver à celle de substance et de sujet, comme dans ce même ordre l'idée de corps, de succession, de nombre, de variété, est la condition de l'idée d'espace, de temps, d'infini et d'identité. Cela posé, voyons quelle place l'idée de la substance occupe dans le système de Locke.

« J'avoue, dit-il, livre I*er*, chap. III, § 18, qu'il y a une autre idée qu'il serait généralement avantageux aux hommes d'avoir, parce que c'est le sujet général de leurs discours, où ils font entrer cette idée comme s'ils la connaissaient effectivement ; je veux parler de l'idée de la substance, que nous n'avons ni ne pouvons avoir par voie de sensation ou de réflexion. » Donc, systématiquement, Locke n'admet pas l'idée de substance. Sans doute on peut citer bien des passages où il l'admet à son insu ; mais ouvertement il la repousse, ici, comme « de peu d'usage en philosophie, » livre II, chap. XIII, § 19 ; là, comme obscure, livre II, chap. XXIII, § 4 : « Nous n'avons aucune idée claire de la substance en général. » Mais ôtez à la substance ce caractère d'abstraction et de généralité, rendez-la à sa réalité ; la substance alors c'est moi, et c'est le corps. Quoi ! la substance est de peu d'usage en philosophie, c'est-à-dire que la croyance à mon identité personnelle, que la croyance au monde extérieur joue un petit rôle dans mon entendement et dans la vie humaine ! Oui, aux yeux des sens comme aux yeux de la conscience, toute substance est obscure ; car nulle substance, ni la substance matérielle ni la substance spirituelle, n'est l'objet propre des sens et de la conscience ; mais elle n'est pas obscure, encore une fois, aux yeux de la raison, qui a ses objets propres, qu'elle nous révèle avec la même évidence que la conscience et les sens nous attestent les leurs. Cependant Locke repousse partout l'idée de substance ; et, quand il s'en explique officiellement, il la résout dans la collection des idées simples de sensation ou de réflexion. Livre II, chap. xxiii, § 3, 4, 6 : « Toutes les idées que nous avons des substances ne sont autre chose que différentes combinaisons d'idées simples... C'est par de telles combinaisons d'idées simples, et non par autre chose, que nous nous représentons à nous-mêmes des espèces particulières de substances... » § 37. *Récapitulation*. « Toutes les idées que nous avons des différentes espèces de substances ne sont que des collections d'idées simples, avec la supposition d'un sujet auquel elles appartiennent et dans lequel elles subsistent, quoique nous n'ayons point d'idée claire et distincte de ce sujet. » Et il déclare que nous ne connaissons de la matière que la collection de ses qualités, et de l'esprit que la collection de ses opérations. Rien de plus vrai sous quelque rapport. Il est certain que nous ne connaissons de l'esprit que ce que nous en apprennent ses opérations ; que nous ne connaissons de la matière que ce que nous en apprennent ses qualités; comme nous sommes déjà convenus que nous ne connaissons du temps que ce que nous en apprend la succession ; de l'espace que ce que nous en apprend le corps, de l'infini que ce que nous en apprend le fini, du moi que ce que nous en apprend la conscience. Le corps est la seule mesure de l'espace, la succession du temps, le fini de l'infini, les opérations de la conscience de notre identité ; de même les attributs et les qualités sont les seuls signes et les seules mesures des substances, soit matérielles, soit spirituelles. Mais de ce que nous ne savons d'une chose que ce qu'une autre nous en apprend, il ne s'ensuit pas que celle-ci n'est que celle-là, et que la substance n'est que la collection de ses qualités, parce que c'est par la seule collection de ses qualités que la substance se manifeste. De là mille extravagances et paralogismes que tout le monde a relevés. Il est évident que la collection dans laquelle on résout la substance est impossible de toute manière sans la supposition même de la substance. M. Royer-Collard [1] a parfaitement montré les différentes faces de cette impossibilité. Je n'en veux rappeler qu'une seule. Parmi toutes les conditions auxquelles une collection est possible, en voici une bien incontestable : c'est qu'il y aura quelqu'un, un esprit, pour faire cette collection. Des nombres mis au bout les uns des autres ne font pas une addition : l'arithmétique ne se fait pas toute seule, elle suppose et elle exige un arithméticien. Or, l'arithméticien nécessaire pour faire l'addition, Locke l'a détruit en niant la substance ; l'esprit humain n'est plus, vous n'êtes plus un esprit un et identique, capable de faire la somme des différentes quantités dont se doit composer une collection : il ne reste que des quantités réduites à s'additionner entre elles, et à percevoir elles-mêmes les

1. Œuvres de Reid, t. IV, p. 305.

rapports qui les lient. Mais franchissez cette difficulté radicale entre plusieurs autres ; admettez que la collection soit possible sans quelqu'un, sans un esprit qui la fasse ; supposez-la faite, et faite toute seule, que sera-ce que cette collection ? ce que peut être une collection, c'est-à-dire une abstraction, c'est-à-dire un mot. Voilà donc à quoi vous arrivez définitivement ; et, sans parler de Dieu, qui pourtant est aussi une substance, la substance des substances et l'être des êtres, voilà donc l'esprit, voilà la matière réduits à des mots. La scholastique est accusée d'avoir converti bien des collections en substances, bien des mots en entités : par une exagération contraire, Locke a converti la substance en collection, et fait des mots de tous les êtres ; et cela, pensez-y bien, nécessairement et par la force même de son système. N'admettant que les idées explicables par la sensation ou la réflexion, et ne pouvant expliquer ni par l'une ni par l'autre l'idée de la substance, il lui fallait bien la nier, la réduire aux qualités qu'atteignent aisément la sensation ou la réflexion. De là la confusion systématique des qualités et de la substance, des phénomènes et de l'être, c'est-à-dire la destruction de l'être, et par conséquent des êtres. Rien donc n'existe substantiellement, ni Dieu ni ce monde, ni vous ni moi ; tout se résout en phénomènes, en abstractions, en mots ; et, chose admirable, c'est la peur même de l'abstraction et des entités verbales, c'est le goût mal entendu de la réalité qui précipite Locke dans un nominalisme absolu, lequel n'est pas autre chose qu'un absolu nihilisme.

SEPTIÈME LEÇON

ESSAI. LIVRE II, DE L'IDÉE DE CAUSE

Suite de l'examen du deuxième livre de l'*Essai sur l'Entendement humain*. De l'idée de cause. — Réfutation de la théorie qui met l'origine de l'idée de cause dans la sensation. — Origine de l'idée de cause dans la réflexion, dans le sentiment de la volonté. — Distinction de l'idée de cause et du principe de causalité. Que le principe de causalité est inexplicable par le seul sentiment de la volonté. — De la vraie formation du principe de causalité.

Le premier tort de Locke sur les idées d'espace, de temps, d'infini, d'identité personnelle et de substance, est un tort de méthode. Au lieu de rechercher et de reconnaître d'abord par une observation impartiale les caractères que ces idées ont actuellement dans l'entendement humain, il débute par la question pleine d'obscurité et de péril de l'origine de ces idées. Ensuite, cette question de l'origine des idées de l'espace, du temps, de l'infini, de l'identité personnelle et de la substance, Locke la résout par son système général sur l'origine des idées, qui consiste à n'admettre aucune idée qui ne soit entrée dans l'entendement humain ou par la réflexion ou par la sensation. Or, les idées de l'espace, du temps, de l'infini, de l'identité personnelle et de la substance, avec les caractères dont elles sont aujourd'hui incontestablement marquées, sont inexplicables par la sensation et la réflexion, et par conséquent incompatibles avec le système de Locke. Il ne restait donc à Locke qu'une ressource, à savoir, de mutiler ces idées de manière à les réduire aux dimensions d'autres idées, lesquelles entrent en effet dans l'entendement humain par la réflexion ou la sensation ; par exemple, les idées de corps, de succession, de nombre, celle des phénomènes directs de la conscience et de la mémoire, et celle des qualités des objets extérieurs et de nos propres qualités. Mais nous croyons avoir démontré que ces dernières idées, qui sont bien assurément la condition de l'acquisition des premières, ne sont pas elles, qu'elles en sont l'antécédent chronologique, mais non pas la raison logique : qu'elles les précèdent, mais qu'elles ne les expliquent pas. Ainsi les faits défigurés et confondus maintiennent le système de Locke ; rétablis et éclaircis, ils le renversent.

Ces observations sont également et particulièrement applicables à la théorie d'une des idées les plus importantes qui soient dans l'entendement humain, de l'idée qui joue le plus grand rôle dans la vie humaine et dans les livres des philosophes : je veux parler de l'idée de cause[1]. Locke eût sagement fait de commencer par la reconnaître et la décrire exactement, telle qu'elle est aujourd'hui et se manifeste par nos actions

---

1. Sur l'idée de cause et le principe de causalité, voyez Premiers Essais, *Analyse de la connaissance sensible*, Du Vrai, du Beau et du Bien, leç. ii, Philosophie Écossaise, leç. ix.

et par nos discours. Loin de là, il recherche d'abord l'origine de l'idée de cause, et il la rapporte sans hésiter à la sensation. Voici le passage de Locke :

Livre II, chap. xxvi, § 1er. — *De la cause et de l'effet. D'où nous viennent les idées de cause et d'effet.*

« En considérant par le moyen des sens la constante vicissitude des choses, nous ne pouvons nous empêcher d'observer que plusieurs choses particulières, soit qualités ou substances, commencent d'exister, et qu'elles reçoivent leur existence de la juste application ou opération de quelque autre être. Or, c'est par cette observation que nous acquérons les idées de cause et d'effet. Nous désignons ce qui produit quelque idée simple ou complexe par le terme général de cause, et ce qui est produit par celui d'effet. Ainsi, après avoir vu que, dans la substance que nous appelons cire, la fluidité, qui est une idée simple, qui n'y était pas auparavant, y est constamment produite par l'application d'un certain degré de chaleur, nous donnons à l'idée simple de chaleur le nom de cause, par rapport à la fluidité qui est dans la cire, et celui d'effet à cette fluidité. De même, éprouvant que la substance que nous appelons bois, qui est une certaine collection d'idées simples à laquelle on donne ce nom, est réduite par le moyen du feu en une autre substance qu'on nomme cendre (autre idée complexe qui consiste dans une collection d'idées simples, entièrement différente de cette idée complexe que nous appelons bois), nous considérons le feu par rapport aux cendres comme une cause, et les cendres comme un effet... » § 11 : « Après avoir ainsi acquis les notions de cause et d'effet par le moyen de ce que nos sens sont capables de découvrir dans les opérations des corps les uns à l'égard des autres... »

Voilà qui est positif, l'idée de cause a son origine dans la sensation. C'est ce qu'il s'agit d'examiner. Mais, puisque nous voulons savoir si la sensation nous donne l'idée de cause, notre premier soin doit être de ne pas supposer ce qui est en question : il faut dépouiller la sensation de tout élément étranger et l'interroger toute seule, afin de reconnaître ce qu'elle peut rendre relativement à l'idée de cause.

Je me suppose réduit à la sensation, et je prends l'exemple de Locke, celui d'un morceau de cire qui se fond, qui entre dans un état de fluidité par le contact du feu. Qu'y a-t-il là pour les sens ? Il y a deux phénomènes, la cire et le feu, lesquels sont en contact l'un avec l'autre. Voilà ce que les sens m'attestent; ils m'attestent encore dans la cire une modification qui n'y était point auparavant. Tout à l'heure ils me montraient la cire dans un état, maintenant ils me la montrent dans un autre, et cet autre état ils me le montrent en même temps qu'ils me montrent ou immédiatement après m'avoir montré la présence de l'autre phénomène, à savoir le feu; c'est-à-dire que les sens me montrent la succession d'un phénomène à un autre phénomène. Les sens me montrent-ils quelque chose de plus ? Je ne le vois pas, et Locke ne le prétend point ; car, selon lui, les sens nous donnent l'idée de cause dans l'observation de la constante vicissitude des choses. Or, la vicissitude des choses, c'est bien la succession des phénomènes entre eux : que cette succession reparaisse souvent, plusieurs fois, constamment même, vous aurez une succession constante ; mais que cette succession soit constante au point même d'être perpétuelle, ou qu'elle soit bornée à un très-petit nombre de cas, le plus ou le moins grand nombre de cas n'influe en rien sur la nature de la succession : la succession n'est jamais qu'elle-même. Ainsi la constante vicissitude des choses se réduit au fond à leur vicissitude, laquelle n'est que leur succession. J'accorde à Locke que les sens me donnent cette succession, et Locke ne prétend pas qu'ils donnent rien de plus. La seule question entre nous est donc de savoir si la succession, rare ou constante, de deux phénomènes, explique l'idée que nous avons de la cause.

Par cela seul qu'un phénomène succède à un autre, et y succède constamment, en est-il la cause? est-ce là toute l'idée que vous vous formez de la cause? Quand vous dites, quand vous pensez que le feu est la cause de l'état de fluidité de la cire, je vous demande si vous entendez seulement que le phénomène de la fluidité succède au phénomène de l'approche du feu; je vous demande si vous ne croyez pas, si le genre humain tout entier ne croit pas qu'il y a dans le feu je ne sais quoi, une propriété inconnue qu'il ne s'agit pas ici de déterminer, à laquelle vous rapportez la production du phénomène de la fluidité de la cire. Je demande si autre chose n'est pas la conception d'un phénomène qui paraît après un autre phénomène, et autre chose la conception dans un phénomène d'une certaine propriété qui produit la modification que les sens nous attestent dans le phénomène qui suit. Je me servirai d'un exemple souvent employé, et qui exprime parfaitement la différence du rapport de succession et du rapport de la cause à l'effet. Je suppose qu'à l'heure qu'il est je désire entendre une harmonie, une suite de sons, et qu'à peine mon désir exprimé, cette suite de sons se fasse entendre d'un appartement voisin et frappe mon oreille; il n'y a là évidemment qu'un rapport de succession. Mais je suppose que je veuille produire des sons, et que je les produise moi-même : est-ce que je mets seulement ici, entre ma volonté et les sons entendus, le rapport de succession que tout à l'heure je mettais entre mon désir et les sons adventices qui se sont fait entendre? Est-ce que je ne mets pas ici, entre ma volonté de produire des sons et les sons entendus, outre le rapport de succession, un autre rapport encore, et un rapport tout différent? N'est-il pas évident que dans le dernier cas je crois que non-seulement le premier phénomène, à savoir la volonté, précède le second, à savoir les sons, mais encore que le premier phénomène produit le second, qu'enfin ma volonté est la cause et les sons l'effet? Cela est incontestable : il est incontestable que dans certains cas nous n'apercevons entre deux phénomènes que le rapport de succession, et que dans certains autres nous mettons entre eux le rapport de la cause à l'effet, et que ces deux rapports ne sont point identiques l'un à l'autre. La conviction de chacun et l'universelle croyance du genre humain ne laissent aucun doute à cet égard. Nos actes volontaires ne sont pas seulement des phénomènes qui paraissent à la suite de l'opération de la volonté ; ils sont jugés par nous et reconnus par les autres comme les effets directs de notre volonté. De là l'imputation morale et l'imputation juridique. S'il n'y a qu'un rapport de succession entre l'action du meurtrier et la mort de la victime, c'en est fait de la croyance universelle et de la vie civile tout entière. Toute l'action civile est fondée sur cette hypothèse, universellement admise, que l'homme est une cause; comme la science de la nature est fondée sur l'hypothèse que les corps extérieurs sont des causes, c'est-à-dire ont des propriétés qui peuvent produire et produisent des effets. Ainsi, de ce que les sens attestent la succession des phénomènes, leur vicissitude plus ou moins constante, il ne s'ensuit pas qu'ils expliquent cette liaison des phénomènes entre eux, tout autrement intime et profonde, qu'on appelle la liaison de la cause à l'effet : ils n'expliquent donc pas l'origine de l'idée de cause. Au reste, à cet égard, je renvoie à Hume, qui a parfaitement distingué la vicissitude, c'est-à-dire la succession, de la causation, et qui a très-bien établi que celle-ci ne peut venir de la sensation [1].

Ce n'est pas tout : non-seulement il y a dans l'entendement humain l'idée de cause ; non-seulement nous nous croyons la cause de nos actes, et nous croyons que certains corps sont la cause du mouvement de certains autres; mais nous jugeons d'une

---

1. *Essais sur l'Entendement humain*, Essai septième.

manière générale qu'un phénomène quelconque ne peut commencer à exister, soit dans l'espace, soit dans le temps, sans que ce phénomène, qui commence à exister, n'ait sa cause. Il y a ici plus qu'une idée, il y a un principe; et le principe est aussi incontestable que l'idée. Imaginez un mouvement, un changement quelconque : aussitôt que vous concevez ce changement, ce mouvement, vous ne pouvez pas ne pas supposer que ce changement, que ce mouvement ne se soit fait en vertu d'une cause quelconque. Il ne s'agit pas de savoir quelle est cette cause, quelle est sa nature, comment elle a produit tel changement; la seule question est de savoir si l'esprit humain peut concevoir un changement et un mouvement, sans concevoir qu'il s'est fait en vertu d'une cause. C'est là-dessus qu'est fondée la curiosité des hommes, qui cherchent des causes à tout phénomène, et l'action juridique de la société, qui intervient aussitôt qu'il paraît quelque phénomène qui l'intéresse. Un meurtre, un vol, un fait quelconque, qui tombe sous l'action de la loi, étant connu, on lui suppose un auteur, on suppose un voleur, un meurtrier, et on informe; toutes choses qu'on pourrait ne pas faire s'il n'y avait pas dans l'esprit une véritable impossibilité de ne pas concevoir une cause là où il y a un phénomène qui commence à paraître. Remarquez que je ne dis pas qu'il n'y a pas d'effet sans cause; il est évident que c'est là une proposition frivole, dont un terme contient déjà l'autre, et exprime la même idée d'une manière différente. Le mot effet étant relatif à celui de cause dire que l'effet suppose la cause, ce n'est pas dire autre chose, sinon que l'effet est un effet. Mais on ne fait pas une proposition identique et frivole, quand on affirme que tout phénomène qui commence à paraître a nécessairement une cause. Les deux termes de cette proposition ne se contiennent pas réciproquement ; l'un n'est pas l'autre, ils ne sont pas identiques l'un à l'autre, et cependant l'esprit met entre eux un lien nécessaire. C'est là ce qu'on appelle le principe de causalité.

Ce principe est réel, certain, incontestable. Et quels en sont les caractères ? D'abord il est universel. Je demande s'il y a un sauvage, un enfant, un vieillard, un homme sain, un homme malade, un idiot même, pourvu qu'il ne le soit pas complétement, qui, lui étant donné un phénomène qui commence à exister, à l'instant n'y suppose une cause. Assurément, si nul phénomène n'est donné, si nous n'avons l'idée d'aucun changement, nous ne supposons point, nous ne pouvons point supposer une cause ; car où nul terme n'est connu, quel rapport peut être saisi ou même soupçonné ? Mais c'est un fait qu'ici, un seul terme donné, nous supposons l'autre et leur rapport, et cela universellement ; il n'y a pas un seul cas où nous ne jugions ainsi. Bien plus, non-seulement nous jugeons ainsi dans tous les cas, naturellement et par la vertu instinctive de notre entendement, mais essayez de juger autrement ; essayez, un phénomène vous étant donné, de n'y pas supposer une cause, vous ne le pouvez ; le principe n'est pas seulement universel, il est nécessaire ; d'où je conclus qu'il ne peut dériver des sens. En effet, quand on accorderait que la sensation peut attester ce qui est universel, il est évident qu'elle ne peut révéler ce qui est nécessaire ; car les sens montrent ce qui paraît ou même ce qui est, tel qu'il est ou paraît, tel ou tel phénomène, avec tel caractère ou tel autre ; mais il répugne qu'ils puissent atteindre ce qui doit être, la raison d'un phénomène, encore moins sa raison nécessaire.

Il est si vrai que ce ne sont pas les sens et le monde extérieur qui nous donnent le principe de causalité, que, sans l'intervention de ce principe, le monde extérieur, auquel Locke l'emprunte, n'existerait pas pour nous. Supposez qu'un phénomène puisse commencer à paraître dans le temps ou dans l'espace, sans que vous y cherchiez nécessairement une cause ; lorsque paraît sous l'œil de la conscience le phénomène de la sensation, ne cherchant pas une cause à ce phénomène, vous ne chercheriez point à quoi il se rapporte ; vous vous arrêteriez à ce phénomène, c'est-à-dire à un simple phénomène de la conscience, c'est-à-dire encore à une modification de vous-même ; vous ne sortiriez pas de vous-même, vous n'atteindriez jamais le monde extérieur. Que faut-il pour que vous atteigniez le monde extérieur et soupçonniez son existence ? Il faut qu'une sensation étant donnée, vous soyez forcé de vous demander quelle est la cause de ce phénomène, et que, dans la double impossibilité de rapporter ce phénomène à vous-même, au moi que vous êtes, et de ne pas le rapporter à une cause, vous soyez forcé de le rapporter à une cause autre que vous, à une cause étrangère, à une cause extérieure. L'idée d'une cause extérieure de nos sensations, telle est l'idée fondamentale du dehors, des objets extérieurs, des corps et du monde [1]. Je ne dis point que le monde, les corps, les objets extérieurs, ne soient que la cause de nos sensations ; mais je dis que d'abord ils nous sont donnés comme cause de nos sensations ; plus tard, ou en même temps si l'on veut, nous ajoutons à cette propriété des objets extérieurs d'autres propriétés encore ; mais c'est sur celle-là que se fondent toutes celles que nous pouvons connaître ultérieurement. Otez le principe de causalité, la sensation ne nous enseigne que son rapport au moi qui l'éprouve, sans nous découvrir ce qui la produit, le non-moi, les objets extérieurs, le monde. On dit souvent, et les philosophes mêmes disent avec le vulgaire, que la connaissance du monde nous vient des sens. On a raison si l'on veut dire seulement que, sans les sens, sans quelque sensation préalable, le principe de causalité manquerait d'occasion pour s'exercer, et que jamais nous ne connaîtrions le monde : mais on se tromperait bien si on entendait que c'est le sens lui-même qui, directement et par sa propre force, sans l'intervention de la raison et d'aucun principe étranger, nous fait connaître le monde extérieur. Connaître en général, connaître quoi que ce soit, est au-dessus de la portée des sens. C'est la raison, et la raison seule, qui connaît, et connaît le monde ; et elle ne le connaît d'abord qu'à titre de cause ; il n'est d'abord pour nous que la cause des phé-

---

[1]. **Premiers Essais**, *Analyse de la connaissance sensible*, etc.

nomènes sensitifs que nous ne pouvons nous rapporter à nous-mêmes; et nous ne rechercherions pas cette cause, par conséquent nous ne la trouverions pas, si notre raison n'était pourvue du principe de causalité, si nous pouvions supposer qu'un phénomène peut commencer à paraître sur le théâtre de la conscience, du temps ou de l'espace, sans qu'il ait une cause. Donc le principe de causalité nous ouvre le monde extérieur, loin qu'il soit possible de l'en tirer et de le faire venir de la sensation. Quand on parle des objets extérieurs et du monde sans admettre préalablement en nous le principe de causalité, ou on ne sait ce qu'on dit, ou on fait un paralogisme.

Le résultat de tout ceci est que, s'il s'agit de la seule idée de cause, nous ne pouvons la trouver dans la succession des phénomènes extérieurs et sensibles; et que, s'il ne s'agit pas seulement de l'idée de cause, mais du principe de causalité, le principe de causalité échappe bien plus encore à la tentative de l'expliquer par la succession et la sensation. Dans le premier cas, celui de l'idée de cause, Locke confond l'antécédent chronologique d'une idée avec cette idée; et, dans le second cas, celui du principe de causalité, il confond non plus l'antécédent avec le conséquent, mais la conséquence avec son principe; car le principe de causalité est le principe nécessaire de la connaissance même la plus légère du monde, du plus faible soupçon de son existence; et expliquer le principe de causalité par le spectacle du monde, que le principe de causalité peut seul nous découvrir, c'est bien, encore une fois, expliquer le principe par la conséquence. Or l'idée de cause et le principe de causalité sont des faits incontestables dans l'entendement humain ; donc le système de Locke, qui se condamne à n'obtenir à leur place que l'idée de succession, de succession constante, ne rend pas compte des faits et n'explique pas l'entendement humain.

Mais n'y a-t-il rien de plus dans Locke sur la grande question de la cause? Locke n'assigne-t-il jamais à l'idée de cause une autre origine que la sensation? N'attendez pas de notre philosophe cette parfaite conséquence. Je vous l'ai déjà dit, je vous le répéterai bien souvent, rien n'est aussi inconsistant que Locke; et la contradiction n'est pas seulement dans l'*Essai* de livre à livre, mais dans le même livre de chapitre à chapitre et presque de paragraphe à paragraphe. Je vous ai lu le passage positif du livre II, chapitre xxvi, dans lequel Locke dérive l'idée de cause de la sensation. Eh bien ! tournons quelques pages, et nous allons le voir, oubliant et son assertion et les exemples particuliers destinés à la justifier, conclure, au grand étonnement du lecteur attentif, que l'idée de cause vient non plus de la sensation seule, mais de la sensation ou de la réflexion. *Ibid.* : « Nous pouvons observer dans ce cas-là, et dans tous les autres, que la notion de cause et d'effet tire son origine des idées qu'on a reçues par sensation *ou* par réflexion; et qu'enfin ce rapport, quelque étendu qu'il soit, se termine à ces sortes d'idées. » Cet *ou* n'est pas moins qu'une nouvelle théorie : jusqu'ici Locke n'avait pas dit un mot de la réflexion; c'est une contradiction manifeste avec le passage que je vous ai cité. Mais cette contradiction est-elle jetée là au hasard, puis abandonnée et perdue? Oui, dans le chapitre XXVI : mais lisez un autre chapitre de ce même second livre, le chapitre XXI, sur la *puissance*. Au fond, un chapitre sur la puissance est un chapitre sur la cause ; car qu'est-ce que la puissance, sinon la puissance de produire quelque chose, c'est-à-dire une cause[1]? Traiter de la puissance c'est donc traiter de la cause. Or, quelle est l'origine de l'idée de la puissance, selon Locke, dans le chapitre exprès qu'il consacre à cette recherche? C'est à la fois, comme dans le chapitre XXVI, la sensation et la réflexion.

Livre II, chap. XXI. *De la puissance.* § Ier. *Comment nous acquérons l'idée de la puissance.* « L'esprit étant instruit tous les jours, par le moyen des sens, de l'altération des idées simples qu'il remarque dans les choses extérieures, et observant comment une chose vient à finir et cesser d'être, et comment une autre, qui n'était pas auparavant, commence d'exister; réfléchissant d'autre part sur ce qui se passe en lui-même, et voyant un perpétuel changement de ses propres idées, causé quelquefois par l'impression des objets extérieurs sur ses sens, et quelquefois par la détermination de son propre choix; et concluant de ces changements, qu'il a vus arriver si constamment, qu'il y en aura à l'avenir de pareils dans les mêmes choses, produits par de pareils agents et par de semblables voies, il vient à considérer dans une chose la possibilité qu'il y a qu'une de ses idées simples soit changée, et dans une autre la possibilité de produire ce changement, et

---

1. Le fameux Essai de Hume sur la cause est intitulé *De l'Idée du pouvoir.*

par là l'esprit se forme l'idée que nous nommons puissance. »

De ces deux origines, j'ai démontré que la première, la sensation, est insuffisante pour expliquer l'idée de cause, c'est-à-dire de puissance. Reste la seconde origine. Mais celle-là précède-t-elle ou suit-elle la première? Nous puisons, selon Locke, l'idée de cause et dans la sensation et dans la réflexion; mais dans laquelle des deux la puisons-nous d'abord? C'est un des mérites éminents de Locke, que je vous ai signalés la dernière fois, d'avoir montré, dans la question du temps, que la première succession qui nous révèle l'idée du temps n'est point la succession des événements extérieurs, mais la succession de nos pensées. Ici Locke dit également que c'est d'abord à l'intérieur et non à l'extérieur, dans la réflexion et non dans la sensation, que nous est donnée l'idée de puissance. C'est une contradiction nouvelle, j'en conviens, avec son chapitre officiel sur la cause; mais c'est un honneur à Locke d'avoir vu et établi, tout en se contredisant lui-même, que c'est dans la réflexion, dans la conscience de nos opérations, que nous est donnée la première et la plus claire idée de cause. Je veux vous lire ce passage entier de Locke, parce qu'il témoigne d'un véritable talent d'observation, d'une rare sagacité psychologique.

Livre II, chap. XXI, § 4. *La plus claire idée de la puissance active nous vient de l'esprit.* « Si nous y prenons bien garde, les corps ne nous fournissent pas, par le moyen des sens, une idée si claire et si distincte de la puissance active, que celle que nous en avons par les réflexions que nous faisons sur les opérations de notre esprit. Comme toute puissance a des rapports à l'action, et qu'il n'y a, je crois, que deux sortes d'actions dont nous ayons l'idée, savoir la pensée et le mouvement, voyons d'où nous avons l'idée la plus distincte des puissances qui produisent ces actions : 1° pour ce qui est de la pensée, le corps ne nous en donne aucune idée, et ce n'est que par le moyen de la réflexion que nous l'avons; 2° nous n'avons pas non plus, par le moyen du corps, aucune idée du commencement du mouvement. Un corps en repos ne nous fournit aucune idée d'une puissance active capable de produire du mouvement; et, quand le corps lui-même est en mouvement, ce mouvement est dans le corps une passion plutôt qu'une action; car, lorsqu'une boule de billard cède au choc du bâton, ce n'est point une action de la part d'une boule, mais une simple passion. De même, quand elle vient à pousser une autre boule qui se trouve sur son chemin et la met en mouvement, elle ne fait que lui communiquer le mouvement qu'elle avait reçu, et en perd tout autant que l'autre en reçoit; ce qui ne nous donne qu'une idée fort obscure d'une puissance active de mouvoir qui soit dans le corps, puisque dans ce cas nous ne voyons autre chose qu'un corps qui transfère le mouvement sans le produire en aucune manière. C'est, dis-je, une idée bien obscure de la puissance, que celle qui ne va pas jusqu'à la production de l'action, mais seulement à la simple continuation de la passion. Or, tel est le mouvement dans un corps poussé par un autre corps; car la continuation du changement qui est produit dans ce corps, du repos au mouvement, n'est non plus une action que ne l'est la continuation du changement de figure produit en lui par l'impression du même coup. Quant à l'idée du commencement du mouvement, nous ne l'avons que par le moyen de la réflexion que nous faisons sur ce qui se passe en nous-mêmes, lorsque nous voyons par expérience qu'en voulant simplement mouvoir des parties de notre corps qui étaient auparavant au repos, nous pouvons les mouvoir. De sorte qu'il me semble que l'opération des corps, que nous observons par le moyen des sens, ne nous donne qu'une idée fort imparfaite et fort obscure d'une puissance active, puisque les corps ne sauraient nous fournir aucune idée en eux-mêmes de la puissance de commencer aucune action, soit pensée, soit mouvement. »

Locke sent bien qu'il se contredit; aussi ajoute-t-il : « Mais, si quelqu'un pense avoir une idée claire de la puissance en observant que les corps se poussent les uns les autres, cela sert également à mon dessein, puisque la sensation est une des voies par où l'esprit vient à acquérir des idées. Du reste, j'ai cru qu'il était important d'examiner ici, en passant, si l'esprit ne reçoit point une idée plus claire et plus distincte de la puissance active par la réflexion que par aucune sensation extérieure. »

Maintenant cette puissance d'action, dont la réflexion nous donne l'idée distincte, que la sensation seule ne peut nous fournir, quelle est-elle ? Cette puissance, c'est celle de la volonté.

Liv. II, chap. xxi, §5. « Une chose qui est évidente, à mon avis, c'est que nous trouvons en nous-mêmes la puissance de commencer ou de ne pas commencer, de continuer ou de terminer plusieurs actions de notre esprit et plusieurs mouvements de notre corps, et cela simplement par une pensée ou un choix de notre esprit, qui détermine et commande pour ainsi dire que telle ou telle action particulière soit faite. Cette puissance que notre esprit a de disposer ainsi de la présence ou de l'absence d'une idée particulière, ou de préférer le mouvement de quelque partie du corps au repos de cette même partie, ou de faire le contraire, c'est ce que nous appelons *volonté*. Et l'usage actuel que nous faisons de cette puissance en produisant ou en cessant de produire telle ou telle action, c'est ce qu'on nomme *volition*. La cessation ou la production de l'action qui suit d'un tel commandement de l'âme s'appelle *volontaire*, et toute action qui est faite sans une telle direction de l'âme se nomme *involontaire*. »

Voilà donc la volonté considérée comme puissance d'action, comme puissance productrice, et par conséquent comme cause. C'est là le germe de la belle théorie de M. de Biran sur l'origine de l'idée de la cause. Selon M. de Biran [1] comme selon Locke, l'idée de cause ne nous est pas donnée dans l'observation des phénomènes extérieurs, lesquels, considérés seulement avec les sens, ne nous manifestent aucune vertu causatrice, et ne paraissent que successifs : elle nous est donnée dans la réflexion, dans la conscience de nos opérations et de la puissance qui les produit,

---

1. Œuvres de M. de Biran, *passim*.

à savoir la volonté. Je fais effort pour mouvoir mon bras, et je le meus. Quand on analyse attentivement ce phénomène de l'effort que M. de Biran considère comme le type des phénomènes de la volonté, voici ce qu'on y trouve : 1° la conscience d'un acte volontaire ; 2° la conscience d'un mouvement produit ; 3° un rapport du mouvement à l'acte volontaire. Et quel est ce rapport? Évidemment ce n'est pas un simple rapport de succession. Répétez en vous le phénomène de l'effort, et vous reconnaîtrez que vous attribuez tous, avec une conviction parfaite, la production du mouvement dont vous avez conscience à l'opération volontaire antérieure, dont vous avez conscience aussi. Pour vous, la volonté n'est pas seulement un acte pur sans efficacité, c'est une énergie productrice, c'est une cause.

De plus, ce mouvement dont vous avez conscience, que vous rapportez tous comme effet à l'opération antérieure de la volonté comme opération productrice, comme cause, je vous le demande, ce mouvement, le rapportez-vous à une autre volonté que la vôtre? Cette volonté, la considérez-vous, pourriez-vous la considérer comme la volonté d'un autre, comme la volonté de votre voisin, comme la volonté d'Alexandre ou de César, ou de quelque puissance étrangère ou supérieure? Pour vous, n'est-ce pas la vôtre? Ne vous imputez-vous pas toujours tout acte volontaire? N'est-ce pas, en un mot, dans la conscience de la volonté, en tant que vôtre, que vous puisez l'idée de votre personne, l'idée de vous-même? Le mérite propre de M. de Biran est d'avoir établi que la volonté est le caractère constitutif de la personnalité. Il a été plus loin, trop loin peut-être. Comme Locke avait confondu la conscience et la mémoire avec la personne, de même M. de Biran a été jusqu'à confondre la personne avec la volonté, qui en est au moins le caractère éminent ; en sorte que l'idée de cause, qui nous est certainement donnée dans la conscience de la volonté productrice, nous est donnée par cela même dans la conscience de notre personne, et que nous sommes la première cause dont nous ayons connaissance.

Telle est la théorie à laquelle M. de Biran [1] a élevé celle de Locke. Je l'adopte ; je crois qu'elle rend parfaitement compte de l'origine de l'idée de cause ; mais il reste à savoir si l'idée de cause, qui sort de cette origine, du sentiment de l'activité volontaire et personnelle, suffit pour expliquer l'idée que tous les hommes ont des causes extérieures, et rendre compte du principe de causalité. Pour Locke, qui traite de l'idée de cause et jamais du principe de causalité, le problème n'existe pas même. M. de Biran, qui le pose à peine, le résout trop vite, et arrive d'abord à un résultat, le seul que permettent la théorie de Locke et la mienne, mais qu'une saine psychologie et une saine logique ne peuvent avouer.

Selon M. de Biran, après avoir puisé l'idée de cause dans le sentiment de notre activité volontaire et personnelle, dans le phénomène de l'effort dont nous avons conscience, nous transportons cette idée de cause hors de nous, nous la projetons dans le monde

---

1. Voyez particulièrement dans les Œuvres de M. de Biran, t. Ier, *Examen des leçons de M. Laromiguière*, chap. VIII.

extérieur, par la vertu d'une opération qu'il a appelée, ainsi que M. Royer-Collard, une induction naturelle [1]. Entendons-nous. Si par là M. de Biran veut dire seulement qu'avant de connaître les causes extérieures, quelles qu'elles soient, nous puisons d'abord l'idée de cause en nous-mêmes, rien de mieux ; mais je nie que la connaissance que nous avons des causes extérieures, l'idée que nous nous faisons de ces causes, soient une importation, une projection, une induction de la nôtre. En effet, cette induction ne pourrait avoir lieu qu'à des conditions qui sont en contradiction manifeste avec les faits. J'invoque ici toute votre attention[2].

Selon Locke et M. de Biran, c'est la réflexion, c'est la conscience qui nous donne l'idée de cause. Mais quelle idée de cause nous donne-t-elle? Remarquez bien qu'elle ne nous donne pas l'idée d'une cause générale et abstraite, mais l'idée du moi qui veut, et qui, voulant, produit, et par là est cause. L'idée de cause que nous donne la conscience est donc une idée toute particulière, individuelle, déterminée, puisqu'elle nous est toute personnelle. Tout ce que nous connaissons de la cause par la conscience est concentré dans notre personne. C'est cette personne, et dans cette personne c'est la volonté, la volonté seule, et rien de plus, qui est la puissance, qui est la cause que

1. *Ibid.*, article *Leibniz*. Voyez aussi les leçons de M. Royer-Collard, Œuvres de Reid, t. III et IV.
2. On trouvera une première ébauche de cette discussion, DU VRAI, DU BEAU ET DU BIEN, leç. II, p. 47, et un nouvel examen plus approfondi dans l'Introduction aux Œuvres de M. de Biran, p. xxxv. Sir William Hamilton déclare adhérer à notre argumentation et à son résultat, que le principe de causalité demeure inexplicable par la théorie de M. de Biran. DISCUSSIONS, etc., *Appendix*, p. 588.

nous donne la conscience. Cela posé, voyons quelles sont les conditions de l'induction de cette cause. L'induction est cette supposition que, dans certaines circonstances, nous ayant été donné un certain phénomène, quand viendront des circonstances analogues, le même phénomène aura lieu. L'induction suppose donc, 1° des cas analogues; 2° un phénomène qui doit rester le même. L'induction est le procédé de l'esprit qui, n'ayant aperçu jusqu'ici un phénomène que dans certains cas, transporte ce phénomène, ce phénomène, dis-je, et non pas un autre, dans des cas différents, et nécessairement différents, puisqu'ils ne sont qu'analogues et semblables, et qu'ils ne peuvent être absolument identiques. Le caractère propre de l'induction est précisément dans le contraste de l'identité du phénomène et de la diversité des circonstances auxquelles elle est d'abord empruntée, puis transportée. Si donc la connaissance des causes extérieures n'est qu'une induction de notre cause personnelle, c'est rigoureusement notre cause, la cause volontaire et libre que nous sommes, que l'induction doit transporter dans le monde extérieur ; c'est-à-dire que partout où commencera à paraître dans le temps et dans l'espace un mouvement, un changement quelconque, là nous devons supposer, quoi ? une cause en général ? Non, car, songez-y bien, nous n'avons pas encore l'idée générale de cause, nous n'avons que l'idée de notre cause personnelle ; nous ne pouvons supposer que ce que nous avons déjà, autrement ce ne serait plus le procédé propre et légitime de l'induction : nous devons donc supposer, non l'idée générale et abstraite de cause, mais l'idée particulière et déterminée de la cause particulière et déterminée que nous sommes; d'où il suit que c'est notre puissance causatrice que nous devons supposer partout où commence à paraître quelque phénomène : c'est-à-dire que toutes les causes que nous pouvons concevoir ultérieurement ne sont et ne peuvent être que notre personne, cause unique de tous les effets, accidents ou événements qui commencent à paraître. Et remarquez que la croyance au monde et à des causes extérieures est universelle et nécessaire. Tous les hommes l'ont, tous les hommes ne peuvent pas ne pas l'avoir. Si donc l'induction explique toute notre conception des causes extérieures, il faut que cette induction soit universelle et nécessaire, il faut que ce soit un fait universel et nécessaire que nous nous croyons la cause de tous les événements, mouvements et changements qui arrivent et peuvent arriver.

Oui, à la rigueur, l'induction, l'importation de notre causalité au dehors n'est pas moins que de la substitution de notre causalité personnelle à toutes les causes de ce monde, la substitution de la liberté humaine au destin et à la nature. M. de Biran eût repoussé sans doute cette conséquence comme outrée ; mais en voici une qu'il acceptait presque. Si les causes extérieures ne sont qu'une induction de la nôtre, et si pourtant on ne veut pas qu'elles soient la nôtre même, il faut au moins qu'elles soient semblables à la nôtre, c'est-à-dire douées de conscience, libres, animées, vivantes. En effet, sans prétendre que c'est là toute notre conception des causes extérieures, M. de Biran soutenait que telle est la conception que nous

nous en formons d'abord. Il en donnait cette preuve que l'enfant et le sauvage conçoivent toutes les causes extérieures sur le modèle de la leur ; qu'ainsi l'enfant se révolte presque contre la pierre qui le frappe, comme si elle avait eu l'intention de le frapper et que le sauvage personnifie et divinise les causes des phénomènes naturels.

A cela je réponds : N'oublions pas que la croyance au monde et aux causes extérieures est universelle et nécessaire, et que le fait qui l'explique doit être lui-même un fait universel et nécessaire : si donc notre croyance au monde et aux causes extérieures se résout dans l'assimilation de ces causes à la nôtre, cette assimilation doit être un fait universel et nécessaire. Or, là dessus, j'attends la psychologie ; j'attends qu'elle prouve que tous les êtres intellectuels et moraux conçoivent les causes extérieures sous la raison de la leur, comme douées de conscience et animées ; j'attends qu'elle prouve que cette opinion des enfants et des sauvages n'est pas seulement un fait fréquent, mais un fait universel, et qu'il n'y a pas un enfant, pas un sauvage qui ne procède ainsi. Et quand elle aura prouvé que ce fait est universel, il lui faudra aller plus loin encore ; il lui faudra prouver que le fait n'est pas seulement universel, mais qu'il est nécessaire. Mais le caractère d'un fait nécessaire est de ne pouvoir pas ne pas être. Quand j'accorderais que tous les enfants et tous les peuples enfants commencent par croire que les causes extérieures sont animées, vivantes, libres, personnelles, ce n'en serait pas assez pour établir un fait nécessaire ; il faudrait que tous les

hommes, sans aucune distinction, eussent cette
croyance, comme ils croient tous, sans distinction, au
principe de causalité. Loin de là, aujourd'hui nous n'admettons pas le moins du monde une telle opinion, et
c'est notre honneur de ne pas l'admettre. Ce qui devrait
être une vérité nécessaire, reproduite invariablement
de siècle en siècle, est tout simplement à nos yeux une
extravagance qui a duré plus ou moins longtemps, et
qui aujourd'hui est passée sans retour. Par cela seul
que l'induction a langui un seul jour, par cela seul il
faut conclure que cette induction n'est pas une loi universelle et nécessaire de l'esprit humain, et qu'elle
n'explique pas la croyance universelle et nécessaire à
l'existence du monde et des causes extérieures.

Nous avons tous la parfaite conviction que ce monde
existe, qu'il y a des causes extérieures ; et ces causes,
nous ne les croyons ni personnelles ni volontaires.
Voilà la croyance du genre humain ; c'est à la philosophie à l'expliquer, sans la détruire ni l'altérer.
Mais, si cette croyance est universelle et nécessaire,
le jugement qui la renferme et qui la donne doit avoir
un principe qui soit lui-même universel et nécessaire ;
et ce principe n'est autre que le principe de causalité,
principe que la logique et la grammaire présentent
aujourd'hui sous cette forme : tout phénomène, tout
mouvement qui commence à paraître a une cause.
Supprimez ce principe, et laissez la seule conscience
de notre causalité personnelle, jamais nous n'aurons
la moindre idée des causes extérieures et du monde.
Qu'il paraisse un phénomène dont nous ne sommes
point la cause ; ôtez l'empire du principe de causalité,

et il n'y a plus de raison pour que nous demandions à ce phénomène quelle est sa cause, nous n'en rechercherons point la cause ; il sera pour nous sans cause : car remarquez que, même pour l'induction dont on parle, même pour tomber dans cette absurdité de donner pour cause à la sensation ou nous ou quelque chose de semblable à nous, il faut avoir le besoin de donner des causes à tout phénomène ; et, pour le faire universellement et nécessairement, il faut que ce besoin soit universel et nécessaire, c'est-à-dire qu'il faut avoir le principe de causalité. Ainsi, sans le principe de causalité, tout phénomène est pour nous comme s'il n'avait pas de cause, et nous ne pouvons pas même lui attribuer une cause extravagante. Au contraire, supposez le principe de causalité, et aussitôt qu'une sensation commence à paraître sur le théâtre de la conscience, à l'instant le principe de causalité la marque de ce caractère qu'elle ne peut pas ne pas avoir une cause. Or, comme la conscience atteste que cette cause n'est pas la nôtre, et que cependant il est nécessaire que cette sensation ait une cause, il s'ensuit qu'elle a une cause, et une cause autre que nous, qui n'est ni personnelle ni volontaire, et qui cependant est une cause, c'est-à-dire une cause simplement efficiente. C'est là précisément l'idée que tous les hommes se font des causes extérieures : ils les considèrent comme des causes capables de produire les mouvements qu'ils leur rapportent, mais non pas comme des causes volontaires et personnelles [1]. Le

1. Sur la réalité des causes naturelles efficientes et non volontaires, voyez PHILOSOPHIE ÉCOSSAISE, leç. x, p. 433-438.

principe universel et nécessaire de causalité est le seul principe qui puisse nous donner de pareilles causes; il est donc le procédé véritable de l'esprit humain dans l'acquisition de l'idée du monde et des causes extérieures.

Après avoir démontré que notre croyance à des causes extérieures n'est pas une induction de la conscience de notre cause personnelle, mais bien une application légitime du principe de causalité, il faudrait faire voir comment nous allons de la conscience de notre causalité particulière à la conception du principe général de causalité.

J'admets et je pense fermement que la conscience de notre causalité propre précède toute conception du principe de causalité, par conséquent toute application de ce principe, toute connaissance de la causalité extérieure; et voici, selon moi, comment s'opère dans les profondeurs de l'intelligence le passage du fait de conscience au fait postérieur de la conception du principe. Je veux mouvoir mon bras, et je le meus. Nous avons vu que ce fait analysé contient trois éléments: 1° conscience d'une volition qui est mienne, qui m'est personnelle; 2° mouvement produit; 3° enfin, rapport de ce mouvement à ma volonté, lequel rapport est, nous l'avons vu, un rapport de production, de causation; rapport que je ne mets pas plus en question que l'un et l'autre terme; rapport qui m'est donné avec l'un et l'autre terme, qui ne m'est point donné sans ces deux termes, et sans lequel ces deux termes ne me sont point donnés; de manière que les trois termes me sont donnés en un seul et même fait indivisible, qui est la conscience de ma causalité personnelle. Or, quel est le caractère de ce fait ? Le caractère de ce fait est d'être particulier et déterminé, par cette raison très-simple que ce fait est tout personnel. Cette volonté productrice, elle est mienne, par conséquent c'est une volonté particulière et déterminée ; ce mouvement que je produis est mien, par conséquent il est particulier et déterminé. Et encore, moi, cause volontaire, j'ai dans tel ou tel moment plus ou moins d'énergie, ce qui fait que le mouvement produit par moi a plus ou moins de force. Mais le mouvement le plus faible m'appartient-il moins que le plus puissant ? Y a-t-il entre les deux termes, entre la cause moi et l'effet mouvement, un rapport moindre dans un cas que dans l'autre ? Non, les deux termes peuvent varier, et varient sans cesse d'intensité ; le rapport ne varie point. Il y a plus : non-seulement les deux termes varient, mais ils pourraient être autres ; ils pourraient même ne pas être ; ils sont purement accidentels ; mais le rapport entre ces deux termes variables et contingents n'est lui-même ni variable ni contingent ; il est universel et nécessaire. En même temps que la conscience saisit les deux termes, la raison saisit leur rapport, et par une abstraction immédiate[1] qui n'a pas besoin de s'appuyer sur plusieurs faits semblables, elle dégage dans un seul fait l'élément invariable et nécessaire de ses éléments variables et contingents. Essaye-t-elle de mettre en question la vérité de ce

---

1. Sur l'abstraction immédiate, voyez Du Vrai, du Beau et du Bien, leç. II, p. 46.

rapport; elle ne le peut : toutes les intelligences ont beau faire la même tentative, nulle ne le peut. D'où il suit que cette vérité est une vérité universelle et nécessaire. La raison est donc sous l'empire de cette vérité; elle est dans l'impossibilité de ne pas supposer une cause partout où les sens ou la conscience lui manifestent un mouvement, un phénomène quelconque. Cette impossibilité où est la raison de ne pas supposer une cause là où les sens ou la conscience lui présentent un phénomène quelconque, c'est là ce qu'on appelle le principe de causalité, non pas dans sa formule logique actuelle, mais dans son énergie interne et primitive. Que si l'on me demande comment l'universel et le nécessaire sont dans le relatif et le contingent, et peuvent y être aperçus, je réponds que la raison aussi est en nous avec la volonté et les sens, et qu'elle se développe en même temps qu'eux [1].

Ce que je viens de dire du principe de causalité, on peut le dire de tous les autres principes. C'est un fait qu'il ne faut pas oublier, et qu'on oublie beaucoup trop souvent, que nos jugements sont d'abord des jugements particuliers et déterminés, et que c'est sous cette forme d'un jugement particulier et déterminé que font leur première apparition toutes les vérités universelles et nécessaires, tous les principes universels et nécessaires. Ainsi les sens m'attestent l'existence d'un corps, et à l'instant je juge que ce corps est dans

1. Sur ce point délicat, la formation de notre conception actuelle du rapport universel et nécessaire de la cause à l'effet, et en général sur la formation des principes rationnels, voyez PREMIERS ESSAIS, cours de 1817, *programme*, p. 204, etc., et DU VRAI, DU BEAU ET DU BIEN, leç. II.

l'espace, non pas dans l'espace en général, dans l'espace pur, mais dans un certain espace; c'est un certain corps que les sens m'attestent, et c'est dans un certain espace que la raison le place. Puis, lorsque nous considérons le rapport qui est entre ce corps particulier et cet espace particulier, nous trouvons que ce rapport n'est pas lui-même particulier, mais qu'il est universel et nécessaire; et quand nous essayons de concevoir un corps quelconque sans un espace quelconque, nous ne le pouvons. Il en est de même du temps : lorsque la conscience ou les sens nous donnent une succession quelconque d'événements ou de pensées, à l'instant même nous jugeons que cette succession d'événements se passe dans un temps déterminé. Tout est déterminé dans le temps et la succession, tels qu'ils nous sont donnés primitivement : il s'agit de telle succession ou de telle autre, d'une heure ou d'un jour, ou d'une année, etc.; mais ce qui n'est pas déterminé et particulier, c'est le rapport que nous mettons entre cette succession et ce temps. Nous faisons varier les deux termes, nous faisons varier la succession et le temps qui renferme cette succession, mais le rapport de la succession au temps ne varie pas. C'est encore ainsi que nous est donné le principe de la substance. Lorsqu'un phénomène se passe dans ma conscience, ce phénomène est un phénomène particulier et déterminé, et non pas un phénomène quelconque; et alors je juge que sous ce phénomène particulier est un être qui en est le sujet, non pas un être général et abstrait, mais réel et déterminé, moi. Tous nos jugements primitifs sont particuliers et déterminés, et cependant dans les profondeurs de ces jugements particuliers et déterminés sont déjà des rapports, des vérités, des principes qui ne sont point particuliers et déterminés, lors même qu'ils se déterminent et s'individualisent dans la détermination et l'individualité de leurs termes. Telle est la première forme des vérités de la géométrie et de l'arithmétique. Voici, par exemple [1], deux objets et deux objets; ces quantités à additionner sont concrètes et non discrètes. Vous jugez que ces deux objets et ces deux objets font quatre objets. Là, tout est contingent et variable, excepté le rapport. Vous pouvez faire varier les objets, mettre des pierres au lieu de ces livres, des chapeaux au lieu des pierres, et le rapport ne varie point. Il y a plus : pourquoi avez-vous jugé que ces deux objets déterminés, additionnés avec deux autres objets déterminés, font quatre objets déterminés? Songez-y; c'est par la vertu de cette vérité que deux et deux font quatre. Or, cette vérité de rapport est toute abstraite, et indépendante de la nature de ses deux termes, quels qu'ils soient. C'est donc la vérité abstraite qui vous fait prononcer que deux objets concrets et deux objets concrets, différents ou semblables, font quatre objets. L'abstrait nous est donné déjà dans le concret, l'invariable et le nécessaire dans le relatif et le contingent, la raison parmi les sens et la conscience. Ce sont les sens qui vous attestent l'existence des quantités concrètes et des corps; c'est la conscience qui vous atteste la présence d'une succession de pensées, et celle de

1. Voyez ce même exemple, dans l'INTRODUCTION A L'HISTOIRE DE LA PHILOSOPHIE, leç. III, p. 49.

tous les phénomènes sous lesquels est votre identité personnelle. En même temps la raison intervient, et prononce que les rapports des quantités en question sont des rapports nécessaires; comme la raison prononce que le rapport du corps à l'espace est un rapport nécessaire; que le rapport entre la succession et le temps est un rapport nécessaire; que le rapport entre la pluralité phénoménale que forment nos pensées dans la conscience, et l'être identique et un qui en est le sujet, est aussi un rapport nécessaire. Dans le berceau de la connaissance sont mêlées ensemble l'action des sens et de la conscience avec celle de la raison. Le sens et la conscience donnent les phénomènes externes et internes, le variable, le contingent; la raison nous découvre les vérités universelles et nécessaires mêlées aux vérités accidentelles et contingentes qui résultent de l'aperception des phénomènes internes ou externes; et ces vérités universelles et nécessaires constituent les principes universels et nécessaires. Il en est du principe de causalité comme des autres principes; jamais l'esprit humain ne le concevrait dans son universalité et sa nécessité, si d'abord ne nous était donné un fait particulier de causation; et ce fait primitif particulier est celui de notre causalité propre et personnelle, manifestée à la conscience dans l'effort ou acte volontaire. Mais ce fait ne suffit pas à lui tout seul pour expliquer la connaissance des causes extérieures, parce qu'alors il faudrait que les causes extérieures ne fussent qu'une induction de la nôtre, c'est-à-dire qu'il faudrait résoudre la croyance du genre humain, sa croyance universelle et nécessaire, dans une absurdité, et dans une absurdité transitoire, que l'expérience dément, et qui est aujourd'hui abandonnée : cette explication est donc inadmissible. Il faut concevoir que dans le sein de ce fait contingent et déterminé, je veux mouvoir mon bras et je le meus, est un rapport du mouvement comme effet au vouloir comme cause, lequel rapport, dégagé de ses deux termes, est saisi par la raison comme une vérité universelle et nécessaire. De là, le principe de causalité, à l'aide duquel nous pouvons atteindre les causes extérieures, parce que ce principe surpasse la portée de notre conscience, et qu'avec lui nous pouvons juger universellement et nécessairement que tout phénomène, quel qu'il soit, a une cause. Ainsi armés en quelque sorte, qu'un phénomène nouveau se présente, et nous le rapportons universellement et nécessairement à une cause; et cette cause n'étant pas nous au témoignage infaillible de la conscience, nous ne jugeons pas moins universellement et nécessairement que cette cause existe; seulement nous jugeons qu'elle est autre que nous, qu'elle nous est étrangère : c'est là, encore une fois, l'idée de l'extériorité, et la base de notre conviction de l'existence des causes extérieures et du monde; conviction universelle et nécessaire, parce que le principe du jugement qui nous la donne est lui-même universel et nécessaire.

Sans doute, en même temps que nous concevons des causes extérieures, étrangères à nous, autres que nous, non volontaires, des causes telles que peut les donner l'application du principe général de causalité, l'enfant, le sauvage ajoutent quelquefois, très-souvent même, à cette idée d'extériorité, de cause purement efficace, l'idée d'une volonté, d'une personnalité semblable à la nôtre. Mais de ce que ce second fait accompagne quelquefois le premier, il ne s'ensuit pas qu'il faille le confondre avec lui : pour être attaché à un fait universel et nécessaire, ce nouveau fait n'est pas pour cela nécessaire et universel, je l'ai démontré ; il ne donne que l'erreur et des superstitions passagères, à la place de la vérité permanente et inviolable qu'engendre le principe de causalité. Mais enfin le fait est réel, les erreurs qu'il entraîne incontestables, quoique locales et passagères : il faut donc l'expliquer ; et en voici l'explication très-simple. Comme le principe de causalité, quoique universel et nécessaire, s'élève en nous à la suite de la conscience de notre causalité propre, il garde, dans ses premières applications, la trace de son origine, et la croyance au monde extérieur est accompagnée de quelque assimilation vague des causes extérieures à la nôtre. Ajoutez qu'ici comme en toutes choses c'est la vérité qui sert d'appui à l'erreur ; car la personnification arbitraire et insensée des causes extérieures en présuppose l'existence. L'induction égare le principe de causalité, mais elle ne le constitue pas.

C'est ainsi qu'une saine psychologie, décidée à n'abandonner jamais les conceptions naturelles de l'esprit humain, remonte peu à peu jusqu'à leurs véritables origines ; tandis que la psychologie systématique de Locke, s'enfonçant dans la question de l'origine de nos idées et de nos principes avant d'avoir déterminé avec précision les caractères dont ils sont actuellement marqués, et n'admettant d'autre origine que la sensation ou la réflexion, croit trouver l'origine de l'idée de cause dans la sensation ; puis, forcée d'abandonner cette impuissante origine, elle va de la sensation à la réflexion ; mais cette nouvelle origine, qui peut nous donner l'idée de cause volontaire et personnelle, ne peut donner que cette idée et non pas le principe de causalité, ni par conséquent expliquer la connaissance des causes extérieures purement efficientes. Si donc on veut s'arrêter à cette origine trop étroite, que faut-il faire ? Il faut confondre, avec ce résultat universel et nécessaire, que nous concevons des causes hors de nous qui ne sont pas nous, cet autre fait purement accidentel, qu'il nous arrive quelquefois de concevoir ces causes comme des causes personnelles ; de manière à expliquer la connaissance des causes extérieures par la simple induction de notre propre causalité, et le principe de causalité par la réflexion, c'est-à-dire par l'une des deux origines convenues de toute connaissance. Mais, encore une fois, la conception des causes extérieures, comme personnelles et douées de conscience, n'est qu'une erreur de l'enfance de la raison humaine, et non une loi de cette raison : on n'en peut donc tirer l'explication de la croyance légitime, universelle et nécessaire du genre humain.

En terminant, j'ai besoin de demander grâce pour la longueur de cette leçon ; mais je devais cette discussion, bien imparfaite encore, et à l'importance de la matière, et à la mémoire du grand métaphysicien que sa sagacité même a ici égaré sur les pas de Locke. Doué d'un sens psychologique admirable, M. de Biran avait pénétré si avant dans l'intimité du fait de conscience qui nous donne la première idée de cause, l'idée de la cause volontaire et personnelle que nous sommes, qu'il ne sortit guère de ce fait et de cette idée, et négligea trop le principe de causalité, confondant ainsi, comme Locke, l'antécédent du principe avec le principe lui-même; ou lorsqu'il essayait d'expliquer le principe de causalité, l'expliquant par *une induction naturelle* qui transporte dans le monde extérieur la conscience, la volonté, et tous les attributs propres de son modèle, prenant une application particulière, passagère et erronée du principe de causalité pour ce principe, vrai, universel et nécessaire en lui-même. La théorie de M. de Biran est le développement de celle de Locke ; elle la reproduit avec plus d'étendue et de profondeur, elle en épuise à la fois les mérites et les défauts.

HUITIÈME LEÇON

ESSAI. LIVRE II, DU BIEN ET DU MAL. LIVRE III, DES MOTS.

Suite de l'examen du second livre de l'*Essai sur l'Entendement humain*. De l'idée du bien et du mal. Locke confond le bien et le mal moral avec le bonheur et le malheur. Réfutation. — De la formation et du mécanisme des idées dans l'entendement. Des idées simples et complexes. De l'activité et de la passivité de l'esprit dans l'acquisition des idées. — Des caractères les plus généraux des idées. — De l'association des idées. — Examen du troisième livre de *l'Essai sur l'Entendement humain* sur les mots. Des propositions suivantes : 1° Les mots tirent-ils leur première origine d'autres mots qui signifient des idées sensibles ? — 2° La signification des mots est-elle purement arbitraire ? — 3° Les idées générales ne sont-elles que des mots ? — 4° Les mots sont-ils la seule cause d'erreurs, et toute science n'est-elle qu'une langue bien faite ? — Fin de l'examen du troisième livre.

C'est [1] un fait incontestable que, quand nous avons bien ou mal fait, quand nous avons accompli la loi du juste et de l'injuste ou que nous l'avons enfreinte, nous jugeons que nous méritons une récompense ou une punition ; et c'est un fait encore que nous la recueillons 1° dans le plaisir de la conscience ou dans

---

1. Sur l'idée du bien et du mal, de l'obligation, du mérite et du démérite, voyez DU VRAI, DU BEAU ET DU BIEN, la III⁰ partie, PHILOSOPHIE SENSUALISTE, leç. IV et V, PHILOSOPHIE ÉCOSSAISE, leç. III, IV, XI, etc.

l'amertume du remords ; 2° dans l'estime ou le mépris de nos semblables, qui, étant aussi des êtres moraux, jugent comme nous du bien et du mal, nous punissent et nous récompensent, selon la nature de nos actes, tantôt par leur mépris ou leur estime, tantôt par des récompenses ou des peines physiques, que les lois positives, interprètes légitimes de la loi naturelle, tiennent prêtes pour les actions généreuses ou pour les délits et les crimes ; 3° enfin, si nous élevons nos regards au-delà de ce monde, si nous concevons Dieu comme il faut le concevoir, non-seulement comme l'auteur du monde physique, mais comme le père du monde moral, comme le principe même de la loi morale, nous ne pouvons pas ne pas concevoir que Dieu doit aussi tenir prêtes des récompenses ou des punitions pour ceux qui ont accompli ou enfreint la loi. Mais supposez qu'il n'y ait ni bien ni mal, ni juste ni injuste en soi ; supposez qu'il n'y ait pas de loi ; il ne peut y avoir aucun mérite ni aucun démérite à l'avoir enfreinte ou accomplie ; il n'y a pas lieu à punition ou à récompense ; il n'y a lieu ni aux plaisirs de la conscience ni aux douleurs du remords ; il n'y a lieu ni à l'approbation ni à la désapprobation des hommes, ni à leur estime ni à leur mépris, il n'y a lieu ni aux supplices ni aux récompenses de l'ordre social dans cette vie, ni dans l'autre aux récompenses et aux punitions du législateur suprême. L'idée de la récompense et de la peine repose donc sur celle du mérite et du démérite, laquelle repose sur celle d'une loi. Or, que fait ici Locke ? il tire l'idée du bien et du mal, la loi morale et toutes les règles de nos devoirs, de la crainte et de l'espérance de récompenses et de punitions humaines ou divines, c'est-à-dire, pour écarter toute autre considération et pour rester sur le terrain de la méthode scientifique, il fonde le principe sur la conséquence ; il confond, non plus comme auparavant, l'antécédent avec le conséquent, mais le conséquent avec l'antécédent. Et d'où vient cette confusion ? de cette source de toute confusion que nous avons tant de fois signalée, la recherche prématurée des causes avant une suffisante étude des effets, la recherche de l'origine de l'idée du bien et du mal avant d'avoir constaté soigneusement les caractères, et tous les caractères, de cette idée. Permettez-moi de m'arrêter un moment sur cette importante matière.

Il est indubitable qu'en présence de certaines actions la raison les qualifie de bonnes ou de mauvaises, de justes ou d'injustes, d'honnêtes ou de deshonnêtes. Et ce n'est pas seulement dans quelques hommes d'élite que la raison porte ce jugement : elle le fait dans tout homme ignorant ou instruit, civilisé ou sauvage, pourvu qu'il soit un être raisonnable et moral. Comme le principe de causalité s'égare et se redresse dans l'application sans cesser d'être, ainsi la distinction du bien et du mal peut porter à faux, varier dans ses objets et s'éclairer avec le temps, sans cesser d'être la même au fond dans tous les hommes ; c'est une conception universelle de la raison, et voilà pourquoi toutes les langues, ces images fidèles de la pensée, la reproduisent. Non-seulement cette distinction est une conception universelle, elle est aussi une conception nécessaire. En vain, la raison, après l'avoir conçue, essaye de la récuser et d'en mettre en question la vérité, elle ne le peut; on ne peut à volonté regarder la même action comme juste ou injuste; ces deux idées résistent à toute tentative de les permuter l'une avec l'autre : elles peuvent changer d'objets, jamais de nature.

Il y a plus : la raison ne peut concevoir la distinction du bien et du mal, du juste et de l'injuste, de l'honnête et du déshonnête, sans concevoir à l'instant même que l'un ne doit pas être fait et que l'autre doit être fait : l'idée du bien et du mal entraîne immédiatement celle de devoir et de loi, et comme l'une est universelle et nécessaire, l'autre l'est également. Or, une loi nécessaire pour la raison en matière d'action, c'est pour un agent raisonnable mais libre, une simple obligation, mais c'est une obligation absolue. Le devoir nous oblige sans nous enchaîner; si nous pouvons le violer, nous ne pouvons le renier; et alors même que la faiblesse de la liberté et l'ascendant de la passion font mentir en quelque sorte l'action à sa loi, la raison indépendante maintient la loi violée comme une loi inviolable, et l'impose encore avec une autorité suprême à l'action infidèle, comme sa règle imprescriptible. Le sentiment de la raison et celui de l'obligation morale qu'elle nous révèle à la fois et qu'elle nous impose, c'est la conscience morale proprement dite.

Remarquez bien sur quoi porte l'obligation : elle porte sur le bien à faire; elle ne porte que sur ce point, mais là elle est absolue. Elle est donc indépendante de toute considération étrangère; elle n'a rien à voir avec les facilités ou les obstacles que son accomplissement rencontre, ni avec les conséquences qu'il entraîne, avec le plaisir ou son contraire, avec le bonheur et le malheur, en un mot, avec tout motif, quel qu'il soit, d'utilité; car l'utile ne se rapporte qu'à la sensibilité; le bien et l'obligation morale sont des conceptions de la raison; l'utile n'est qu'un accident qui peut être ou n'être pas; le devoir est un principe.

Maintenant, le bien n'est-il pas toujours utile à celui qui l'accomplit et aux autres? C'est une autre question qui n'est plus du ressort de la raison, mais de l'expérience. L'expérience la décide-t-elle toujours affirmativement? Même alors, et l'utile fût-il inséparable du bien, le bien et l'utile n'en seraient pas moins distincts en eux-mêmes, et ce ne serait pas à titre d'utile que la vertu serait obligatoire, et qu'elle obtiendrait la vénération et l'admiration universelles. On l'admire, donc on ne la prend pas seulement comme utile; car l'admiration n'est pas l'expression de l'intérêt [1].

Si le bien n'était que l'utile, l'admiration que la vertu excite serait toujours en raison de son utilité : or cela n'est pas. Il n'y a pas de vertus qui, pour l'utilité, puissent être comparées à certains phénomènes naturels qui répandent et entretiennent partout la vie. Et qui jamais a éprouvé pour le soleil, dont l'influence est si bienfaisante, le sentiment d'admiration et de

---

1. Sur le phénomène moral de l'admiration, voyez DU VRAI, DU BEAU ET DU BIEN, leç. XI, p. 265.

respect que nous inspire l'acte vertueux le plus stérile ?
C'est que le soleil n'est qu'utile ; tandis que l'acte vertueux, utile ou non, est le libre et courageux accomplissement d'une loi. On peut profiter d'une action sans l'admirer comme on peut l'admirer sans en profiter. Le fondement de l'admiration n'est donc pas l'utilité que l'objet admiré procure aux autres ; ce n'est pas davantage, c'est encore bien moins l'utilité que l'action procure à celui qui la fait. L'action vertueuse ne serait alors qu'un calcul heureux ; on pourrait bien en féliciter son auteur, mais on ne serait pas tenté de l'admirer. L'humanité demande à ses héros un autre mérite que celui du marchand habile ; et, loin que l'utilité de l'agent et son intérêt personnel soient le titre et la mesure de l'admiration, c'est un fait que, toutes choses égales d'ailleurs, l'admiration décroît ou s'élève en proportion même des sacrifices que coûte l'action vertueuse. Mais voulez-vous une preuve manifeste que la vertu ne repose pas sur l'intérêt personnel de celui qui la pratique ? prenez l'exemple que je vous ai déjà cité, celui de l'honnête homme auquel sa vertu tourne en ruine au lieu de lui être utile ; et, pour prévenir toute idée de calcul, supposez un homme qui donne sa vie pour la vérité, qui meurt sur un échafaud, à la fleur de l'âge, pour la cause de la justice. Ici plus d'avenir, nulle chance de bonheur, du moins en ce monde ; donc nul calcul, nul intérêt personnel possible. Si la vertu n'est que l'utile, le dévouement de cet homme est un délire. Ce délire est un fait pourtant, et il démontre sans réplique que dans l'entendement humain, tel qu'il a

plu à son auteur de le faire, autre chose est l'idée du bien et du mal, de la vertu et du vice, autre chose l'idée du plaisir et de la peine, du bonheur et du malheur[1].

Je viens de vous montrer la différence essentielle et métaphysique de ces idées ; il faut maintenant vous en faire voir le rapport. Il est certain que l'idée de la vertu est distincte de celle du bonheur ; mais je demande si, lorsque vous rencontrez un homme vertueux, un agent moral qui, libre d'accomplir ou de ne pas accomplir une loi sévère, l'accomplit aux dépens de ses affections les plus chères ; je demande si cet homme, cet agent moral, ne vous inspire pas, indépendamment de l'admiration qui s'attache à l'acte, un sentiment de bienveillance qui regarde la personne ? N'est-il pas vrai que vous seriez disposés, si le bonheur était dans vos mains, à le répandre sur cet homme vertueux ? N'est-il pas vrai qu'il vous paraît mériter d'être heureux, et qu'à son égard le bonheur vous paraît un droit ? En même temps, quand l'homme coupable se trouve malheureux par l'effet de ses vices, ne jugeons-nous pas qu'il l'a mérité ; ne jugeons-nous pas, en général, qu'il serait injuste que le vice fût heureux et la vertu malheureuse ? C'est là évidemment l'opinion commune de tous les hommes ; et cette opinion n'est pas seulement universelle, c'est une conception nécessaire. En vain la raison essaye-t-elle de concevoir le vice digne du bonheur, elle n'y peut parvenir ; et elle ne peut parvenir à ne pas mettre

---

1. DU VRAI, DU BEAU ET DU BIEN, leç. XII, *de la morale de l'intérêt.*

une intime harmonie entre le bonheur et la vertu. Et en cela nous ne sommes pas des êtres sensibles qui aspirons au bonheur, ni des êtres sympathiques qui le souhaitons à nos semblables; nous sommes des êtres raisonnables et moraux qui jugeons ainsi pour les autres comme pour nous-mêmes; et quand les faits ne s'accordent pas avec nos jugements, ce ne sont pas nos jugements que nous condamnons, nous les maintenons invinciblement devant tous les faits contraires. En un mot, l'idée de mérite et de démérite est inséparable pour la raison de celle de la loi morale, accomplie ou violée.

Là où la vertu et le vice ont leur peine et leur récompense, il y a ordre pour nous; là où le vice et la vertu sont sans punition et sans récompense ou également traités, pour nous il y a désordre. Les récompenses et les punitions sont diverses, selon les cas qu'il ne s'agit point ici de déterminer et de classer avec une précision parfaite. Quand les actes vicieux se rapportent seulement à la personne qui les commet, nous ne leur imposons d'autre peine que le mépris: nous les punissons par l'opinion. Quand ils atteignent autrui, alors ils tombent sous les lois positives; de là les lois pénales. En tout temps, en tous lieux, ces deux genres de punitions, morales et matérielles, ont été infligés aux agents vicieux. Sans aucun doute il est utile à la société d'infliger le mépris à celui qui viole l'ordre moral; sans aucun doute il est utile à la société de punir effectivement celui qui porte atteinte à l'ordre social; cette considération d'utilité est réelle, elle est puissante; mais je dis qu'elle n'est pas la seule, qu'elle n'est pas la première, qu'elle n'est qu'accessoire, et que le principe de toute pénalité est l'idée du mérite et du démérite essentiel des actions, l'idée générale de l'ordre, qui veut impérieusement que le mérite et le démérite des actes, qui est une loi de la raison et de l'ordre, se réalise dans une société qui se prétend raisonnable et bien ordonnée. A ce titre, et à ce titre seul de réaliser cette loi de la raison et de l'ordre, les deux puissances de la société, l'opinion et l'État, nous paraissent fidèles à leur mission. Vient ensuite l'utilité, l'utilité immédiate de réprimer le mal, et l'utilité indirecte de le prévenir par l'exemple, c'est-à-dire par la crainte d'une punition semblable. Mais cette considération de l'utilité de la peine ne suffirait point à la fonder. Supposez, en effet, qu'il n'y ait en soi ni bien ni mal, et par conséquent ni mérite ni démérite essentiel : de quel droit, je vous prie, déshonorer un homme, ou le faire monter sur l'échafaud ou le jeter dans les fers, pour la seule utilité des autres, quand l'action de cet homme n'est ni bonne ni mauvaise, et ne mérite en soi ni blâme ni punition? Supposez qu'il ne soit pas juste en soi de mépriser cet homme et de le punir, c'en est fait de la justice de l'infamie et de la gloire, de la justice de toute espèce de récompense et de punition. Je dis plus; si la peine n'a d'autre fondement que l'utilité, c'en est fait de son utilité même ; car, pour qu'une peine soit utile, il faut 1° que celui auquel on l'inflige, pourvu qu'il est du principe du mérite et du démérite, se trouve justement puni, et accepte sa punition avec une disposition convenable ; 2° que les spectateurs, pourvus également du principe du mérite et du démérite, trouvent le coupable justement puni en tant que coupable, s'appliquent par anticipation la même justice, et soient rappelés à l'ordre par la vue de ces légitimes représailles. Otez à la peine le fondement de la justice, et vous détruisez son utilité ; vous substituez l'indignation et l'horreur à la leçon et au repentir dans le condamné et dans le public ; vous mettez le courage, la sympathie, tout ce qu'il y a de noble et de grand dans la nature humaine du côté de la victime ; vous soulevez toutes les âmes énergiques contre la société et ses lois artificielles. Ainsi l'utilité même de la peine repose sur sa justice. La peine est la sanction de la loi, non son fondement. L'idée du bien et du mal ne relève que d'elle-même et de la raison qui nous la découvre ; elle est la condition de l'idée du mérite et du démérite, laquelle est la condition de l'idée de la peine et de la récompense ; celle-ci est donc aux deux premières, surtout à l'idée du bien et du mal, dans le rapport de la conséquence au principe[1].

Ce rapport, qui contient l'ordre moral tout entier, subsiste inviolablement, lorsqu'on passe de la sphère de cette vie et de la société humaine à celle de la religion et d'un monde où Dieu règne sans partage, où le destin fait place à l'action pure de la Providence, où le fait et le droit ne sont qu'une seule et même chose. L'idée de mérite et de démérite, transportée en quel-

---

[1]. Sur le mérite et le démérite, et sur le fondement de toute pénalité, voyez DU VRAI, DU BEAU ET DU BIEN, leçons XII et XIV ; voyez aussi la *Traduction de Platon*, t. III, argument du *Gorgias*.

que sorte par delà ce monde, est encore le principe des peines et des récompenses de l'autre vie. Ce n'est pas sur le caprice d'un être supérieur à nous en puissance que réside la légitimité des peines et des récompenses futures. Otez la justice de Dieu ; sa puissance, quelque absolue qu'elle soit, n'autorise plus suffisamment les peines et les récompenses. Otez sa justice : que reste-t-il ? un ordre et non une loi ; et, au lieu de la réalisation sublime de l'idée du mérite et du démérite, la religion n'est plus que la menace d'une force tyrannique sur un être plus faible, condamné au rôle de patient et de victime[1]. Dans le ciel comme sur la terre, et dans le ciel bien mieux encore que sur la terre, la sanction de la loi n'en est pas le fondement ; la peine et la récompense dérivent du bien et du mal, elles ne le constituent pas.

Appliquons à tout ceci les distinctions que nous avons précédemment établies. Nous avons distingué l'ordre logique des idées de leur ordre d'acquisition. Dans le premier, une idée est la condition logique d'une autre idée lorsqu'elle l'explique ; dans le second, une idée est la condition chronologique d'une autre idée lorsqu'elle naît dans l'esprit humain avant elle. Or dans la question qui nous occupe, l'idée de la justice, l'idée de la loi morale, violée ou accomplie, est : 1° la condition logique de l'idée du mérite et du démérite, qui sans elle est incompréhensible et inadmissible ; 2° l'antécédent, la condition chronologique de l'acquisition de l'idée du mérite ou du démérite, qui certes jamais

---

1. Du Vrai, du Beau et du Bien, lec. XIII.

ne naîtrait dans l'esprit, si préalablement n'était donnée l'idée du juste et de l'injuste. Locke, après avoir confondu souvent, comme nous l'avons vu, la condition logique d'une idée avec sa condition chronologique, confond ici à la fois la condition logique et chronologique d'une idée, avec cette même idée, et même avec une conséquence de cette idée; car l'idée de peine et de récompense n'est qu'une conséquence de l'idée du mérite et du démérite, qui, à son tour, n'est qu'une conséquence de l'idée du bien et du mal, du juste et de l'injuste, qui est le principe suprême au delà duquel il est impossible de remonter. Locke bouleverse cet ordre: au lieu de poser d'abord l'idée du bien et du mal, puis celle du mérite et du démérite, puis celle de la peine et de la récompense, c'est la récompense ou la punition, c'est-à-dire le plaisir ou la douleur qui en résulte, qui, suivant Locke, est le fondement du bien et du mal, de la rectitude morale des actions.

Livre II, chap. XXVIII, § 5. *Ce que c'est que bien et mal moral.* — « Le bien et le mal n'est que le plaisir ou la douleur, ou bien ce qui est l'occasion ou la cause du plaisir ou de la douleur que nous sentons. Par conséquent, le bien et le mal, considéré moralement, n'est autre chose que la conformité ou l'opposition qui se trouve entre nos actions volontaires et une certaine loi; conformité et opposition qui nous attirent du bien ou du mal par la volonté et la puissance du législateur; et ce bien et ce mal, qui n'est autre chose que le plaisir ou la douleur, qui, par la détermination du législateur, accompagnent l'observation ou la violation de la loi, c'est ce que nous appelons récompense et punition. »

De là Locke distingue trois lois ou règles, savoir : la loi divine, la loi civile, la loi d'opinion ou de réputation.

Ibid. § 7. « Lorsque les hommes rapportent leurs actions à la première de ces lois, ils jugent par là si ce sont des péchés ou des devoirs. Lorsqu'ils les rapportent à la seconde, ils jugent si elles sont criminelles ou innocentes ; et à la troisième, ils jugent si ce sont des vertus ou des vices. »

Ibid., § 8. « *Première loi, loi divine : règle ce qui est péché ou devoir.* — « Premièrement, par la loi divine, j'entends cette loi que Dieu a prescrite aux hommes pour être la règle de leurs actions, soit qu'elle leur ait été notifiée par la lumière de la nature ou par voie de révélation. Je ne pense pas qu'il y ait d'homme assez grossier pour nier que Dieu ait donné une telle règle, par laquelle les hommes devraient se conduire. Il a droit de le faire, puisque nous sommes ses créatures. D'ailleurs, sa bonté et sa sagesse le portent à diriger nos actions vers ce qu'il y a de meilleur, et il a le pouvoir de nous y obliger par des récompenses et des punitions d'un poids et d'une durée infinie dans une autre vie ; car personne ne peut nous enlever de ses mains. C'est la seule pierre de touche par où l'on peut juger de la rectitude morale ; et c'est en comparant leurs actions à cette loi que les hommes jugent du plus grand bien ou du plus grand mal moral qu'elles renferment, c'est-à-dire si, en qualité de devoirs ou de péchés, elles peuvent leur procurer du bonheur ou du malheur de la part du Tout-Puissant. »

Voilà donc les peines et les récompenses de l'autre vie déclarées la seule pierre de touche, la seule mesure de la rectitude de nos actions. Mais supposez que la loi que Dieu nous a donnée ne fût pas juste en elle-même, indépendamment des peines ou des récompenses qui y sont attachées, l'acte qui l'accomplit ou qui l'enfreint ne serait bon ni mauvais en soi ; et alors la volonté divine aurait beau avoir attaché à cette loi, indifférente en elle-même, à son accomplissement et à sa violation, les peines et les récompenses les plus séduisantes ou les plus terribles, ces promesses et ces menaces, ne s'adressant qu'à la sensibilité et non à la raison, exciteraient en nous la crainte ou l'espérance, non le respect et le sentiment du devoir. Et il ne faut pas dire, comme Locke, que Dieu a le droit de le faire, c'est-à-dire d'établir cette loi, indifférente en elle-même, puisque nous sommes ses créatures ; car cela ne veut pas dire autre chose, sinon qu'il est le plus fort et que nous sommes les plus faibles : ce n'est invoquer que le droit de la force. En général, cette théorie tend à faire de Dieu un roi arbitraire[1], à substituer en Dieu la volonté et la puissance à la raison et à la sagesse. C'est une théodicée des sens, non de la raison, faite pour des esclaves et des bêtes, non pour des êtres intelligents et libres.

§ 9. *La loi civile est la règle du crime et de l'innocence.* — « En second lieu, la loi civile qui est éta-

---

1. *Traduction de Platon*, t. I*er*, argument de l'*Euthyphron*.

blie par la société pour diriger les actions de ceux qui en font partie, est une autre règle à laquelle les hommes rapportent leurs actions, pour juger si elles sont criminelles ou non. Personne ne méprise cette loi ; car les peines et les récompenses qui lui donnent du poids sont toujours prêtes, et proportionnées à la puissance d'où cette loi émane, c'est-à-dire à la force même de la société, qui est engagée à défendre la vie, la liberté et les biens de ceux qui vivent conformément à la loi, et qui a le pouvoir d'ôter, à ceux qui la violent, la vie, la liberté ou les biens ; ce qui est le châtiment des offenses commises contre cette loi. »

Assurément la société a ce droit ; ce droit est même un devoir pour elle ; mais à cette condition que les lois qu'elle fera soient justes : car supposez que la loi qu'établit la société soit injuste, la violation de cette loi cesse de l'être, et alors la punition d'un acte non injuste est elle-même une injustice. Otez, je le répète, la légitimité et la justice de la loi, vous détruisez la justice et la légitimité de la peine. La peine perd tout caractère de moralité et ne garde plus que celui d'une force purement physique, qui ne saurait être, comme l'a très-bien vu Hobbes[1], trop grande, trop absolue, puisqu'elle ne subsiste que par la crainte qu'elle inspire.

§ 10. *La loi philosophique est la mesure du vice et de la vertu.* — « Il y a, en troisième lieu, la loi d'opinion ou de réputation. On prétend et on suppose par tout le monde que les mots de vertu et de vice si-

---

1. PHILOSOPHIE SENSUALISTE, leç. VI, VII et VIII.

gnifient des actions bonnes et mauvaises de leur nature ; et, tant qu'ils sont réellement appliqués en ce sens, la vertu s'accorde parfaitement avec la loi divine dont je viens de parler ; et le vice est tout à fait la même chose que ce qui est contraire à cette loi. Mais, quelles que soient les prétentions des hommes sur cet article, il est visible que ces mots de vertu et de vice, considérés dans les applications particulières qu'on en fait parmi les diverses nations et les différentes sociétés d'hommes répandus sur la terre, sont constamment et uniquement attribués à telles ou telles actions qui, dans chaque pays et dans chaque société, sont réputées honorables et honteuses. Et il ne faut pas trouver étrange que les hommes en usent ainsi, je veux dire que par tout le monde ils donnent le nom de vertu aux actions qui, parmi eux, sont jugées dignes de louange, et qu'ils appellent vice tout ce qui leur paraît digne de blâme ; car autrement ils se condamneraient eux-mêmes s'ils jugeaient qu'une chose est bonne et juste, sans l'accompagner d'aucune marque d'estime, et qu'une autre est mauvaise, sans y attacher aucune idée de blâme. Ainsi la mesure de ce qu'on appelle vertu et vice, et qui passe pour tel dans tout le monde, c'est cette approbation ou ce mépris, cette estime ou ce blâme, qui s'établit par un secret et tacite consentement en différentes sociétés et assemblées d'hommes, par où différentes actions sont estimées ou méprisées parmi eux, selon le jugement, les maximes et les coutumes de chaque lieu ; car quoique les hommes réunis en sociétés politiques aient résigné entre les mains du public la disposition de toutes leurs forces, de sorte qu'ils ne peuvent pas les employer contre aucun de leurs concitoyens au delà de ce qui est permis par la loi du pays, ils retiennent toujours la puissance de penser bien ou mal, d'approuver ou de désapprouver les actions de ceux avec qui ils vivent et entretiennent quelque liaison ; et c'est par cette approbation et cette désapprobation qu'ils établissent parmi eux ce à quoi ils donneront les noms de vertu et de vice. »

§ 11. « Que ce soit là la mesure ordinaire de ce qu'on nomme vertu et vice, c'est ce qui paraîtra à quiconque considérera que, quoique ce qui passe pour vice dans un pays soit regardé dans un autre comme une vertu, ou du moins comme une action indifférente, cependant la vertu et la louange, le vice et le blâme vont partout de compagnie. »

Sur quoi Locke cite toute l'antiquité païenne, qui excita toujours à la vertu par l'appât de la gloire. Il cite même un passage de saint Paul, qu'il force et détourne de son sens naturel pour arriver à cette conclusion, qu'il n'y a d'autre mesure de la vertu que la bonne ou la mauvaise renommée. Lisez aussi le § 12 : *Ce qui donne de la force à cette loi, c'est la louange et le blâme.*

Mais vous concevez qu'il en est de l'opinion, de la loi prétendue philosophique, comme il en est des châtiments publics ou de la loi civile, comme il en est des châtiments de l'autre vie ou de la loi divine. Supposez que la vertu ne soit pas vertu par elle-même, et que ce soit la louange et l'approbation qui la fassent telle, il est clair qu'il n'y a plus de morale, il n'y a plus de loi, il n'y a plus que des coutumes arbitraires, locales, passagères, il n'y a plus que la mode et l'opinion. Or, ou l'opinion n'est qu'un bruit mensonger, ou elle est le retentissement de la conscience publique, et dans ce cas, elle est un effet et non une cause ; sa légitimité et sa force résident dans l'énergie du sentiment du bien et du mal. Mais élever l'effet au rang de la cause, asseoir le bien et le mal sur l'opinion seule [1], c'est détruire le bien et le mal, dénaturer et corrompre la vertu, en lui donnant pour ressort la crainte ; c'est faire des courtisans, non des hommes vertueux. La popularité est la chose la plus douce qu'il y ait au monde, mais quand elle est l'écho de notre propre conscience et non la rançon de la complaisance ; quand elle est acquise par une suite d'actes vraiment vertueux, par la constance à son caractère, la fidélité à ses principes et à ses amis, dans le service commun de la patrie. La gloire est la couronne, non le fondement de la vertu. Le devoir ne se mesure pas à la récompense. Sans doute il est plus facile à accomplir, sur un théâtre, aux applaudissements de la foule ; mais il ne décroît pas dans l'ombre, il ne périt pas même dans l'ignominie : là, comme ailleurs, il reste identique à lui-même, inviolable et obligatoire.

Ma conclusion, que je ramène sans cesse, est qu'ici Locke prend évidemment la conséquence pour le principe, l'effet pour la cause. Et remarquez que cette confusion est une nécessité du système de Locke. Ce

---

1. C'est là l'erreur fondamentale de la *Théorie des sentiments moraux* de Smith, PHILOSOPHIE ÉCOSSAISE, leç. IV.

système n'admet aucune idée qui ne vienne de la réflexion ou de la sensation. La réflexion n'étant pas ici de mise, c'est à la sensation que Locke s'adresse ; et la sensation ne pouvant expliquer l'idée que les hommes ont du bien et du mal, il s'agissait de trouver une idée plus ou moins semblable à celle-là, qui pût entrer dans l'entendement humain par la sensation, et tenir la place de la première. Cette idée, c'est celle de la peine et de la récompense, qui se résout dans celle de la crainte et de l'espérance, du plaisir et de la douleur, du bonheur et du malheur, et en général de l'utile. Encore une fois, cette confusion était nécessaire au système de Locke, et elle le sauve, mais, cette confusion dissipée et les faits rétablis dans leur valeur réelle et leur ordre véritable, c'en est fait du système de Locke.

Voilà donc où nous en sommes. Locke a éprouvé son système sur un certain nombre d'idées particulières, l'idée de l'espace, l'idée de l'infini, l'idée du temps, l'idée de l'identité personnelle, l'idée de la substance, l'idée de la cause, l'idée du bien et du mal, s'imposant la loi d'expliquer toutes ces idées par la sensation et par la réflexion. Nous avons suivi Locke sur tous ces points qu'il a lui-même choisis ; et, sur tous ces points, un examen attentif nous a démontré qu'on ne peut expliquer aucune de ces idées par la sensation ni par la réflexion, si ce n'est à la condition de méconnaître entièrement les caractères réels dont ces idées sont aujourd'hui marquées dans l'entendement de tous les hommes, et de confondre, à l'aide de cette altération, ces idées avec d'autres idées qui leur sont plus ou moins intimement unies, mais qui ne sont point elles, avec des idées qui les précèdent, mais ne les constituent pas, ou qui les suivent et ne les constituent pas davantage, telles que les idées de corps, de succession, de nombre, des phénomènes de la conscience et de la mémoire, de collection et de totalité, de la récompense et de la peine, de la douleur et du plaisir. Sans doute, la sensation et la réflexion expliquent ces dernières idées ; mais ces idées ne sont point celles qu'il s'agissait d'expliquer, et le système de Locke est par là convaincu de ne pouvoir rendre compte de toutes les idées qui sont dans l'entendement humain.

Les théories que nous avons exposées et discutées remplissent les trois quarts du second livre de l'*Essai sur l'Entendement humain*. Locke n'a plus que des généralisations à tirer ; il n'a plus qu'à faire voir comment les idées que nous avons examinées, et toutes les idées analogues à celles-là, étant fournies par la sensation ou par la réflexion, on peut sur ces bases élever l'édifice entier de la connaissance humaine. De notre côté, la plus importante partie de notre tâche est accomplie. L'exposition des principes du système de Locke devait être accompagnée d'une discussion approfondie. Aujourd'hui que ces principes sont renversés, nous pouvons aller plus vite ; il suffira de parcourir rapidement la dernière partie de ce second livre, et de vous en retracer les propositions principales, en les éclairant de quelques réflexions.

Locke appelle en général idées simples toutes les idées qui dérivent immédiatement de la sensation et de la réflexion. Les idées simples sont les éléments avec lesquels nous formons toutes les autres idées. Locke appelle idées composées, idées complexes, celles que nous formons de la combinaison des idées simples et primitives ; de telle sorte que tout le développement et le jeu de l'entendement humain se réduit à acquérir immédiatement, par les sens ou la réflexion, un certain nombre d'idées simples que Locke croit avoir déterminées ; puis à former de ces matériaux, par voie de composition et d'association, des idées complexes ; puis à former encore de ces idées complexes des idées plus complexes que les premières, et toujours ainsi, jusqu'à ce qu'on épuise toutes les idées qui sont dans l'entendement humain, liv. II, chap. ii et chap. xii.

Je dois relever ici une erreur d'idée ou de mot, comme il vous plaira.

Il n'est pas vrai que nous commencions par les idées simples, et qu'ensuite nous allions aux idées complexes : au contraire, nous commençons par les idées complexes, puis des idées complexes nous allons aux idées simples ; et le procédé de l'esprit humain dans l'acquisition des idées est précisément inverse de celui que Locke lui assigne. Toutes nos premières idées sont des idées complexes, par une raison évidente : c'est que toutes nos facultés, ou du moins un grand nombre de nos facultés, entrent à la fois en exercice : leur action simultanée nous donne en même temps un certain nombre d'idées liées entre elles, et qui forment un tout. Par exemple, l'idée du monde extérieur, qui nous est donnée si vite, est une idée très-complexe qui renferme une multitude d'idées. Il y a l'idée des qualités secondes des objets extérieurs ; il y a l'idée de leurs qualités premières ; il y a l'idée de la réalité permanente de quelque chose à quoi vous rapportez ces qualités, à savoir les corps, la matière ; il y a l'idée de l'espace qui renferme les corps ; il y a l'idée du temps dans lequel s'accomplissent leurs mouvements, etc. Et croyez-vous que vous ayez d'abord isolément l'idée des qualités premières et des qualités secondes, puis l'idée du sujet de ces qualités, puis l'idée du temps, puis l'idée de l'espace ? Point du tout ; c'est simultanément que vous acquérez toutes ces idées. De plus, vous ne les avez pas sans savoir que vous les avez. Or, la conscience implique un certain degré d'attention, c'est-à-dire de volonté ; elle implique aussi la croyance à votre existence propre, au moi réel et substantiel que vous êtes. En un mot, vous avez d'abord une foule d'idées qui vous sont données l'une dans l'autre, et toutes vos idées primitives sont des idées complexes. Elles sont complexes encore par une autre raison : c'est qu'elles sont particulières et concrètes, comme je l'ai fait voir dans la dernière leçon. Vient ensuite l'abstraction, qui, s'ajoutant à ces données primitives, complexes, concrètes et particulières, sépare ce que la nature vous avait donné réuni et simultané, et considère isolément chacune des parties du tout. Cette partie isolée du tout auquel elle appartient, cette idée détachée de l'ensemble des idées primitives, devient une idée abstraite et simple, jusqu'à ce qu'une abstraction plus savante décompose cette prétendue idée simple et en fasse sortir plusieurs autres idées qu'elle considère encore abstractivement les unes des autres; jusqu'à ce qu'enfin, de décomposition en décomposition, l'abstraction et l'analyse arrivent à des idées tellement simples qu'elles soient ou paraissent indécomposables. Plus une idée a de simplicité, plus elle a de généralité ; plus une idée est abstraite, plus elle a d'étendue. Nous débutons par le concret, et nous allons à l'abstrait ; nous débutons par le déterminé et le particulier, pour aller au simple et au général. La marche de l'entendement est donc, comme je vous l'ai dit, tout à fait inverse de celle que Locke lui impute. Je dois rendre cette justice à l'école de Locke, qu'elle n'a pas laissé subsister dans l'analyse de l'entendement une erreur aussi grave, et que déjà Condillac avait restitué le véritable procédé de l'esprit humain.

Il n'en a pas été ainsi d'une autre opinion de Locke mêlée à celle-là, que l'esprit est passif dans l'acquisition des idées simples, et actif dans celle des idées complexes, liv. II, chap. ɪ, § 25 ; chap. xɪɪ, § 2. Sans doute l'esprit est plus actif, ou du moins son activité est plus facile à saisir, dans l'abstraction et la formation des idées générales (c'est là ce qu'il faut entendre par les idées complexes de Locke); mais il est actif aussi dans l'acquisition des idées particulières (idées simples de Locke), car là encore il y a l'exercice de beaucoup de nos facultés, il y a la conscience de l'action de ces facultés, et la conscience par elle-même est déjà de l'activité. L'esprit est actif toutes les fois qu'il pense : il ne pense pas toujours, comme

Locke l'a très-bien vu, liv. II, chap. ɪ, § 18, 19; mais toutes les fois qu'il pense, et il pense assurément dans l'acquisition des idées particulières, il est actif. Locke avait trop diminué l'intervention de l'activité de l'âme; loin de l'étendre, nous verrons que l'école de Locke l'a encore bien diminuée.

Toutes les idées sont obtenues, ou supposées obtenues : leur mécanisme a été décrit; il ne reste plus qu'à les classer. Locke les divise en idées claires et distinctes, et en idées obscures et confuses, liv. II, chap. xxix, en idées réelles et chimériques, *ibid.*, chap. xx, en idées complètes et incomplètes, *ibid.*, chap. xxxi, en idées vraies et fausses, *ibid.*, chap. xxxii. C'est dans ce dernier chapitre que se trouve cette remarque, depuis tant répétée, qu'à la rigueur toutes nos idées sont vraies, et que l'erreur ne tombe pas sur l'idée considérée en elle-même : car, quand même vous avez l'idée d'une chose qui n'existe pas, l'idée d'un centaure, d'une chimère, il est certain que vous avez l'idée que vous avez; seulement cette idée que vous avez très-réellement n'a pas un objet réellement existant dans la nature; mais l'idée en elle-même n'est pas moins vraie. L'erreur tombe donc, non sur l'idée, mais sur cette affirmation qui y est quelquefois ajoutée, que cette idée a un objet réellement existant dans la nature. Vous n'êtes pas dans l'erreur parce que vous avez l'idée d'un centaure, mais vous êtes dans l'erreur lorsqu'à cette idée de centaure vous joignez cette affirmation, que l'objet d'une telle idée existe. Ce n'est pas l'idée prise en elle-même, c'est le jugement qui y est joint, qui contient l'erreur. L'école de Locke a développé et mis en lumière cette judicieuse observation.

Le second livre est terminé par un excellent chapitre sur l'association des idées, liv. II, chap. XXXIII. Non-seulement les idées sont claires ou obscures, distinctes ou confuses, réelles ou chimériques, complètes ou incomplètes, vraies ou fausses; elles ont encore cette propriété incontestable qu'elles se rappellent et s'attirent les unes les autres. Il y a des associations d'idées naturelles, nécessaires et raisonnables; il y en a de fausses, d'arbitraires et de vicieuses. Locke a très-bien vu et vivement signalé le danger des dernières; il a montré par une multitude d'exemples comment très-souvent, par cela seul que nous avons vu deux choses par hasard réunies, cette association purement accidentelle subsiste dans l'imagination et subjugue l'entendement. De là la source d'une foule d'erreurs, et non-seulement d'idées fausses, mais de sentiments faux, d'antipathies ou de sympathies arbitraires, d'aberrations qui souvent dégénèrent en folie. On trouve ici dans Locke les conseils les plus sages pour l'éducation de l'âme et pour celle de l'esprit, sur l'art de rompre de bonne heure les fausses liaisons d'idées, et de restituer à leur place les liaisons raisonnables, qui sortent de la nature même des idées et de celle de l'esprit humain. Je ne regrette qu'une chose, c'est que Locke n'ait pas poussé plus loin l'analyse, et qu'il ait encore laissé tant de vague et d'indécision sur cette importante matière. Il ne devait pas lui suffire de constater qu'il y a des liaisons vraies, naturelles et raisonnables, et des liaisons fausses, accidentelles et déraisonnables ; il fallait exposer en quoi consistent les liaisons vraies ; il fallait déterminer quelles sont les plus considérables, les plus habituelles de ces liaisons légitimes, et essayer de remonter jusqu'aux lois qui les gouvernent. Une théorie précise de ces lois eût été un immense service rendu à la philosophie, car les lois de l'association des idées reposent sur les lois mêmes de l'entendement. Enfin, quand Locke passe aux associations vicieuses, il aurait dû montrer quelle est la racine de ces associations, et quel est le rapport des fausses liaisons aux vraies. On n'a vu que le côté extravagant de l'entendement humain, tant qu'on ne s'est pas élevé à la source et en quelque sorte à la raison de l'extravagance. Ainsi, Locke recommande sans cesse, et bien justement, de rompre dans l'esprit des enfants la liaison habituelle des fantômes et de l'obscurité. Une analyse plus savante aurait recherché sur quoi repose cette association d'idées entre des êtres mystérieux, et la nuit, les ténèbres, l'obscurité. On n'a jamais uni dans l'esprit ou dans l'imagination l'idée de fantômes ou de spectres à l'idée du soleil et de la lumière éclatante. Il y a donc là une extravagance assurément, mais une extravagance qui a sa raison, qu'il eût été curieux et utile de rechercher ; il y a là une liaison vicieuse que l'analyse ne peut expliquer complétement qu'en la rapportant à une autre liaison d'idées, naturelle et légitime, pervertie dans le cas particulier. D'ailleurs, je le répète, tout ce chapitre est d'un observateur ingénieux, d'un véritable philosophe ; et nous verrons plus tard que l'association des idées est devenue entre les mains de l'école de Locke un riche sujet d'expériences et de sages leçons, un champ fécond qu'elle a particulièrement affectionné et cultivé.

Telle est l'analyse exacte et fidèle de ce second livre. Locke a fait sortir de la sensation ou de la réflexion toutes les idées, il a fait voir les différents caractères généraux sous lesquels on peut les classer, et leur propriété la plus remarquable, la plus utile ou la plus dangereuse : l'idéologie, la psychologie, au moins celle de Locke, est achevée. Il s'agit de passer aux applications de l'idéologie, à la connaissance des objets et des êtres à l'aide des idées : tel sera le sujet du quatrième livre. Mais Locke ayant très-bien vu quel est le rapport des mots aux idées, et combien les mots sont une cause féconde d'erreurs pour l'entendement humain, il consacre un troisième livre tout entier à l'examen de la grande question des signes et du langage.

Vous savez que c'est encore là un des sujets favoris de l'école de Locke; et je m'empresse de reconnaître que c'est la question, avec celle de l'association des idées, sur laquelle elle a le mieux mérité de la philosophie. Je rends hommage à une foule d'idées saines, ingénieuses, et même originales, qui sont semées dans ce troisième livre. Locke a vu à merveille quelle est l'intervention nécessaire des signes, des mots, dans la formation des idées abstraites et générales ; quelle est l'influence des signes et des mots dans les définitions, et par conséquent dans une partie considérable de la logique : il a vu et signalé les avantages d'un bon système de signes, l'utilité d'une langue bien faite, les disputes de mots auxquelles une langue défectueuse réduit trop souvent la philosophie, et sur tous ces points il a ouvert la route où son école est entrée. S'il n'y a pas été bien loin, c'est lui qui l'a frayée ; s'il a laissé échapper bien des observations profondes qui ont été la conquête de ses successeurs, en revanche il a évité bien des erreurs systématiques où ils sont tombés. Fidèle à sa méthode, de rechercher beaucoup plus encore l'origine des choses que leurs caractères actuels, Locke n'a pas manqué de rechercher, quoique très-brièvement, quelle est l'origine des mots, des signes, du langage. Il a reconnu que les matériaux du langage préexistent dans la nature, dans les sons, dans celui de nos organes qui est propre à en former ; mais il a parfaitement compris que, s'il n'y avait pas autre chose que des sons, même des sons articulés, il y aurait les matériaux des signes, il n'y aurait point de signes encore. Il faut que l'entendement attache un sens, un sens quelconque à un son, pour que ce son devienne signe, signe d'une conception intérieure de l'entendement. « On peut, dit Locke, liv. III, chap. i, § 1 et § 2, dresser les perroquets et plusieurs autres oiseaux à former des sons articulés et assez distincts ; cependant ces animaux ne sont nullement capables de langage. Il était donc nécessaire qu'outre les sons articulés, l'homme fût capable de *se servir de ces sons comme signes de ses conceptions intérieures*, et de les établir comme autant de marques des idées que nous avons dans l'esprit.

Il suit de là : 1° que l'intelligence n'est pas fille des langues, mais qu'au contraire ce sont les langues qui sont filles de l'intelligence ; 2° que la plupart des mots ayant, ainsi que l'a très-bien remarqué Locke, une signification arbitraire, non-seulement les langues sont filles de l'intelligence, mais qu'elles sont même en grande partie filles de la volonté ; tandis que, dans l'école de Locke et dans une école tout opposée, on fait venir l'intelligence du langage, et le langage de la sensation et du son, sans se douter qu'il y a un abîme entre le son comme son et le son comme signe, et que ce qui fait le signe c'est le pouvoir de le comprendre, c'est-à-dire l'esprit, l'intelligence. Les sons, et les organes qui les perçoivent et les produisent, sont des conditions du langage ; son principe est l'intelligence. Ici, du moins, on peut féliciter Locke de n'avoir pas confondu la condition d'un principe avec ce principe lui-même : nous verrons que ses successeurs n'ont pas été aussi sages[1].

Je vais maintenant tirer de l'ensemble de ce troisième livre, et des théories qu'il renferme, un certain nombre de points importants qui me paraissent suspects, ou douteux, ou faux : vous en jugerez.

1. Locke affirme, liv. III, chap. I, § 5, que « les mots tirent leur première origine d'autres mots qui signifient des idées sensibles ; » c'est-à-dire qu'en dernière analyse tous les mots ont pour racines des mots élémentaires, signes d'idées sensibles.

D'abord, on peut nier la vérité absolue de cette proposition. Je vais vous donner deux mots, et je vous demanderai de les réduire à des mots primitifs qui

---

[1]. Voyez PREMIERS ESSAIS, p. 258, et PHILOSOPHIE SENSUALISTE, leç. II, sur Condillac, p. 59-63, et leç. III, p. 106, etc.

expriment des idées sensibles. Prenez le mot *je* ou *moi*. Ce mot, au moins dans toutes les langues qui me sont connues, est irréductible, indécomposable, primitif ; et il n'exprime aucune idée sensible, il ne représente rien que le sens que l'intelligence y attache; c'est un pur signe, sans nul rapport à aucune idée sensible. Le mot *être* est exactement dans le même cas ; il est primitif et tout intellectuel. Je ne sache aucune langue où le mot français *être* soit exprimé par un mot correspondant qui représente une idée sensible ; donc il n'est point vrai que toutes les racines du langage soient, en dernière analyse, des signes d'idées sensibles.

De plus, quand cela serait vrai, même absolument, ce qui n'est pas, voici seulement ce qu'il faudrait en conclure. L'homme est porté d'abord par l'action de toutes ses facultés hors de lui-même et vers le monde extérieur ; ce sont les phénomènes du monde extérieur qui le frappent les premiers ; ce sont donc ces phénomènes qui reçoivent les premiers noms ; ces noms sont naturellement empruntés à leurs objets ; ils sont teints en quelque sorte de leurs couleurs. Lorsque ensuite l'homme, se repliant sur lui-même, aperçoit distinctement les phénomènes intellectuels qu'il n'avait fait qu'entrevoir confusément, et lorsqu'il veut exprimer ces nouveaux phénomènes de l'âme et de la pensée, l'analogie le porte à rattacher les signes qu'il cherche aux signes qu'il possède déjà, car l'analogie est la loi de toute langue naissante ou développée : de là les métaphores dans lesquelles l'analyse résout la plupart des signes des idées morales les plus abstraites. Mais il ne s'ensuit pas du tout que l'homme ait voulu marquer par là la génération de ses idées : et de ce que les signes de certaines idées sont analogues aux signes de certaines autres, il faut conclure que les uns ont été faits après les autres et sur les autres, et non pas que les idées de tous ces signes soient en elles-mêmes identiques ou analogues. C'est pourtant d'après ces analogies purement verbales, et qui, je le répète, ne rendent pas compte de tous les phénomènes du langage, que l'école de Locke, se prévalant des rapports des mots entre eux et du caractère sensible de la plupart des racines, a prétendu que, tous les signes dérivant en dernière analyse de signes sensibles, toutes les idées dérivent également d'idées sensibles. C'est là le fond du grand ouvrage de Horne Tooke[1], qui, pour la grammaire, a développé avec une fidélité hardie le système déjà clairement indiqué dans le § 5 du chapitre 1ᵉʳ du IIIᵉ livre de l'*Essai sur l'entendement humain*, système plus ou moins d'accord avec l'intervention nécessaire de l'intelligence dans la formation du langage que Locke avait lui-même signalée, et avec la puissance de la réflexion distincte de la sensation dans l'acquisition de nos connaissances. « Une autre chose, dit Locke, qui nous peut rapprocher un peu plus de l'origine de toutes nos notions et connaissances, c'est d'observer combien les mots dont nous nous servons dépendent des idées sensibles, et comment ceux qu'on emploie pour signifier des actions et des notions tout à fait

---

1. Voyez plus haut, leç. II, p. 32.

éloignées des sens tirent leur origine de ces mêmes idées sensibles, d'où ils sont transférés à des significations plus abstruses, pour exprimer des idées qui ne tombent point sous les sens. Ainsi les mots suivants : *Imaginer, comprendre, adhérer, concevoir, insinuer, dégoûter, trouble, tranquillité,* etc., sont tous empruntés des opérations sensibles, et appliqués à de certains modes de penser. Le mot *esprit,* dans sa première signification, c'est le *souffle;* et celui d'*ange* signifie *messager.* Et je ne doute pas que si nous pouvions conduire tous les mots jusqu'à leur source, nous ne trouvassions que, dans toutes les langues, les mots qu'on emploie pour signifier des choses qui ne tombent pas sous les sens ont tiré leur première origine d'idées sensibles, d'où nous pouvons conjecturer quelle sorte de notions avaient ceux qui, les premiers, parlèrent ces langues-là, d'où elles leur venaient dans l'esprit, et comment la nature suggéra inopinément aux hommes l'origine et le principe de toutes leurs connaissances... »

II. Autre proposition de Locke : « La signification des mots est parfaitement arbitraire, liv. III, chap. II, § 8. » Nous-même nous venons de reconnaître que la plupart des impositions de mots sont arbitraires, et viennent non-seulement de l'intelligence, mais de la volonté. Nous croyons fermement que la plupart des mots sont conventionnels; mais la question est de savoir si tous les mots le sont ; il s'agit de savoir s'il n'y a absolument pas une seule racine dans le langage qui emporte avec soi sa signification, qui ait un sens naturel, et soit le fondement des conventions au lieu de venir de ces conventions. C'est une grande question que Locke a tranchée d'un seul mot, et que toute son école a regardée comme définitivement résolue ; elle ne l'a pas même agitée. En tous cas, lors même que nous accorderions (ce que nous ne pouvons faire d'une manière absolue) que tous les mots sont arbitraires, nous réserverions les lois du rapport des mots entre eux. Une langue en effet n'est pas une simple collection de mots ; c'est un système de rapports très-divers qui se ramènent à des rapports invariables, lesquels constituent la partie commune des langues, c'est-à-dire la grammaire générale, qui a ses lois, ses lois nécessaires, dérivant de la nature même de l'esprit humain. Or, chose remarquable, dans tout ce troisième livre, Locke traite sans cesse des mots, jamais de leurs rapports, jamais de la syntaxe, où réside l'essence des langues ; il y a une foule de réflexions particulières ingénieuses ; pas de théorie, pas de véritable grammaire. C'est l'école de Locke qui a converti les remarques isolées du maître en un système grammatical vrai ou faux, que nous rencontrerons un jour.

III. Mais voici une proposition tout autrement importante. Locke déclare expressément que ce qu'on appelle général et universel est un ouvrage de l'entendement, et que l'essence réelle n'est pas autre chose que l'essence nominale. Liv. III, chap. III, § 2 : « Ce qu'on appelle général et universel n'appartient pas à l'existence réelle des choses ; mais c'est un ouvrage de l'entendement qu'il fait pour son propre usage, et qui se rapporte uniquement aux signes. » Vous le voyez, c'est le fond même du nominalisme. Il importe donc d'examiner, quoique succinctement, cette proposition, qui est devenue dans l'école de Locke un principe incontesté, un préjugé placé au-dessus de la discussion.

J'aperçois un livre, puis un autre livre, puis un autre livre encore ; je néglige par l'abstraction leurs différences de position, de grandeur, de forme, de couleur ; je m'attache à leurs rapports de ressemblance qu'il est inutile d'énumérer, et j'arrive par les procédés connus à l'idée générale de livre ; et cette idée générale est exprimée pour moi par le mot livre. Qu'y a-t-il à lire sous ce mot ? Ceci ni plus ni moins : 1° la supposition qu'entre les différents livres placés sous mes yeux il y a, outre les différences qui les séparent, des ressemblances, des qualités communes, sans quoi aucune généralisation ne serait possible ; 2° la supposition qu'il s'est trouvé un esprit capable de reconnaître ces qualités communes ; 3° enfin, la supposition qu'il y a des objets réellement existants, des livres réels, sujets de ces qualités communes. Le mot livre représente tout cela : différents livres existant dans la nature, des qualités communes entre ces différents livres, et un esprit capable de concevoir ces qualités communes et de les élever à leur idée générale. Mais indépendamment de ces livres divers et réels, de leurs qualités communes et de l'esprit qui les conçoit, le mot livre exprime-t-il quelque chose d'existant qui ne soit pas tel livre, mais le livre en soi ? Non, certes. Donc le mot livre n'est qu'un mot, un pur mot, qui n'a point de type spécial, d'objet réel existant dans la nature : il est donc certain que l'essence générale du livre se confond avec son essence nominale ; et ici je suis tout à fait de l'avis de Locke et du nominalisme.

Mais n'y a-t-il pas d'autres idées générales ? Examinons : j'aperçois un corps, et à l'instant même mon esprit ne peut pas ne pas supposer qu'il est dans un certain espace particulier, qui est le lieu de ce corps particulier. J'aperçois un autre corps, et mon esprit ne peut pas ne pas croire que cet autre corps particulier est aussi dans un espace particulier ; et ainsi, vous l'avez vu[1], j'arrive, sans avoir besoin de passer par une longue suite d'expériences, à l'idée générale de l'espace. Reste à savoir si cette idée générale d'espace est exactement la même que l'idée générale de livre, et si le mot espace ne signifie rien de plus que le mot livre. Consultons l'esprit humain. C'est un fait que, lorsque vous parlez du livre en général, nul de vous n'ajoute à l'idée de livre celle d'une existence réelle. Au contraire, je demande si, lorsque vous parlez de l'espace en général, vous ajoutez ou n'ajoutez pas à cette idée la croyance à la réalité de l'espace. Je vous demande s'il en est de l'espace comme du livre ; si vous croyez, par exemple, qu'il n'y a hors de vous que des espaces particuliers, qu'il n'y a pas un espace universel capable d'embrasser tous les corps possibles, un espace un et continu, dont les différents espaces particuliers ne sont que des portions et des mesures arbitraires. Il est certain que quand vous parlez de l'espace vous avez la conviction qu'il y a hors de vous quelque chose qui est l'espace, comme, lorsque vous parlez du temps, vous avez la conviction

1. Plus haut, leç. v.

qu'il y a hors de vous quelque chose qui est le temps, lors même que vous ne connaissez ni la nature du temps ni celle de l'espace. Les différents temps, les différents espaces ne sont pas les éléments constitutifs de l'espace et du temps ; le temps et l'espace ne sont pas seulement pour vous la collection de ces différents temps et de ces différents espaces ; mais vous croyez que l'espace et le temps sont par eux-mêmes, et que ce ne sont pas deux ou trois espaces, deux ou trois siècles qui constituent l'espace et le temps ; car tout ce qui est emprunté à l'expérience, soit en matière d'espace, soit en matière de temps, est fini, et le caractère de l'espace et du temps est pour vous d'être infini, d'être sans commencement et sans fin : le temps se résout dans l'éternité, comme l'espace dans l'immensité. En un mot, une croyance invincible de la réalité du temps et de l'espace est attachée pour vous à l'idée générale de temps et d'espace. Voilà ce que croit l'esprit humain ; voilà ce qui est attesté par la conscience. Ici le fait est précisément inverse de celui que je vous signalais tout à l'heure ; et tandis que l'idée générale de livre ne suppose dans la pensée aucune conviction de l'existence de quelque chose qui soit le livre, ici, au contraire, à l'idée générale de temps et d'espace est attachée la conviction invincible de la réalité de quelque chose qui est l'espace et le temps. Sans aucun doute, le mot espace est un pur mot comme celui de livre ; mais ce mot emporte avec lui la supposition de quelque chose de réel en soi : là est la racine et la raison du réalisme.

Le nominalisme pense que les idées générales ne

sont que des mots ; le réalisme pense que les idées générales supposent quelque chose de réel : des deux côtés égale vérité, égale erreur. Oui, sans doute, il y a un très-grand nombre d'idées générales qui sont purement collectives, et qui n'expriment rien autre chose que les qualités communes des objets, sans impliquer aucune existence ; et en ce sens le nominalisme a raison. Mais il est certain aussi qu'il y a des idées générales qui impliquent l'existence réelle de leur objet : le réalisme s'appuie sur cette base, qui est incontestable. Voici maintenant le tort du nominalisme et du réalisme. La force du réalisme réside dans les idées générales qui impliquent invinciblement l'existence extérieure de leurs objets ; ce sont, vous le savez, les idées générales, universelles et nécessaires ; il part de là ; mais dans le cercle de ces idées supérieures, il attire les idées purement collectives et relatives, nées de l'abstraction et du langage. Ce qu'il avait le droit d'affirmer des unes, il l'affirme aussi des autres. Il avait raison sur un point ; il veut avoir raison d'une manière absolue : là est son tort. De son côté, le nominalisme, parce qu'il démontre avec évidence qu'il y a beaucoup d'idées générales qui ne sont que des idées collectives, relatives, de purs mots, en conclut que toutes les idées générales ne sont que des idées générales collectives et relatives, de purs signes. L'un convertit les choses en mots, l'autre convertit les mots en choses. Tous deux ont raison au point de départ ; tous deux s'égarent dans la conclusion par leurs prétentions excessives et absolues. En général, l'école sensualiste est nominaliste, et l'école idéaliste est réaliste. Encore une fois, des deux côtés toujours de l'incomplet et de l'exclusif; moitié vérité et moitié erreur [1].

IV. Je termine par vous signaler une autre proposition, ou plutôt une autre prétention de Locke, qu'il importe de resserrer dans de justes limites. Partout Locke attribue aux mots, liv. III, chap. II, § 4, et liv. IV, *passim*, la plus grande partie de nos erreurs; et si vous commentez le maître par les élèves, vous trouverez dans tous les écrivains de l'école de Locke que toutes les disputes sont des disputes de mots; qu'une science n'est qu'une langue, et par conséquent qu'une langue bien faite est une science bien faite. Je m'inscris en faux contre ce qu'il y a d'exagéré dans ces assertions [2]. Nul doute que les mots n'aient une grande influence; nul doute qu'ils ne soient pour beaucoup dans nos erreurs, et qu'il ne faille s'appliquer à se faire la meilleure langue possible. Qui le conteste? Mais la question est de savoir si toute erreur dérive du langage, et si une science n'est qu'une langue bien faite. Non; les causes de nos erreurs sont et plus étendues et plus profondes. La légèreté, la présomption, la paresse, la précipitation, l'orgueil, mille et mille causes morales influent sur nos jugements. Les vices du langage peuvent s'ajouter à ces causes naturelles et les aggraver, mais ils ne les constituent pas. Si vous y regardez de près, vous ver-

---

1. Sur le réalisme, le nominalisme et le conceptualisme, voyez PHILOSOPHIE ÉCOSSAISE, leç. VIII, p. 357-363, HISTOIRE GÉNÉRALE DE LA PHILOSOPHIE, leç. VII et IX, et les FRAGMENTS DE PHILOSOPHIE SCOLASTIQUE, *passim*.
2. Voyez PHILOSOPHIE SENSUALISTE, leç. III, p. 106.

rez que la plupart des disputes, qui semblent d'abord des disputes de mots, sont au fond des disputes de choses. L'humanité est trop sérieuse pour s'émouvoir, et verser souvent le plus pur de son sang, pour des mots. Les guerres ne roulent pas sur des disputes de mots : j'en dis autant des autres querelles, des querelles théologiques et des querelles scientifiques, dont on méconnaît la profondeur et l'importance quand on les résout en de pures logomachies. Assurément toute science doit tâcher de se faire une bonne langue; mais c'est prendre l'effet pour la cause, que de supposer qu'il y a des sciences bien faites parce qu'il y a des langues bien faites. Le contraire est vrai : les sciences ont des langues bien faites quand elles sont elles-mêmes bien faites. Les mathématiques ont une langue bien faite. Pourquoi? Parce que dans les mathématiques les idées sont parfaitement déterminées ; la simplicité, la rigueur, la précision des idées ont produit la rigueur, la précision et la simplicité des signes. Il répugne que des idées précises s'expriment dans un langage confus ; ou si dans l'enfance d'une langue il en était ainsi quelque temps, bientôt la précision, la rigueur et la fixité des idées dissiperaient le vague et l'obscurité du langage. L'excellence des sciences physique et chimique vient évidemment d'expériences bien faites. Les faits ayant été observés et décrits avec fidélité, le raisonnement a pu s'appuyer sur ces faits avec certitude, et en tirer des conséquences et des applications légitimes. De là est sorti et devait sortir un bon système de signes. Faites la supposition contraire; supposez des expériences mal faites : plus le raisonnement qui s'appuiera sur ces fausses données sera sévère, plus il en tirera d'erreurs, plus il communiquera à l'erreur de portée et d'étendue. Supposez que les théories qui résultent de ces expériences imparfaites et vicieuses soient représentées par les signes les plus simples, les plus analogues, les mieux déterminés; qu'importera la bonté des signes, si ce qui est caché sous ce langage excellent est une chimère ou une erreur? Prenez la médecine. On se plaint qu'elle soit si peu avancée. Que croyez-vous qu'il faille faire pour la tirer des régions de l'hypothèse, et l'élever enfin au rang d'une science? Croyez-vous que ce soit d'abord par une langue bien faite que vous réformerez la physiologie et la médecine? ou ne pensez-vous pas que le vrai remède est l'expérience, et avec l'expérience l'emploi sévère du raisonnement? Un bon système de signes viendra de lui-même ensuite; il ne pourrait venir auparavant, ou il viendrait inutilement. Il en est de même de la philosophie. On a répété sans cesse que l'artifice de l'esprit humain est tout entier dans celui du langage, et que la philosophie serait finie le jour où le langage philosophique serait achevé; et on est parti de là pour arranger une certaine langue philosophique plus ou moins claire, facile, élégante, et on a cru que la philosophie était achevée. Elle ne l'était pas ; elle était loin de l'être. Ce préjugé l'a retardée même, en éloignant l'expérience. La science philosophique, comme toute science d'observation et de raisonnement, vit d'observations bien faites et de raisonnements rigoureux. C'est là, et non pas ailleurs, qu'est tout l'avenir de la philosophie.

NEUVIÈME LEÇON

ESSAI LIVRE IV, THÉORIE DES IDÉES REPRÉSENTATIVES [1]

Examen du quatrième livre de l'*Essai* sur la connaissance. Que la connaissance, selon Locke, roule, 1° sur des idées, 2° sur des idées conformes à leurs objets. — Que la conformité ou la non-conformité des idées avec leurs objets, comme fondement du vrai ou du faux dans la connaissance, n'est pas une simple métaphore dans Locke, mais une véritable théorie. — Examen de la théorie des idées représentatives, 1° par rapport au monde extérieur, aux qualités secondes, aux qualités premières, au sujet de ces qualités, à l'espace, au temps, etc.; 2° par rapport au monde spirituel. — Appel à la révélation, paralogismes de Locke.

Étant données toutes les idées qui sont dans l'entendement humain, avec leur origine, leur génération, leur développement, leur classification ; étant donnés les signes par lesquels on les exprime et on les répand, il s'agit de rechercher ce que l'homme fait de ces idées, quelles connaissances il en tire, quelle est la portée de ces connaissances, et quelles sont leurs limites. Tel est le sujet du quatrième livre de l'*Essai sur l'Entendement humain :* il traite de la connais-

---

[1]. Sur la théorie des idées représentatives, voyez partout dans nos écrits, surtout PHILOSOPHIE ÉCOSSAISE, leç. VII.

sance, c'est-à-dire non plus seulement des idées prises en elles-mêmes, mais par rapport à leurs objets, par rapport aux êtres ; car la connaissance va jusque-là ; elle atteint Dieu, les corps et nous. Or, ici se présente, dès l'entrée, une question préjudicielle. La connaissance va jusqu'aux êtres, le fait est certain ; mais comment ce fait a-t-il lieu ? Comment, parti des idées qui sont en lui, l'entendement atteint-il les êtres qui sont hors de lui ? Quel pont y a-t-il entre la faculté de connaître, qui est en nous, et les objets de la connaissance, qui sont hors de nous ? Lorsque nous serons arrivés sur l'autre rive, nous verrons quelle route nous devons prendre et jusqu'où nous pouvons aller ; mais d'abord il faut savoir comment se fait le passage. Avant d'entrer dans l'ontologie, il faut savoir comment on va de la psychologie à l'ontologie, quel est le fondement, et le fondement légitime, de la connaissance. C'est cette question préliminaire que nous adresserons d'abord à Locke.

Le quatrième livre de l'*Essai sur l'Entendement humain* commence par établir que toute connaissance roule sur des idées.

Liv. IV. *De la Connaissance.* Chap. 1er. *De la Connaissance en général*, § 1er. « Puisque l'esprit n'a d'autre objet de ses pensées et de ses raisonnements que ses propres idées, qui sont la seule chose qu'il contemple et qu'il puisse contempler, il est évident que ce n'est que sur nos idées que roule toute notre connaissance. »

Mais, vous le savez, Locke reconnaît, et avec raison, que les idées en elles-mêmes sont toujours vraies. Il est toujours vrai que nous avons l'idée que nous avons, qui est actuellement sous l'œil de la conscience : que cette idée soit une chimère, un centaure, toujours est-il que nous l'avons, et, sous ce rapport, l'idée ne peut pas être fausse, elle ne peut pas ne pas être vraie, ou plutôt, à la rigueur, elle n'est ni fausse ni vraie. Où peut donc commencer l'erreur, et en quoi réside la vérité ? L'une et l'autre évidemment ne réside et ne peut résider que dans cette supposition de l'esprit, que cette idée se rapporte ou ne se rapporte pas à un objet, à tel ou tel objet réellement existant dans la nature. C'est en ce rapport que gît la vérité ou l'erreur dans la connaissance humaine. Si ce rapport peut être saisi, la connaissance humaine est possible ; si ce rapport ne peut pas être saisi, la connaissance humaine est impossible. Maintenant, en supposant que ce rapport soit possible, quel est-il, et en quoi consiste-t-il ? C'est sur ce point qu'il s'agit d'interroger Locke avec précision et sévérité, car c'est là que doit être le fond de la théorie du vrai et du faux dans la connaissance, c'est-à-dire le fond même du quatrième livre que nous avons à examiner.

Dans toute l'étendue de ce quatrième livre, comme à la fin du second, Locke déclare expressément que le vrai ou le faux dans les idées, sur lesquelles roule toute connaissance, consiste dans la supposition d'un rapport entre ces idées et leur objet ; et partout encore il déclare expressément que ce rapport est et ne peut être qu'un rapport de conformité ou de non-conformité. L'idée, sur laquelle ne tombe, à proprement parler, ni l'erreur ni la vérité, est conforme à son objet ou elle n'y est pas conforme ; si elle y est conforme, non-seulement la connaissance est possible, mais elle est vraie, car elle porte sur une idée vraie, sur une idée conforme à son objet ; ou l'idée n'est pas conforme à son objet, et alors l'idée est fausse, et la connaissance qui en dérive l'est également. C'est ce que l'on trouve d'un bout à l'autre du quatrième livre de l'*Essai* sur la connaissance ; c'est ce qu'on trouve à chaque pas dans les six derniers chapitres du second livre, où Locke traite des vraies et des fausses idées.

Livre II, chap. II, § 4 : « Toutes les fois que l'esprit rapporte quelqu'une de ces idées à un objet qui lui est extérieur, elles peuvent être nommées vraies ou fausses, parce que, dans ce rapport, l'esprit fait une supposition tacite de leur conformité avec cet objet. »

Liv. IV, chap. IV, § 3 : « Il est évident que l'esprit ne connaît pas les choses immédiatement, mais seulement par l'intervention des idées qu'il en a ; et, par conséquent, notre connaissance n'est vraie qu'autant qu'il y a de la conformité entre nos idées et leurs objets. »

Ces deux passages sont positifs ; ils réduisent nettement la question du vrai et du faux dans la connaissance à la question de la conformité ou de la non-conformité des idées avec leurs objets.

Mais cette nécessité de la conformité d'une idée avec son objet pour être vraie, est-elle dans Locke une véritable théorie philosophique, ou n'est-ce qu'une simple manière de parler, une métaphore plus ou moins heureuse ? Si c'est une métaphore, je demande qu'on me dise quelle est la théorie cachée sous cette métaphore, et dans quel endroit de Locke se trouve exprimée une seule fois cette théorie. Si, dans l'absence complète de toute autre théorie, les deux passages que je viens de citer ne suffisaient pas pour établir que la nécessité de la conformité de l'idée à son objet, pour constituer la vérité, n'est pas une métaphore, mais une théorie sérieuse, je pourrais apporter ici une multitude d'autres passages qui ne laissent aucun doute à cet égard. Ainsi, lorsqu'à la fin du second livre, Locke traite des idées comme réelles ou chimériques, comme complètes ou incomplètes, il se fonde sur sa théorie de la conformité ou de la non-conformité des idées avec leurs objets.

Liv. II, chap. xxx, § 1er. *Les idées réelles sont conformes à leurs archétypes.* « Premièrement, par idées réelles, j'entends celles qui ont un fondement dans la nature, qui sont conformes à des êtres réels, à l'existence des choses, ou à leurs archétypes; et j'appelle idées fantastiques ou chimériques, celles qui n'ont point de fondement dans la nature, ni aucune conformité avec la réalité des choses auxquelles elles se rapportent tacitement comme à leurs archétypes. »

Et qu'est-ce qu'une idée complète ou incomplète? Une idée complète sera celle qui sera complétement conforme à son archétype; une idée incomplète, celle qui n'y sera conforme qu'en partie.

Liv. II, chap. xxxi, § 1er : « J'appelle idées complètes celles qui représentent parfaitement les originaux d'où l'esprit suppose qu'elles sont tirées. »

La théorie des idées complètes ou incomplètes repose sur la théorie des idées réelles et chimériques, laquelle repose sur la théorie des idées vraies ou fausses, laquelle est tout entière dans la théorie de la conformité de l'idée à l'objet. Ce point est d'une telle importance, que, pour ôter toute incertitude, je veux encore vous lire un passage où Locke se pose à lui-même le problème ; et la manière précise dont il le pose exclut toute ambiguïté dans la solution qu'il en donne.

Liv. IV, chap. iv, § 3 : « Quel sera notre criterium, et comment l'esprit, qui n'aperçoit rien que ses propres idées, connaîtra-t-il qu'elles conviennent avec les choses elles-mêmes ? Quoique cela ne soit pas exempt de difficulté, je crois pourtant qu'il y a deux sortes d'idées dont nous pouvons être assurés qu'elles sont conformes aux choses... » § 4 : « Les idées simples ont toute la conformité à quoi elles sont destinées, ou que notre état exige ; car elles nous représentent les choses sous les apparences qu'elles sont propres à produire en nous. » Et plus bas : « Cette conformité suffit pour nous donner une connaissance réelle. »

Il est impossible de s'expliquer plus catégoriquement. Ce n'est donc pas une manière de parler, une métaphore jetée en passant ; c'est toute une théorie, tout un système : examinons-le sérieusement.

Voilà la vérité et l'erreur, la réalité et la chimère résolues dans la représentation ou la non-représentation de l'objet par l'idée, dans la conformité ou la non-conformité de l'idée à l'objet. Il y a connaissance, à cette condition, et à cette condition seule, que l'idée représente son objet, lui soit conforme. Mais à quelle condition une idée représente-t-elle son objet, lui est-elle conforme? A cette condition que cette idée lui ressemble, que cette idée soit avec son objet dans le rapport d'une copie à l'original. Pesez la valeur des mots : la conformité d'une idée à son objet ne peut signifier autre chose, sinon la ressemblance de cette idée prise comme copie, avec l'objet pris comme original. C'est bien ce qu'exprime Locke par le mot d'archétypes, dont il se sert pour désigner les objets des idées. Or, si la conformité de l'idée à l'objet n'est que la ressemblance de la copie avec l'original, avec son archétype, je dis que, dans ce cas, l'idée est prise uniquement comme une image. Il faut évidemment que l'idée soit une image, pour ressembler à quelque chose, pour représenter quelque chose. Voilà donc l'idée représentative réduite à une image. Mais regardez-y de près, et vous verrez que toute image implique quelque chose de matériel. Conçoit-on ce que c'est qu'une image de quelque chose d'immatériel? Toute image est nécessairement sensible et matérielle, ou ce n'est qu'une métaphore, supposition que nous avons écartée. Ainsi, en dernière analyse, dire qu'il y a connaissance si l'idée est conforme à son objet, et qu'aucune connaissance n'est possible qu'à cette condition, c'est prétendre qu'il n'y a connaissance qu'à cette condition que l'idée d'une chose soit l'image de cette chose, c'est-à-dire son image matérielle. Toute la connaissance est donc engagée dans la question suivante : Avons-nous des êtres des idées qui nous les représentent, qui leur ressemblent, qui en soient les images, qui en soient les images matérielles? ou n'avons-nous pas de pareilles images? Si oui, la connaissance est possible ; si non, elle est impossible. Mais, en fait, la connaissance humaine embrasse le monde extérieur, l'âme et Dieu. Si donc la connaissance de ces objets est possible et réelle, elle ne l'est qu'à la condition précitée, à savoir, que nous avons de ces êtres des idées qui leur sont conformes, des idées qui les représentent, qui leur ressemblent, qui en sont des images, et, encore une fois, des images matérielles. Avons-nous ou n'avons-nous pas de Dieu, de l'âme, du monde extérieur des idées-images, des images matérielles ? telle est la question. Appliquons-la d'abord au monde extérieur ; c'est là surtout que la théorie de Locke paraît admissible ; voyons quelle est sur ce terrain même sa solidité et sa valeur.

L'idée du monde extérieur, c'est l'idée des corps. Les corps ne nous sont connus que par leurs qualités. Ces qualités sont premières ou secondes. On entend par les qualités secondes des corps, celles qui pourraient n'être pas, sans que le corps cessât d'être ; par exemple, les qualités dont nous acquérons l'idée par le sens de l'odorat, par le sens de l'ouïe, par le sens du goût, par tous les sens, excepté celui du toucher, et peut-être aussi celui de la vue. Les qualités premières des corps sont celles qui nous sont données comme les attributs fondamentaux des corps, sans lesquels les corps n'existeraient pas pour nous. La qualité première par excellence est la solidité, qui implique l'étendue, laquelle implique la forme, etc. [1]. Nous avons la conviction que tout corps est solide,

---

1. Premiers Essais, *Analyse de la connaissance sensible.*

étendu, qu'il a des formes. Nous sommes convaincus encore que les corps ont la propriété de causer en nous ces modifications particulières qu'on appelle la saveur, le son, l'odeur, peut-être même cette modification qu'on appelle la couleur Locke tombe d'accord de tout cela, et c'est lui qui a beaucoup contribué à répandre la distinction des qualités premières et des qualités secondes des corps, qu'il ne s'agit pas ici d'approfondir. Voici comment il rend compte de l'acquisition des idées des qualités premières et des qualités secondes.

Livre II, chap. VIII, § 11. *Comment les premières qualités produisent des idées en nous :* « Ce que l'on doit considérer après cela, c'est la manière dont les corps produisent des idées en nous. Il est visible, du moins autant que nous pouvons le concevoir, que c'est uniquement par impulsion. »

§ 12 : « Si les objets extérieurs ne s'unissent pas immédiatement à l'âme lorsqu'ils y excitent des idées, et que cependant nous apercevions ces qualités originales dans ceux de ces objets qui viennent à tomber sous nos sens, il est visible qu'il doit y avoir, dans les objets extérieurs, un certain mouvement qui, agissant sur certaines parties de notre corps, soit continué par le moyen des nerfs ou des esprits animaux, jusqu'au cerveau ou au siége de nos sensations, pour exciter là, dans notre esprit, les idées particulières que nous avons de ces premières qualités. Ainsi, puisque l'étendue, la figure, le nombre et le mouvement des corps qui sont d'une grosseur propre à frapper nos yeux, peuvent être aperçus par la vue à une certaine distance, il est évident que certains petits corps imperceptibles doivent venir de l'objet que nous regardons jusqu'aux yeux, et par là communiquer au cerveau certains mouvements qui produisent en nous les idées que nous avons de ces différentes qualités. »

§ 13. *Comment les secondes qualités excitent en nous des idées.* « Nous pouvons concevoir par le même moyen comment les idées des secondes qualités sont produites en nous, je veux dire par l'action de quelques particules insensibles sur les organes de nos sens. Car il est évident qu'il y a un grand amas de corps dont chacun est si petit que nous ne pouvons en découvrir, par aucun de nos sens, la grosseur, la figure et le mouvement, comme il paraît par les particules de l'air et de l'eau, et par d'autres beaucoup plus déliées que celles de l'air et de l'eau, et qui peut-être le sont beaucoup plus que les particules de l'air ou de l'eau ne le sont en comparaison du poids, et de quelque autre grain encore plus gros. Cela étant, nous sommes en droit de supposer que ces sortes de particules, différentes en mouvement, en figure, en grosseur et en nombre, venant à frapper les différents organes de nos sens, produisent en nous ces différentes sensations que nous causent les couleurs et les odeurs des corps; qu'une violette, par exemple, produit en nous les idées de la couleur bleuâtre et de la douce odeur de cette fleur par l'impulsion de ces sortes de particules insensibles, d'une figure et d'une grosseur particulière, qui, diversement agitées, viennent à frapper les organes de la vue et de l'odorat. Car il n'est pas plus difficile de concevoir que Dieu peut attacher de telles idées à des mouvements avec lesquels elles n'ont aucune ressemblance, qu'il est difficile de concevoir qu'il a attaché l'idée de la douleur au mouvement d'un morceau de fer qui divise notre chair, auquel mouvement la douleur ne ressemble en aucune manière. »

§ 14. « Ce que je viens de dire des couleurs et des odeurs peut s'appliquer aussi aux sons, aux saveurs, et à toutes les autres qualités sensibles... »

Si vous remontez au principe, mal démêlé et mal exposé dans Locke, de toute cette théorie, vous trouverez qu'elle est fondée en dernière analyse sur cette supposition que, comme les corps n'agissent l'un sur l'autre que par le contact, et par conséquent par impulsion, de même l'esprit ne peut être en rapport avec les choses corporelles qu'à cette condition qu'il y ait contact entre l'esprit et le corps, et par conséquent qu'autant qu'il y aura impulsion de l'un sur l'autre. Or, dans les idées sensibles, qui sont involontaires, et où, selon Locke, l'esprit est passif, l'impulsion doit venir des corps sur l'esprit et non de l'esprit sur les corps, et le contact ne peut avoir lieu directement, mais indirectement, par le moyen des particules. Ainsi la nécessité du contact entraîne celle des particules, qui, émises par les corps, s'introduisent par les organes dans le cerveau, et de là introduisent dans l'âme ce qu'on appelle des idées sensibles. Toute la théorie part de la nécessité d'un contact, et vient aboutir à des particules intermédiaires et à leur action. Ces particules sont, en d'autres termes, les espèces sensibles de la scolastique péripatéticienne, dont la physique moderne a fait justice. Il n'est plus question aujourd'hui des espèces sonores, visibles, tangibles, etc.; il ne peut donc plus être question de leur émission, ni par conséquent encore du principe qui les avait engendrées, à savoir, la nécessité du contact et de l'impulsion, comme condition de l'acquisition des idées sensibles. Tout ceci n'est plus aujourd'hui qu'une hypothèse abandonnée, sur laquelle il serait superflu de s'arrêter. Les idées sensibles ainsi formées, une fois obtenues à cette condition, qui est une chimère, voici en quoi ces idées diffèrent les unes des autres.

Selon Locke, les idées que nous avons des qualités premières de la matière ont cela de propre qu'elles ressemblent à leur objet; tandis que les idées que nous avons des qualités secondes de la matière ont cela de propre qu'elles ne ressemblent pas à leurs objets.

Liv. II, chap. viii, § 15. « Les idées des premières qualités ressemblent à ces qualités, et celles des secondes ne leur ressemblent en aucune manière. »

Les idées des qualités secondes ne ressemblent point à ces qualités ; fort bien : j'en conclus tout de suite, selon la théorie de Locke, que les idées des qualités secondes sont de pures chimères, et que nous n'avons de ces qualités aucune connaissance. Rappelez-vous que toute connaissance, selon Locke, repose sur les idées, et qu'il n'y a connaissance qu'autant que l'idée ressemble à son objet ; or, de l'aveu même de Locke, les idées des qualités secondes ne ressemblent point à ces qualités ; donc ces idées ne renferment aucune connaissance. Qu'on ne dise pas qu'en effet nous n'avons des qualités secondes des corps qu'une connaissance incomplète. Si Locke n'eût voulu dire que cela, il aurait dû dire, selon sa théorie générale, que les idées des qualités secondes ne représentent qu'incomplètement leurs objets; mais il dit qu'elles ne les représentent d'aucune façon. Donc elles ne renferment pas même la connaissance la plus imparfaite, elles ne renferment aucune connaissance; ce sont de pures chimères, comme les idées de centaure, etc. La conséquence est forcée dans la théorie de Locke. Mais cette conséquence est-elle d'accord avec les faits qu'il s'agit d'expliquer et non de détruire? En fait, est-il vrai que nous n'ayons aucune connaissance des qualités secondes des corps? Loin de là, nous croyons qu'il y a dans les corps des propriétés très-réelles, auxquelles nous attribuons la puissance d'exciter en nous certaines modifications ou sensations. Nous n'avons pas seulement la conscience de ces sensations, mais nous croyons qu'elles ont des causes, et que ces causes sont dans les corps. Comme nous pourrions concevoir les corps indépendamment de ces causes ou puissances, ou propriétés, ou qualités, nous appelons ces qualités des qualités secondaires; nous ne les connaissons qu'en tant que causes de nos sensations, j'en conviens : mais enfin nous les connaissons à ce titre, et c'est encore là une connaissance réelle qui se trouve incontestablement dans tous les hommes. Mais, selon Locke, la connaissance est toujours à cette condition, que l'idée sur laquelle roule la connaissance représentera son objet. Vous avez certainement l'idée des qualités secondaires des corps en tant que causes de plusieurs de vos sensations, l'odeur, la saveur, etc. Eh bien, cette idée que vous avez tous, et sur laquelle est fondée presque toute votre conduite et la vie humaine tout entière, elle n'est vraie, elle ne constitue une connaissance légitime qu'à la condition qu'elle sera conforme à son objet, aux causes de vos sensations, aux qualités secondaires des corps. Et quand je dis qu'elle leur sera conforme, songez que la condition de la conformité n'est pas moins que celle de la ressemblance, que la condition de la ressemblance n'est pas moins que la condition d'être une image, et que la condition de toute image n'est pas moins que la condition d'être une image sensible et matérielle ; car il n'y a pas d'image immatérielle. La question se réduit donc à savoir si vous avez ou non l'image matérielle des qualités secondaires des corps, c'est-à-dire de ces propriétés des corps qui causent en vous les sensations de la couleur, du son, de la saveur, de l'odeur. Voyez quelle peut être l'image matérielle d'une cause. Une cause, en tant que cause (et les propriétés ou qualités secondes des corps ne sont pas autre chose) n'a point de forme, n'a point de couleur ; par conséquent quelle image matérielle peut-on s'en faire ? Une cause, quelle quelle soit, que vous la placiez dans l'âme ou dans ce qu'on appelle la matière, est toujours une cause, n'est jamais qu'une cause ; et, en tant que cause, elle ne tombe sous la main ni sous l'œil, elle ne tombe sous aucun sens : c'est donc quelque chose dont vous ne pouvez pas avoir une idée sensible à la rigueur, une idée-image, une image matérielle. Donc, puisque vous n'avez pas et ne pouvez pas avoir l'image d'une cause, et que les qualités secondaires des corps ne vous sont données que comme des causes, il s'ensuit que vous ne devez avoir aucune idée vraie, aucune connaissance légitime des qualités secondes des corps; il s'ensuit même à la rigueur que ces qualités doivent être pour vous comme si elles n'étaient pas, puisque vous n'avez pu les atteindre que par les images plus ou moins fidèles que vous vous en faites, images qui vous manquent ici absolument. La négation des qualités secondes des corps, tel est donc le résultat inévitable de la théorie que toute idée doit représenter son objet pour être vraie. Ce résultat est inévitable; cependant l'expérience le dément, et en le démentant, elle en réfute le principe. Les idées des qualités secondes ne ressemblent en aucune façon à leurs objets, et pourtant elles contiennent une connaissance certaine : donc il n'est pas vrai que toute connaissance suppose la ressemblance de l'idée et de son objet.

La théorie de Locke échoue sur les qualités secondes des corps, voyons si elle sera plus heureuse sur les qualités premières.

La solidité est la qualité première par excellence. La solidité avec ses degrés et ses nuances, la dureté ou la mollesse, l'impénétrabilité ou la pénétrabilité, enveloppe l'étendue, laquelle renferme la grandeur et la forme : ce sont là à peu près les qualités premières des corps. Locke affirme que les idées des qualités primaires ressemblent à ces qualités; c'est là leur titre de légitimité à ses yeux. Cette théorie semble vraie sur un point, en ce qui regarde la forme. En effet, la forme des objets, qui tient à l'étendue, laquelle tient à la solidité, se peint sur la rétine. L'expérience l'atteste, et la conformité de ces images à leurs objets semble bien le fondement de la vérité des idées que nous nous faisons de la forme des objets ; mais ce n'est là qu'un faux semblant.

Si la ressemblance de l'image sur la rétine à la forme de l'objet extérieur est le fondement de la connaissance de la forme de cet objet, il s'ensuit que cette connaissance n'a jamais pu être acquise qu'aux conditions suivantes :

1° Que nous sachions qu'une image quelconque est sur la rétine ;

2° Que par quelque procédé, comparant l'image sur la rétine à l'objet extérieur, nous trouvions en effet l'image qui est sur la rétine semblable à l'objet, quant à la forme.

Ces deux conditions sont nécessaires ; mais, en réalité, s'accomplissent-elles dans le fait de la connaissance des formes des objets extérieurs ? Nullement. D'abord la connaissance de l'image sur la rétine est une acquisition tardive de l'expérience et de la physiologie. Les premiers hommes qui ont cru qu'il y avait devant eux des corps figurés ne savaient pas le moins du monde qu'il y avait des images sur leur rétine. Ils étaient bien plus loin encore de se douter que ces images, qu'ils ne connaissaient pas, ressemblassent aux formes des corps qu'ils connaissaient ; et par conséquent la condition qu'on impose à l'esprit humain d'avoir connu l'image sur la rétine, et vérifié la conformité de cette image avec son objet, n'est pas le procédé qu'abandonné à lui-même, et sans aucun système, l'esprit humain emploie naturellement pour connaître les formes des corps. Ensuite remarquez que, si la peinture fidèle de la forme de l'objet sur la rétine explique le secret de la perception de cette forme, il faut que cette peinture, que cette image aille de la rétine au nerf optique, du nerf optique au cerveau, qui, comme le dit Locke, est la chambre d'audience de l'âme, et que de cette chambre d'audience elle s'introduise dans l'âme elle-même : mais on peut l'arrêter à chaque pas. De la rétine il faut que l'image soit transmise au cerveau par le nerf optique. Or qui ne sait que le nerf optique est dans une région obscure, impénétrable à la lumière ? Le nerf optique est obscur ; nulle image ne peut donc s'y peindre : et voilà déjà l'image qui nous abandonne. De plus, le cerveau, cette chambre d'audience, est aussi dans une région obscure ; l'âme, qui, selon la théorie de Locke, a dû regarder sur la rétine pour y rencontrer une image de la forme du corps, et qui a dû y voir cette image, et la voir conforme à son original, ne peut faire cette remarque ni sur le nerf optique ni sur le cerveau.

Nous avons pour ainsi dire fermé à l'hypothèse de l'idée-image toutes les avenues de l'âme ; dans la perception de la forme des objets il n'y a pas trois choses, des objets figurés, une âme capable de percevoir la figure de ces objets, une image intermédiaire entre la forme réelle des objets et l'âme ; il n'y a que des objets figurés, et une âme douée de la faculté de les apercevoir avec leurs formes. L'existence de l'image de la figure des objets sur la rétine est un fait réel, qui est bien la condition préalable de la perception des apparences visibles, mais non le fondement de cette perception, qui la précède mais ne la constitue ni ne l'explique d'aucune manière. L'existence de l'image de la figure des objets sur la rétine, simple condition, et condition extérieure, du phénomène de la vision, transformée en une explication complète de ce phénomène, telle est la source de l'hypothèse de l'idée-image, quant à la perception des formes des objets. Elle en a une autre encore. Non-seulement l'âme est douée de la faculté d'apercevoir les formes des objets présents, certaines conditions organiques accomplies; mais encore, quand ces objets sont absents, elle est douée de la faculté de se les rappeler, non-seulement de savoir qu'ils furent, mais de se les représenter tels qu'ils furent, et avec les formes que nous avions aperçues en eux pendant leur présence. La mémoire a réellement cette force imaginative; on imagine les objets tout comme on les aperçoit, cela est incontestable. Mais dans l'imagination des formes des objets absents, comme dans la perception des formes des objets présents, il n'y a que deux termes, les objets absents, et l'âme qui peut se les représenter absents; ou plutôt dans ce cas il n'y a réellement que l'âme qui, dans l'absence des objets, se les rappelle avec leurs formes, comme s'ils étaient là devant elle. Or, dans l'âme qui se représente les objets passés, la poésie peut très-bien détacher la représentation même des objets, et la considérer à part de l'âme, comme un élément propre et subsistant par lui-même : c'est le droit de la poésie, mais non celui de l'analyse philosophique, qui ne peut légitimement convertir des abstractions en réalités. L'abstraction réalisée, telle est la seconde source de l'hypothèse de l'idée-image, pour ne pas rappeler l'analogie vicieuse de la condition suprême de la communication des corps par le contact imposé à l'intelligence [1].

Et encore il ne s'agit ici que du phénomène de la vision, de la forme des objets extérieurs : que serait-ce donc s'il s'agissait des autres qualités premières des corps, par exemple de la qualité première par excellence, la solidité ? Oseriez-vous ressusciter l'hypothèse scolastique de l'espèce tangible, pour faire le pendant de l'image visuelle sur la rétine ? Engageriez-vous cette espèce tangible dans les voies mystérieuses des nerfs et du cerveau, que n'a pu traverser l'image de la forme ? Soit : supposons cette espèce tangible, et cette idée-image de la solidité parvenue jusqu'à l'âme, et là voyons si elle satisfait à la condition fondamentale de la théorie de Locke, si elle est conforme ou non conforme à son modèle, à la solidité elle-même. Qu'est-ce que la solidité ? Nous l'avons vu, la solidité, c'est avant tout la résistance. Là où il n'y a pas de résistance, il n'y a pour nous que nous-mêmes. Où commence la résistance, là commence pour nous quelque chose autre que nous-mêmes, le dehors, l'extérieur, la nature, le monde. Si la solidité est quelque

---

1. Plus haut, p. 243, et plus bas, p. 271.

chose qui résiste, c'est une cause résistante ; et nous voilà encore ici, pour la qualité primaire des corps comme pour leurs qualités secondaires, ramenés à l'idée de cause ; là encore il faut, pour que nous ayons la connaissance légitime d'une cause résistante, il faut, dis-je, que nous en ayons une idée qui lui soit conforme, qui lui soit semblable, qui soit l'image de la cause résistante, et qui en soit une image matérielle. Telle est la condition systématique de la connaissance de la qualité première des corps. Mais nous avons montré qu'il ne peut y avoir une image matérielle d'aucune cause ; il ne peut donc pas y en avoir davantage d'aucune cause résistante, du solide, c'est-à-dire de la qualité fondamentale des corps. Il en est de même de l'étendue attachée au solide.

Ainsi, il n'y a pas plus d'idée légitime des qualités primaires des corps qu'il n'y en a de leurs qualités secondaires, si nous n'avons d'idée légitime qu'à la condition que cette idée sera une image matérielle de son objet. Mais nous ne sommes pas au bout ; nous ne sommes encore qu'à l'entrée du monde extérieur. Non-seulement le corps a des qualités secondaires et des qualités primaires que je viens d'énumérer, et que je viens de démontrer incompatibles avec la théorie de Locke ; mais encore nous croyons que, sous ces qualités secondaires et primaires, il y a quelque chose qui est le sujet de toutes ces qualités, quelque chose qui existe réellement d'une manière permanente, tandis que les qualités sont dans un mouvement et une altération perpétuelle ; nous croyons tous à l'existence d'un sujet, d'une substance de ces qualités. Or, selon la théorie, l'idée de cette substance n'est légitime qu'à la condition qu'elle soit conforme à son objet, à la substance même du corps ; et l'idée, pour être conforme à son objet, pour lui ressembler, doit être une image, et toute image doit être matérielle. Mais je vous demande s'il est possible d'avoir une image matérielle de la substance ? impossible, évidemment ; donc vous n'avez aucune idée de la substance et de la réalité des corps.

Non-seulement vous croyez à l'existence réelle et substantielle des corps, mais vous croyez que ces corps, dont l'attribut fondamental est la résistance, la solidité, l'étendue, sont quelque part, dans un lieu, dans un espace. Vous avez tous l'idée de l'espace. Mais vous ne pouvez l'avoir qu'à la condition que l'idée que vous en avez vous le représente, en soit une image matérielle ; et, nous l'avons vu, un des caractères de l'espace, c'est de ne pouvoir être confondu avec les corps qui le remplissent et le mesurent, mais ne le constituent pas. Donc il est impossible à plus forte raison que vous ayez une image matérielle de ce qui n'existe pas matériellement, quand vous n'en pouvez avoir une des corps et de leurs attributs fondamentaux ou accessoires.

Il en est de même du temps. Vous croyez que les mouvements des corps et la succession de leurs mouvements s'accomplissent dans le temps, et vous ne confondez pas la succession des mouvements des corps avec le temps, qu'elle mesure et ne constitue pas plus que la collection des corps ne constitue l'espace. Vous avez l'idée du temps comme distincte de toute succession : si vous l'avez, c'est encore, dans la théorie de Locke, à une condition, que vous en ayez une idée qui lui soit conforme, une idée-image. Mais vous ne pouvez avoir une idée-image du temps, puisque le temps est distinct des mouvements des corps et ne tombe sous aucun sens; donc vous ne pouvez en avoir une idée légitime.

Je pourrais poursuivre cette polémique bien plus loin ; mais je crois l'avoir conduite assez avant pour qu'il soit démontré que si, relativement au monde extérieur, nos idées n'étaient vraies qu'à la condition qu'elles fussent des idées représentatives, des idées conformes à leurs objets, des images et des images matérielles de leurs objets, nous n'aurions aucune idée légitime du monde extérieur, ni des qualités secondaires ni des qualités primaires, ni de leur sujet, ni de l'espace, ni du temps. Donc la théorie de l'image matérielle n'aboutit pas à moins qu'à cette conclusion, de détruire la connaissance légitime de la matière et du monde extérieur.

Les objections que je viens de vous présenter sont si naturelles et si simples, que Locke ne pouvait pas même poser le problème tel qu'il l'a posé, sans les soupçonner en partie ; et elles se sont assez présentées à lui pour ébranler sa conviction de l'existence du monde extérieur. Il ne met point cette existence en question, mais il convient qu'en se fondant sur l'idée représentative, la connaissance des corps n'a point une certitude parfaite; il pense toutefois qu'elle va au-delà de la simple probabilité. « Que si, après tout cela, dit Locke, il se trouve quelqu'un qui veuille mettre en question l'existence de toutes choses, il doit considérer que nous en avons une assurance telle, qu'elle suffit pour nous conduire dans la recherche du bien et dans la fuite du mal que les choses extérieures nous causent, à quoi se réduit tout l'intérêt que nous avons à les connaître. » C'est presque le langage du scepticisme.

Cependant Locke n'est pas sceptique sur l'existence des corps ; malgré sa théorie des idées, il s'en faut bien qu'il soit idéaliste. Loin de là, il se rattache à la grande famille péripatéticienne et sensualiste, dans laquelle la théorie des espèces, et des espèces sensibles, avait l'autorité d'un dogme, et la fonction de faire connaître et d'expliquer le monde extérieur. Des espèces sensibles, le dix-septième siècle en général et Locke en particulier ont fait les idées sensibles, pourvues de toutes les qualités des espèces, représentatives de leurs objets et en émanant. Locke est convaincu que ces idées, en tant que représentatives, sont le seul fondement solide que l'on puisse donner à la connaissance des objets extérieurs ; seulement il reconnaît à moitié que l'hypothèse péripatéticienne des espèces, transformée dans la théorie moderne des idées sensibles, tourne contre son but, et que, bien que cette hypothèse ait un caractère évidemment matérialiste, puisque les idées y sont nécessairement des images et des images matérielles, elle est dans l'impuissance de faire connaître légitimement la matière. Jugez ce qu'il en sera du monde spirituel, de l'âme et de Dieu : je serai court.

Rappelez-vous bien le principe général de Locke.

Nous n'avons de quoi que ce soit de connaissance légitime qu'à la condition que les idées que nous en avons soient conformes à leur objet. Or, tout le monde croit à l'existence de sa personne, c'est-à-dire à l'existence de quelque chose en nous qui sent, qui veut, qui pense. Ceux mêmes qui ne croient pas à l'existence spirituelle de ce sujet n'ont jamais mis en question l'existence de ses facultés, l'existence de la sensibilité, par exemple, celle de la volonté, celle de la pensée. Eh bien! songez-y, vous n'avez de connaissance légitime de la pensée, de la volonté, de la sensibilité, qu'à la condition que les idées que vous en ayez vous les représentent ; ces idées doivent être des images, et par conséquent des images matérielles. Jugez quel abîme d'absurdités est devant nous. Pour connaître la pensée et la volonté, qui sont immatérielles, il faut que nous en ayons une image matérielle qui leur ressemble. Mais qu'est-ce qu'une image matérielle de la pensée et de la volonté ? Même absurdité pour la sensibilité. Absurdité plus grande encore, s'il est possible, pour la substance de ces facultés, pour l'âme, puis pour l'unité et l'identité de cette âme.

Voilà donc le monde spirituel qui s'écroule comme le monde matériel. Par cela seul que nous n'avons d'idées légitimes de nos facultés et de leur sujet qu'à la condition que ces idées en soient des images matérielles, il est évident que nous n'avons aucune connaissance légitime de notre âme, de ses facultés, et de tout notre être intérieur, intellectuel et moral. Ici même la difficulté semble beaucoup plus grande encore que pour le monde matériel, ou du moins elle ébranle davantage le successeur de Bacon et de Hobbes. Quant au monde matériel, il avait reconnu que sa théorie des idées souffre bien quelques objections, mais ces objections ne lui semblaient pas insurmontables et il croyait qu'elles nous laissent une certaine connaissance du monde matériel suffisante à nos besoins ; par là il ne prétendait ouvrir la porte qu'à un demi-scepticisme. C'était sans doute une faiblesse ; car l'idée de Locke, image matérielle, ne représentant les corps d'aucune manière, ni complète ni incomplète, il ne fallait admettre, à ce compte, aucune idée des corps ; il fallait aller jusqu'au scepticisme absolu. Locke s'est arrêté devant le bon sens, et aussi devant l'évidence qui, dans son école, entoure les objets des sens et le monde physique. Mais lorsqu'il arrive au monde spirituel, auquel l'école sensualiste tient beaucoup moins, les arguments qui sortent naturellement de sa propre théorie le frappent plus vivement, et voici ce qu'il déclare, livre IV, chap. ii, § 12 : « A l'égard des esprits, nous ne pouvons pas plus connaître qu'il y a des esprits finis réellement existants, par les idées que nous en avons, que nous ne pouvons connaître qu'il y a des fées ou des centaures par les idées que nous nous en formons. » C'est bien là, ce me semble, le scepticisme absolu ; et vous pensez peut-être que la conclusion dernière de Locke sera qu'il n'y a aucune connaissance des esprits finis, par conséquent de notre âme, par conséquent encore d'aucune des facultés de notre âme ; car l'objection est aussi valable contre les phénomènes de l'âme que contre sa substance. C'est là sans doute qu'il aurait dû aboutir; mais il ne l'ose, parce qu'il n'y a pas un philosophe à la fois plus sage et plus inconsistant que Locke. Que fait-il donc ?

Dans le péril où le jette sa philosophie, il abandonne sa philosophie et toute philosophie, et il en appelle, comme Malebranche, au christianisme, à la révélation, à la foi, et il conclut ainsi : « Par conséquent, sur l'existence de l'esprit nous devons nous contenter de l'évidence de la foi. » Ainsi, Locke va lui-même au-devant des conséquences inévitables auxquelles je voulais le conduire. Parlant en philosophe et non en théologien, je disais que si nous n'avons pas d'autre raison de croire à l'existence de l'esprit que l'hypothèse de l'idée représentative, nous n'avons aucune bonne raison d'y croire. Locke l'accorde, le proclame lui-même, et il se rejette entre les bras de la foi. Je ne l'y laisserai point. Le monde de la foi lui est tout aussi interdit que le monde de l'esprit et celui de la matière; il n'y pourrait pénétrer que par le plus grossier paralogisme. Locke n'a pas plus le droit, je dis plus, il a encore moins le droit de croire à la foi, à la révélation, au christianisme, que de croire aux esprits finis que nous sommes et à la matière qui est devant nous.

La révélation suppose deux choses : 1° des dogmes émanés de Dieu ; 2° un livre où ces dogmes soient déposés et conservés. Ce livre, quoique son contenu soit divin et sacré, est lui-même matériel ; c'est un corps, et je renvoie ici Locke aux objections qui renversent la légitime connaissance des corps, si nous n'avons pas d'autre fondement pour y croire que l'idée-image qui nous les représente. Point donc de connaissance légitime du livre dans lequel seront contenus les dogmes sacrés révélés par Dieu. Mais le livre de moins, que deviennent les dogmes qu'il renferme? De plus, ces dogmes viennent de Dieu. Et qu'est-ce que Dieu? un esprit, et un esprit infini apparemment. Or, Locke n'avait pas pu tout à l'heure, d'après sa théorie, admettre l'existence légitime des esprits finis ; et, chose incroyable, pour me faire admettre l'existence d'esprits finis, il me propose de commencer par admettre l'existence d'un esprit infini ! Mais n'est-ce pas là expliquer *obscurum per obscurius ?* Voilà l'homme, condamné tout à l'heure à n'avoir aucune connaissance des esprits finis, parce qu'il ne peut avoir d'idées qui leur soient conformes, et qui doit maintenant, pour plus de facilité, en avoir de l'esprit infini, qui le représentent parfaitement ! Mais s'il ne peut se représenter un esprit fini, il pourra bien moins encore se représenter l'esprit infini ; il ne le peut évidemment pas, à la condition de Locke, c'est-à-dire à la condition de s'en faire une image, et encore une image matérielle ; donc pas d'esprit infini, pas de Dieu; donc pas de révélation possible. Partout, à chaque pas, dans la théorie de Locke, des abîmes de paralogisme.

S'il est vrai que nous n'ayons aucune connaissance légitime, aucune idée vraie qu'à la condition que cette idée nous représente son objet, qu'elle soit conforme à son objet, qu'elle soit une image et une image matérielle de cet objet, ce qui est bien démontré être la condition rigoureuse de l'hypothèse des idées, il s'ensuit que nous n'avons aucune idée légitime du monde extérieur, du monde des esprits, des âmes, de nous-mêmes, et encore moins de Dieu, auquel Locke en appelle. Par conséquent il s'ensuit, en dernière analyse, que nous n'avons aucune idée vraie des êtres, et que nous n'avons d'autre connaissance légitime que celle de nos idées, moins leurs objets, quels qu'ils soient, à commencer par notre être personnel lui-même. Une telle conséquence accable la théorie des idées, et cette conséquence sort invinciblement de cette théorie.

DIXIÈME LEÇON

ESSAI. LIVRE IV, ENCORE LES IDÉES REPRÉSENTATIVES.

Résumé et continuation de la leçon précédente. — De l'idée, non plus par rapport à l'objet qu'elle doit représenter, mais par rapport à l'esprit qui la perçoit et où elle se trouve.—L'idée-image, prise matériellement, implique un sujet matériel; d'où le matérialisme. — Prise spirituellement, elle ne peut donner ni les corps, ni l'esprit. — Que l'idée représentative, posée comme la seule donnée primitive de l'esprit, dans la recherche de la réalité, condamne à un paralogisme, toute idée représentative ne pouvant être jugée représenter bien ou mal qu'en la comparant avec son original, avec la réalité elle-même, à laquelle, dans l'hypothèse de l'idée représentative, on ne peut arriver que par l'idée. — Que la connaissance est directe et sans intermédiaire. — Des jugements, des propositions et des idées. — Retour sur la question des idées innées.

Je viens résumer et compléter la dernière leçon. Selon Locke, la connaissance est tout entière dans le rapport de l'idée à son objet; et cette connaissance est vraie ou fausse, selon que le rapport de l'idée à l'objet est un rapport de conformité ou de non-conformité : l'idée, pour être vraie, pour être le fondement d'une connaissance légitime, doit être semblable à son objet, le représenter, en être l'image. Or, quelle est la condition d'une idée-image? Il n'y a image que là où il y a figure, où il y a quelque chose d'étendu, où il y a quelque chose de sensible et de matériel. L'idée-image implique donc quelque chose de matériel ; et si la vérité de la connaissance se résout dans la conformité de l'idée à son objet, elle se résout dans la conformité d'une image, prise matériellement, à son objet, quel qu'il soit.

Remarquez que la théorie de l'idée représentative, comme base de la connaissance, est dans Locke une théorie universelle, sans limite, sans exception : elle doit donc rendre compte de toute connaissance ; elle doit aller aussi loin que peut aller la connaissance humaine ; elle embrasse Dieu, les esprits, les corps ; car tout cela tombe plus ou moins sous la connaissance. Si donc nous ne pouvons rien connaître, ni Dieu, ni les esprits, ni les corps, que par des idées qui les représentent, et qui les représentent comme en étant des images matérielles, la question est de savoir si nous avons de ces objets, de ces êtres, des idées, des images fidèles.

Le problème, ainsi réduit à sa plus simple expression, a été facilement résolu. J'estime qu'il a été bien établi que le monde extérieur lui-même, que l'idée-image semble pouvoir nous donner plus aisément, nous échappe entièrement s'il ne peut arriver à nous que par l'idée-image, car il n'y a point d'idée sensible qui soit l'image du monde, des objets extérieurs, des corps.

Nous avons considéré d'abord dans les corps les qualités appelées qualités secondes, qui sont des propriétés insaisissables dans leur nature et appréciables seulement par leurs effets, c'est-à-dire de pures causes, les causes de certaines sensations. Or, il est évident qu'il n'y a point, qu'il ne peut y avoir d'image, d'image matérielle d'une cause. Quant aux qualités premières des corps, parmi elles il en est une, la figure, qui semble propre à être représentée par l'idée-image ; et en effet il est certain que l'apparence visible, la figure des corps extérieurs placés devant nous, devant l'organe de la vision, se peint sur la rétine. Mais 1° le premier qui a connu la figure visible d'un corps ignorait parfaitement que cette figure visible fût peinte sur sa rétine : ce n'est donc pas à la connaissance de cette peinture sur la rétine, et à la connaissance de la conformité de cette peinture à son objet, qu'il devait la connaissance de la réalité de la figure extérieure ; 2° ensuite cette peinture s'arrête à la rétine ; pour aller au cerveau, qui est la chambre d'audience de l'âme, comme dit Locke, il faudrait qu'elle traversât le nerf optique, lequel est dans une région obscure ; et le nerf optique fût-il dans une région lumineuse, l'image, après avoir traversé le nerf optique, arriverait au cerveau, qui lui-même est incontestablement obscur, et là périrait l'idée-image, avant d'arriver jusqu'à l'âme. Ainsi c'est la condition des phénomènes de la vision qu'il y ait sur la rétine une image de l'objet ; mais ce n'en est que la condition extérieure, inconnue à l'âme elle-même, ce n'en est ni le fondement direct ni l'explication. D'ailleurs, si l'idée-image joue un certain rôle dans les phénomènes de la vision, elle ne s'applique pas du tout aux autres phénomènes, à ceux du toucher, par exemple, dans lesquels nous puisons la connaissance de la qualité première des corps, à savoir la solidité. Nous avons démontré qu'il ne peut y avoir une idée-image de la solidité ; car l'idée de la solidité implique entre autres celle de la résistance, et l'idée de la résistance se résout dans l'idée d'une cause, d'une cause résistante, et il a été prouvé de reste qu'il ne peut y avoir d'idée-image de la cause.

Voilà pour les qualités tant premières que secondes des corps. Si l'idée-image ne représente aucune qualité des corps, à plus forte raison ne représente-t-elle pas le sujet de ces qualités, ce *substratum* qui échappe aux prises des sens, et qui par conséquent ne peut tomber sous une image empruntée aux sens. L'espace aussi, l'espace, qu'il ne faut pas confondre avec les corps qu'il renferme, ne peut pas être donné davantage par l'idée-image. Il en est de même du temps ; il en est de même de toutes les connaissances qui se rattachent à la connaissance générale du monde extérieur. Donc, comme l'idée-image ne peut représenter que les formes, et qu'elle ne joue un rôle que dans le cercle des phénomènes de la vision, et que là même elle n'est que la condition de ces phénomènes, il s'ensuit que si le monde extérieur n'a pas d'autre voie pour arriver à l'intelligence que celle de l'idée représentative, il n'y arrive point et n'y peut point arriver.

Les difficultés de l'hypothèse de l'idée représentative redoublent quand il s'agit du monde spirituel. Locke le reconnaît ; il convient que puisqu'en effet l'idée-image ne peut représenter les qualités des esprits, attendu qu'il n'y a pas d'image de ce qui n'est pas figuré, ou il faut renoncer à la connaissance de l'esprit, ou, pour l'obtenir, il faut s'adresser à la foi, à la révélation. Mais la révélation, c'est pour nous un livre qui renferme des dogmes révélés par Dieu. Il y a donc ici deux choses, un livre et Dieu. Pour le livre, nulle idée représentative ne pouvant donner la connaissance certaine d'un objet sensible, ne peut par conséquent donner celle d'un livre ; le livre, sacré ou non, ne peut donc être connu certainement et fonder la connaissance certaine de l'existence de l'esprit. Reste Dieu ; mais s'adresser à Dieu pour justifier la connaissance de l'esprit, c'est s'adresser à l'esprit pour justifier la connaissance de l'esprit ; c'est supposer ce qui est en question. La seule différence qu'il y ait entre l'esprit de Dieu et le nôtre, c'est que l'esprit de Dieu est infini, tandis que le nôtre est fini, ce qui, loin de diminuer la difficulté, l'accroît. Ainsi l'idée représentative, tourmentée de toutes les manières, ne peut donner aucune connaissance réelle, ni celle des corps, ni celle des esprits, et encore bien moins la connaissance de l'esprit infini auquel Locke en appelle gratuitement.

Le scepticisme absolu, telle est donc la conséquence inévitable de la théorie de l'idée représentative ; et le scepticisme absolu, ce n'est pas moins ici que l'absolu nihilisme. En effet, vous n'avez légitimement dans cette théorie ni les qualités secondes, ni les qualités premières des corps, ni le sujet de ces qualités, ni l'espace où les corps sont placés, ni le temps où leurs mouvements s'accomplissent et leur durée s'écoule.

Vous avez encore bien moins légitimement les qualités de votre esprit, cet esprit lui-même, l'esprit de vos semblables, l'esprit fini ; bien moins encore Dieu, l'esprit infini : vous n'avez donc rien, absolument rien, que l'idée elle-même, cette idée qui doit représenter tout et qui ne représente rien, et ne laisse arriver à vous aucune connaissance réelle. Voilà où nous en sommes, et les difficultés sont loin d'être épuisées. Nous avons considéré jusqu'ici l'idée, l'idée-image, par son rapport avec les objets qu'elle doit représenter, à savoir, les corps, nos esprits et Dieu ; considérons-la maintenant par un autre côté, par son rapport avec l'esprit, qui doit la percevoir et dans lequel elle doit se trouver.

L'idée ne représente ni le corps, ni l'esprit, ni Dieu ; elle ne peut donner aucun objet, nous l'avons démontré : mais elle est nécessairement dans un sujet. Comment y est-elle, et quel est le rapport de l'idée, non plus avec son objet, mais avec son sujet ?

Rappelez-vous bien à quelle condition nous avons condamné l'idée représentative. Si elle représente, elle doit avoir quelque chose en soi de figuré, quelque chose de matériel : elle est donc quelque chose de matériel. Voilà donc l'idée représentative qui est quelque chose de matériel dans le sujet où elle se trouve. Mais il est clair que le sujet de l'idée, le sujet qui perçoit, contient et possède l'idée, ne peut être d'une autre nature que l'idée elle-même. L'idée représentative est quelque chose de figuré, comme les ombres qui se dessinent dans une lanterne magique ; donc elle ne peut être que dans quelque chose d'analogue, dans un sujet de la même nature, figuré comme l'idée, ayant des parties, étant étendu et matériel comme elle. Ainsi la destruction de la simplicité et de la spiritualité du sujet de l'idée, c'est-à-dire de l'âme, ou, en un seul mot, le matérialisme, telle est la conséquence forcée de la théorie de l'idée représentative par rapport à son sujet.

Le résultat était déjà dans le principe, et cette conséquence ne fait que trahir le vice de l'origine de l'idée représentative. En effet, l'origine de cette théorie est dans cette hypothèse que je vous ai indiquée[1], à savoir que l'esprit ne connaît les corps, ne communique avec les corps, qu'à la manière dont les corps communiquent entre eux. Or, les corps communiquent entre eux, ou par l'impulsion immédiate de l'un sur l'autre, ou indirectement par l'intermédiaire d'un ou plusieurs corps qui, recevant du précédent une impulsion, la communiquent à celui qui suit, de telle sorte que c'est toujours l'impulsion, soit immédiate, soit médiate, qui fait la communication des corps. Si donc l'esprit connaît les corps, il ne peut les connaître qu'à la manière dont les corps communiquent entre eux, par l'impulsion. Mais nous ne voyons pas qu'il y ait impulsion immédiate et directe des corps sur l'esprit, ni de l'esprit sur les corps; il faut donc que la communication, que l'impulsion se fasse à distance, c'est-à-dire par un intermédiaire. Cet intermédiaire, c'est l'idée. L'idée émane des corps, et par les sens arrive à l'esprit. L'idée émane des corps, tel est son premier caractère; son second caractère est qu'elle les

---

1. Plus haut, p. 243.

représente, et elle représentera facilement les corps, puisqu'elle en vient. La représentation est fondée sur l'émission. Mais l'émission, qui est la première racine de l'idée représentative, la condamne à être matérielle. C'était déjà incliner fortement au matérialisme ; voici qui rend cette pente beaucoup plus glissante. Non-seulement l'esprit ne connaît les corps que comme les corps communiquent entre eux, mais l'esprit ne connaît les esprits que comme il connaît les corps ; et comme il ne connaît les corps que par l'intermédiaire de l'idée représentative, il ne connaît les esprits que par le même intermédiaire. Une théorie, matérialiste dans son origine, est appliquée d'abord à la connaissance du corps, puis transportée à la connaissance de l'esprit ; il était donc tout naturel que son dernier mot fût le matérialisme. Et je n'impose point à cette théorie des conséquences logiquement nécessaires, mais qu'elle n'a point portées ; en fait, c'est sur la théorie de l'idée représentative que l'école de Locke s'est en partie fondée pour nier la spiritualité de l'âme. Selon elle, plusieurs idées dans l'âme, prises matériellement, supposent quelque chose d'étendu dans l'âme ; et même une seule idée, étant une image, est déjà quelque chose de figuré qui suppose un sujet analogue. L'expression vulgaire : les objets font impression sur l'âme, n'est pas une métaphore pour cette école, c'est la réalité même. Je vous renvoie à Hartley, à Darwin, à Priestley, et à leurs successeurs anglais et autres. Nous les retrouverons en temps et lieu.

Veut-on sauver la spiritualité de l'âme, tout en conservant la théorie de l'idée représentative ? On a d'un côté des idées matérielles, des images matérielles, de l'autre une âme simple, et par conséquent un abîme entre la modification et son sujet. Comment combler cet abîme? quel rapport y a-t-il entre l'image matérielle et le sujet de cette image, si on veut maintenir ce sujet simple, inétendu, spirituel? Il faut alors trouver entre les idées-images et leur sujet, l'âme, des intermédiaires. Les images étaient déjà les intermédiaires entre le corps et l'âme ; maintenant il faut des intermédiaires entre ces premiers intermédiaires, ou idées-images, et l'âme; il faut de nouveaux intermédiaires, c'est-à-dire de nouvelles idées. Mais ces nouvelles idées, pour servir d'intermédiaires entre les premières idées et l'âme, doivent représenter ces idées; pour représenter des images, elles doivent être des images elles-mêmes ; et si des images, elles sont matérielles. La difficulté revient donc toujours : ou les idées-images n'entrent pas dans l'âme, ou elles la frappent de matérialité. On a beau subtiliser les idées, on a beau raffiner l'intermédiaire ; ou malgré tous ces raffinements on le laisse matériel, et l'image matérielle communique sa matérialité à son sujet; ou bien il faut renoncer absolument à l'idée-image, à l'idée matérielle, et, tout en gardant la théorie de l'idée représentative, faire l'idée spirituelle.

On l'a fait ; on a abandonné l'idée-image matérielle pour l'idée spirituelle. Mais que résulte-t-il de cette modification de la théorie que nous examinons? J'en conviens, si l'idée est spirituelle, elle souffre un sujet spirituel, et il y a lieu à la simplicité et à l'immatérialité de l'âme; mais alors est détruite évidemment l'hypothèse de l'émission, et avec elle celle de la représentation. En effet, qu'est-ce, je vous prie, qu'une idée spirituelle, image d'un objet matériel? L'esprit, c'est ce qui n'admet aucune des propriétés qui constituent ce qu'on appelle la matière ; c'est donc ce qui n'admet ni solidité, ni étendue, ni figure. Mais comment ce qui n'est solide, ni étendu, ni figuré, pourrait-il représenter ce qui est étendu, solide, figuré? Quelle peut être l'idée spirituelle du solide, de l'étendue, de la forme? Il est évident que l'idée spirituelle ne peut pas représenter le corps. Et représente-t-elle mieux l'esprit? pas davantage ; car, encore une fois, il n'y a pas de représentation là où il n'y a pas de ressemblance, et il n'y a de ressemblance qu'entre des figures. Ce qui est figuré peut ressembler à ce qui est figuré ; mais où il n'y a nulle figure, il n'y a matière à aucune ressemblance possible, ni par conséquent à aucune représentation. Un esprit ne représente point un esprit. Une idée spirituelle ne peut donc représenter d'aucune manière ni aucune qualité spirituelle ni aucun sujet spirituel ; et l'idée spirituelle qui détruit la connaissance possible du corps, ne détruit pas moins, détruit plus encore la connaissance possible de l'esprit, des esprits finis que nous sommes, et de l'esprit infini, Dieu. De là, au sein même du sensualisme, une sorte d'idéalisme qui emporterait, avec la matière, l'esprit et Dieu lui-même. Et ne croyez pas, je vous prie, que ce soit seulement le raisonnement qui impose ces nouvelles conséquences à la théorie des idées, comme Hartley et Priestley prouvent que nous n'avons pas prêté gratuitement le matérialisme à la théorie des idées, prises comme images matérielles, de même l'histoire d'une autre branche de l'école de Locke démontre que ce n'est pas nous qui condamnons la théorie de l'idée spirituelle à détruire et le corps et l'esprit. Elle détruit le corps, demandez-le à Berkeley[1], qui s'est armé de cette théorie pour nier toute existence matérielle. Elle détruit l'esprit, demandez-le à Hume[2], qui, prenant des mains de Berkeley l'arme qui avait servi à détruire le monde matériel, et la tournant contre le monde spirituel, a détruit avec elle et l'esprit fini que nous sommes et l'esprit infini, l'âme humaine et Dieu.

Il faut savoir aller jusqu'au bout de ses principes : l'idée représentative considérée relativement à son sujet et comme image matérielle, conduit directement au matérialisme ; et, prise spirituellement, elle conduit à la destruction et du corps et de l'esprit, au scepticisme absolu et à l'absolu nihilisme. Or, c'est un fait incontestable que nous avons la connaissance des corps, et que nous avons la connaissance de notre esprit. Nous avons cette double connaissance, et cependant nous n'avons pu l'obtenir par la théorie de l'idée représentative ; donc cette théorie ne reproduit pas le vrai procédé de l'esprit humain. Selon Locke, l'idée représentative est la seule voie de la connaissance légitime ; donc, cette voie nous manquant, nous sommes dans l'absolue impossibilité d'arriver jamais à la connaissance : nous y arrivons pourtant ; par

---

1. Premiers Essais, p. 41-55, et Philosophie Écossaise, leç. vii.
2. Ibid.

conséquent nous y arrivons par une autre voie que celle de l'idée représentative, et par conséquent encore la théorie de l'idée représentative est une chimère.

Je vais plus loin : je change tout à fait de terrain, j'admets que l'idée ait une vertu représentative, j'admets la réalité de la représentation : je veux bien croire, avec Locke et tous ses partisans, que nous ne connaissons que par des idées représentatives, et qu'en effet les idées ont la merveilleuse propriété de représenter leurs objets, soit : mais à quelle condition les idées nous représentent-elles les choses? vous le savez, à la condition de leur être conformes. Je suppose que nous ne sussions pas que l'idée est conforme à son objet, nous ne saurions pas qu'elle le représente; nous n'aurions aucune véritable connaissance de cet objet. Et encore à quelle condition pouvons-nous savoir qu'une idée est conforme à son objet, est une copie fidèle de l'original qu'elle représente? Rien de plus simple : à cette condition que nous connaissions l'original. Il faut que nous ayons sous les yeux l'original et la copie, pour pouvoir rapprocher la copie de l'original, et prononcer que la copie est en effet une copie fidèle de l'original. Mais je suppose que nous n'ayons pas l'original, que pourrons-nous dire de la copie? Pourrez-vous dire, dans l'absence de l'original, que la copie, qui seule est sous vos yeux, est une copie fidèle de l'original que vous ne voyez pas, que vous n'avez jamais vu? Non certes; vous ne pourrez pas assurer que la copie est une copie fidèle, ni qu'elle est une copie infidèle ; vous ne pourrez pas même affirmer qu'elle est une copie. Si nous ne connaissons les choses que par les idées, et si nous ne les connaissons qu'à la condition que les idées les représentent fidèlement, nous ne pouvons savoir que les idées les représentent fidèlement qu'à cette condition que nous voyions les choses d'une part, et de l'autre les idées ; c'est alors, et seulement alors, que nous pourrons prononcer que les idées sont conformes aux choses. Ainsi, pour savoir si vous avez une idée vraie de Dieu, de l'âme, des corps, il faut que vous ayez d'un côté Dieu, le corps et l'âme, et de l'autre l'idée de Dieu, l'idée de l'âme, l'idée du corps, afin que, rapprochant l'idée de son objet, vous puissiez prononcer qu'elle lui est conforme ou non conforme. Choisissons un exemple.

Je veux savoir si l'idée que j'ai du corps est vraie. Il faut que j'aie et l'idée que je me fais du corps et le corps lui-même, et qu'ensuite je les rapproche, les confronte et juge.

Je prends donc des mains de Locke l'idée de corps telle que Locke lui-même me l'a fournie. Pour savoir si elle est vraie, il faut que je la compare, que je la confronte avec le corps lui-même. Cela suppose que je connais le corps ; car si je ne le connais pas, avec quoi puis-je confronter l'idée du corps pour savoir si elle est vraie ou fausse ? Il faut donc supposer que je connais le corps. Mais comment ai-je pu le connaître ? Dans la théorie de Locke, vous ne connaissez, vous ne pouvez connaître que par des idées qui vous représentent les choses. Or, je connais ce corps ; donc, dans la théorie de Locke, je ne le connais que par des idées qui me le représentent ; donc je ne connais pas ce corps lui-même, ce corps qu'il me faudrait connaître pour le comparer avec l'idée que j'en ai ; je ne connais que son idée, et c'est son idée seule que je puis comparer avec son idée; c'est-à-dire que je comparerai une idée avec une idée, une copie avec une copie. Ici, point d'original encore ; donc la comparaison, la confrontation, la vérification est impossible. Pour que la vérification me conduise à un résultat, il faut que cette seconde idée que j'ai du corps, dans la connaissance que je suis supposé avoir du corps, soit une idée vraie, une idée conforme à son objet ; mais je ne puis savoir si cette seconde idée est vraie qu'à une condition, à cette condition que je puisse la comparer ; et avec quoi ? avec le corps, avec l'original ; donc il faut que d'ailleurs je connaisse le corps, pour savoir si cette seconde idée lui est conforme. Voyons donc. Je connais le corps ; mais comment connais-je le corps ? Toujours dans la théorie de Locke, je ne le connais que par l'idée que j'en puis avoir ; ce n'est encore là qu'une idée à laquelle je dois comparer la seconde idée que j'avais du corps ; je ne sors donc pas de l'idée : continuez ainsi tant que vous voudrez, vous roulerez dans un cercle infranchissable d'idées qui ne vous laisseront jamais arriver à un objet réel, et ne fonderont jamais une comparaison, une confrontation légitime, puisqu'une confrontation légitime supposerait que vous auriez d'une part la copie, et de l'autre l'original, et qu'ici vous n'aurez jamais qu'une idée, plus une autre idée ; donc vous ne comparerez jamais que des idées, des copies. Et encore pour dire que ce sont des copies, il faudrait que vous eussiez l'original lui-même, lequel vous échappe, et vous échappera éternellement, dans toute théorie de la connaissance qui condamne l'esprit à ne connaître que par l'intermédiaire d'idées représentatives.

Ainsi, en résumé, l'objet, l'original, échappant sans cesse à la prise immédiate de l'esprit humain, ne peut jamais être amené sous les yeux de l'esprit humain, ni par conséquent autoriser une comparaison avec la copie, avec l'idée. Vous ne saurez donc jamais si l'idée que vous avez du corps est conforme ou non conforme, fidèle ou infidèle, vraie ou fausse. Vous aurez cette idée sans savoir même si elle a un objet ou non.

On ne peut pas rester en cet état, et, pour aider Locke, je vais faire une supposition, je vais supposer qu'en effet nous ayons sous les yeux non pas seulement l'idée de l'original, mais l'original lui-même. Je suppose que nous connaissions directement l'original ; alors la confrontation est possible : nous allons la faire. Mais auparavant je remarque que la supposition que je fais, celle d'un original directement connu, laquelle supposition est la base nécessaire de toute confrontation, laquelle confrontation est la base nécessaire de la théorie même de Locke, je remarque, dis-je, que cette supposition détruit précisément cette théorie. En effet, si nous supposons que nous avons un original connu directement, nous supposons que nous pouvons connaître autrement que par des idées représentatives.

Mais j'avance, et je dis : Cet original que nous connaissons directement, autrement que par des idées représentatives, est-ce une chimère? Non. Si c'était une chimère, comparer l'idée à un objet chimérique ne vous mènerait à rien. Vous supposez donc que c'est bien l'original, le vrai original, l'objet lui-même, le corps ; et vous supposez que la connaissance que vous en avez est une connaissance certaine, une connaissance qui ne laisse rien à désirer. Alors voici quelle est votre position. Vous avez d'un côté la connaissance certaine du corps, et de l'autre vous avez de ce corps une idée de laquelle vous voulez savoir si elle est fidèle ou non. A ce prix, la comparaison est très-facile ; la confrontation se fait de soi-même ; ayant la copie et l'original, vous pourrez dire aisément si l'une représente l'autre. Mais cette confrontation, nécessaire dans la théorie, et maintenant possible et facile, est aussi parfaitement inutile. Quel était le but de cette comparaison, de cette confrontation ? c'était d'obtenir une connaissance certaine du corps ; car c'est là ce que vous cherchiez. Pour y arriver, vous avez mis l'original en présence de la copie. Mais si vous supposez que vous avez l'original, c'est-à-dire une connaissance certaine du corps, tout est fini, il n'y a plus rien à faire, laissez là votre comparaison, votre confrontation, votre vérification ; ne vous fatiguez pas à chercher si d'ailleurs l'idée est conforme ou non à cet original : vous le possédez, il suffit ; vous possédez la connaissance même que vous vouliez acquérir. Ainsi, sans la connaissance certaine de l'original, jamais vous ne pouvez savoir si l'idée que vous avez est fidèle ou non, et toute comparaison est impossible ; et aussitôt que vous avez l'original, sans doute alors il est facile de comparer l'idée à la réalité : mais puisque vous avez cette réalité, il vous est tout à fait inutile de confronter l'idée avec elle ; vous avez ce que vous cherchiez ; et la condition même de la théorie et de la comparaison qu'elle exige est précisément la supposition de la connaissance que vous demandez à cette théorie, c'est-à-dire un paralogisme.

Telle est la polémique un peu subtile, mais exacte, qui, poursuivant dans tous ses replis la théorie de l'idée représentative, la confond de toutes parts. Ou l'idée représentative ne représente point et ne peut représenter, et dans ce cas si nous n'avons pas d'autre moyen de connaître les choses, nous sommes condamnés à ne pas les connaître, nous sommes condamnés à un scepticisme plus ou moins étendu, selon que nous sommes plus ou moins conséquents ; et si nous voulons l'être tout à fait, au scepticisme absolu sur les corps et sur les esprits, c'est-à-dire à l'absolu nihilisme. Ou bien veut-on que l'idée représente ? Dans ce cas, on ne peut savoir qu'elle représente fidèlement qu'autant qu'on a l'original, qu'autant que l'on connaît d'ailleurs le corps, l'esprit, les choses elles-mêmes ; et alors l'intervention de l'idée représentative est possible, mais elle est inutile. Sa vérité, la conformité de l'idée à son objet, ne peut être démontrée que par une supposition qui renverse la théorie même qu'elle est destinée à soutenir.

Tirons les conséquences de cette polémique.

Première conséquence : nous connaissons les corps et les esprits, le monde, l'âme et Dieu, autrement que par des idées représentatives.

Seconde conséquence plus générale : pour connaître les êtres, nous n'avons besoin d'aucun intermédiaire; nous connaissons les choses directement, sans l'intermédiaire des idées, et sans aucun autre intermédiaire; l'esprit dans son exercice, est soumis à certaines conditions, mais ces conditions une fois accomplies, il entre en exercice et connaît, par cette seule raison qu'il est doué de la puissance de connaître.

L'histoire véritable de l'entendement confirme cet important résultat, et achève de mettre dans tout son jour la vanité de la théorie des idées.

Primitivement rien n'est abstrait, rien n'est général; tout est particulier, tout est concret. L'entendement, nous l'avons fait voir [1], ne débute pas par ces formules, qu'il n'y a pas de modification sans sujet, qu'il n'y a pas de corps sans espace, etc.; mais une modification lui étant donnée, il conçoit le sujet particulier de cette modification; un corps étant donné, il conçoit que ce corps est dans un espace; une succession particulière étant donnée, il conçoit que cette succession particulière est dans un temps déterminé, etc. Il en est ainsi de toutes nos conceptions primitives; elles sont toutes particulières, déterminées, concrètes. De plus, et nous l'avons établi encore, elles sont mêlées les unes aux autres, toutes nos facultés entrant en exercice simultanément ou presque simultanément. Il n'y a pas conscience de la plus petite sensation sans un acte d'attention si faible qu'il soit, sans une intervention quelconque de la volonté; il n'y a pas de volition sans le sentiment d'une force causatrice intérieure; il n'y a pas de sensation perçue

---

[1]. Plus haut les leçons v, vi, vii, etc.

sans rapport à une cause externe et au monde, que nous concevons aussitôt dans un espace et dans un temps, etc. Enfin, nos conceptions primitives présentent encore deux caractères distincts : les unes sont contingentes, les autres sont nécessaires. Sous l'œil même de la conscience est une sensation de peine ou de plaisir que je perçois comme réellement existante; mais cette sensation varie, change, disparaît, et de là bientôt la conviction que ce phénomène sensible que je perçois est réel sans doute, mais qu'il pourrait être ou n'être pas, et que pouvant être ou n'être pas, je pourrais le percevoir ou ne le percevoir pas : c'est ce caractère que, plus tard, la philosophie désignera sous le nom de contingence. Mais lorsque je conçois qu'un corps est dans l'espace, si je veux essayer de concevoir le contraire, de concevoir qu'un corps peut être sans espace, je ne le puis; et cette conception de l'espace est ce que la philosophie désignera plus tard sous le nom de conception nécessaire. Mais toutes nos conceptions contingentes ou nécessaires, d'où viennent-elles ? De la faculté de concevoir qui est en nous, de quelque nom que vous appeliez cette faculté dont nous avons conscience, esprit, raison, pensée, entendement, intelligence. Les actes de cette faculté, nos conceptions sont essentiellement affirmatives, sinon oralement, du moins mentalement. Nier même, c'est affirmer; car c'est affirmer le contraire de ce qui a été affirmé. Douter, c'est affirmer encore; c'est affirmer l'incertitude. D'ailleurs, nous ne débutons évidemment ni par le doute ni par la négation, mais par l'affirmation.

Or, affirmer d'une manière quelconque, c'est juger. Si donc toute opération intellectuelle se résout dans l'opération du jugement, toutes nos conceptions ou contingentes ou nécessaires se résolvent en jugements ou nécessaires ou contingents; et toutes nos opérations primitives étant concrètes et synthétiques, il s'ensuit que tous les jugements primitifs que supposent ces opérations s'exercent aussi sous cette forme.

Telle est la scène primitive de l'intelligence. Peu à peu l'intelligence se développe. Dans ce développement survient le langage qui réfléchit l'entendement, et le met, pour ainsi dire, en dehors de lui-même. Si vous ouvrez les grammaires, vous verrez qu'elles commencent toutes par les éléments, pour aller de là aux propositions; c'est-à-dire qu'elles commencent par l'analyse pour finir par la synthèse. Mais dans la réalité, il n'en est pas ainsi. Lorsque l'esprit se traduit par le langage, les premières expressions de ses jugements sont, comme ses jugements eux-mêmes, concrètes et synthétiques. Il ne produit pas d'abord des mots, mais des phrases, des propositions, et des propositions très-composées. Une proposition primitive est un tout qui correspond à la synthèse naturelle par laquelle l'esprit débute. Ces propositions primitives ne sont nullement des propositions abstraites, telles que celles-ci : Il n'y a pas de qualité sans un sujet, pas de corps sans espace qui le renferme, et autres semblables; mais elles sont toutes particulières, telles que : J'existe, ce corps existe, tel corps est dans cet espace, Dieu existe, etc.; ce sont des propositions qui se rapportent à un objet particulier, déterminé, qui est ou moi, ou le corps, ou Dieu. Mais après avoir exprimé par des propositions concrètes et synthétiques ses jugements primitifs concrets et synthétiques, l'esprit opère par l'abstraction sur ces jugements, il en néglige le concret pour n'en considérer que la forme; par exemple, ce caractère de nécessité dont plusieurs sont revêtus, et qui, dégagé et développé, donne, au lieu des propositions concrètes : J'existe, ces corps sont dans tel espace, etc., les propositions abstraites : Il ne peut y avoir de corps sans espace, il ne peut y avoir de modification sans sujet, il ne peut y avoir de succession sans temps, etc. Le général était d'abord enveloppé dans le particulier; puis, vous dégagez le général du particulier, et vous l'exprimez seul. Mais j'ai suffisamment expliqué ailleurs la formation des propositions générales[1].

Le langage est le signe de l'esprit, de ses opérations, et de leur développement. Il exprime les jugements primitifs, concrets et synthétiques par des propositions primitives, concrètes et synthétiques elles-mêmes. Les jugements peu à peu se généralisent par l'abstraction, et à leur suite les propositions deviennent générales et abstraites. Dans ces abstractions, l'abstraction opère de nouvelles abstractions. Les propositions abstraites, signes de jugements abstraits, sont elles-mêmes composées de plusieurs éléments. Nous abstrayons ces éléments, pour les considérer séparément : ces éléments sont ce qu'on appelle des idées. C'est une grande erreur de croire que nous

[1]. Plus haut, leçon VII, p. 187, etc., et DU VRAI, DU BEAU ET DU BIEN, leç. II.

ayons d'abord ces éléments sans le tout dont elles font partie. Nous ne commençons pas même par des propositions, mais par des jugements : ce ne sont pas les jugements qui viennent des propositions, ce sont les propositions qui viennent des jugements, lesquels viennent eux-mêmes de la faculté de juger, laquelle repose sur la vertu originelle de l'esprit ; à plus forte raison, nous ne débutons point par des idées ; car les idées nous sont données dans des propositions. Soit, par exemple, l'idée d'espace. Elle ne nous est pas donnée à part, mais dans cette proposition tout entière : Il n'y a pas de corps sans espace ; or cette proposition n'est que la forme d'un jugement. Otez les propositions, qui ne seraient pas sans les jugements, et vous n'aurez pas d'idées ; mais aussitôt que le langage vous a permis de traduire vos jugements en propositions, alors vous pouvez considérer séparément les différents éléments de ces propositions, c'est-à-dire les idées séparées l'une de l'autre. A parler rigoureusement, il n'y a pas de propositions dans la nature, ni propositions concrètes, ni propositions abstraites, ni propositions particulières, ni propositions générales ; à plus forte raison, il n'y a pas d'idées dans la nature. Si par idées on entend quelque chose de réel, qui existe indépendamment du langage, et qui soit un intermédiaire entre les êtres et l'esprit, je dis qu'il n'y a absolument pas d'idées. Il n'y a de réel que les choses, plus l'esprit avec ses opérations, à savoir, ses jugements. Viennent ensuite les langues, qui créent en quelque sorte un nouveau monde, spirituel et matériel tout ensemble, ces êtres symboliques qu'on appelle des signes, à l'aide desquels elles donnent une sorte d'existence extérieure et indépendante aux résultats des opérations de l'esprit. Ainsi, en exprimant les jugements en propositions, elles ont l'air de réaliser ces propositions : il en est de même pour les idées. Les idées ne sont pas plus réelles que les propositions, et elles sont aussi réelles qu'elles ; elles ont toute la réalité qu'ont les propositions, la réalité d'abstractions auxquelles le langage prête une existence nominale et conventionnelle. Toute langue est à la fois et un analyste et un poëte ; elle fait des abstractions, et elle les réalise. C'est là la condition du langage : il faut bien s'y résigner, et parler par figures, pourvu qu'on sache ce qu'on fait. Ainsi tout le monde dit : Avoir une idée de telle chose, en avoir une idée claire ou obscure, fidèle ou infidèle ; et par là nul ne veut dire qu'il ne connaît les choses qu'au moyen de certains intermédiaires appelés idées ; on veut seulement marquer par là l'acte de l'esprit par rapport à telle chose, acte par lequel l'esprit connaît cette chose, la connaît plus ou moins, etc. On dit encore : Se représenter une chose, et souvent une chose qui ne tombe pas sous les sens, pour dire la connaître, la comprendre, par une métaphore empruntée aux phénomènes des sens, et du sens dont l'usage est le plus fréquent, celui de la vue. Le goût est ordinairement le seul juge de l'emploi des figures. On peut aller, et l'on va souvent très-loin dans ce style métaphorique, sans obscurité et sans erreur. J'absous donc le langage ordinaire de la plupart des hommes, et je crois qu'on peut absoudre aussi celui de beaucoup de philosophes, qui souvent ont parlé comme le peuple, sans être plus absurde que lui. Il est impossible, en effet, d'interdire toute métaphore au philosophe ; la seule loi qu'il faille lui imposer est de ne pas être dupe des métaphores, et de ne pas les convertir en théories. Peut-être l'école écossaise, qui a repris au dix-huitième siècle l'ancienne polémique contre l'idée représentative, n'a-t-elle pas toujours assez songé que les philosophes aussi font partie du genre humain et sont condamnés à se servir du même langage ; peut-être a-t-elle imputé à beaucoup trop d'écoles, et a-t-elle trop vu partout la théorie qu'elle s'était chargée de combattre [1] ; mais il est certain qu'elle a rendu un service éminent à la philosophie, en démontrant que l'idée-image n'est au fond qu'une métaphore, et en faisant justice de cette métaphore, lorsqu'on lui attribue sérieusement une vertu représentative. C'est là le vice dans lequel Locke est incontestablement tombé, et que j'ai dû vous signaler comme un des écueils les plus périlleux de l'école sensualiste.

C'est du point où nous sommes parvenus que l'on peut apprécier aisément la doctrine des idées innées, dont la réfutation remplit tout le premier livre de l'*Essai sur l'Entendement* [2]. Le moment est venu de nous expliquer sur cette doctrine, et sur la réfutation que Locke en a donnée. Locke divise la doctrine générale des idées innées en deux points, les propositions ou maximes générales, et les idées. Et nous aussi

---

1. Voyez le développement et la confirmation de ce doute, PHILOSOPHIE ÉCOSSAISE, leçon IX, p. 407, etc.
2. Plus haut, leçon V.

nous rejetons les propositions et les idées innées, et par cette raison très-simple, qu'il n'y a ni idées ni propositions dans la nature. Qu'y a-t-il dans la nature? Avec les corps rien autre chose que des esprits, entre autres celui que nous sommes, qui conçoit et connaît directement les choses, les esprits et les corps. Et dans l'ordre de l'esprit qu'y a-t-il d'inné? Rien que l'esprit lui-même, l'entendement, la faculté de connaître. L'entendement, comme l'a dit profondément Leibniz, est inné à lui-même ainsi que le développement qui lui appartient et qui ne peut pas ne pas être, l'entendement une fois donné avec la vertu qui lui est propre; et, comme vous l'avez vu, le développement de l'entendement, ce sont les jugements qu'il porte d'abord, et les connaissances impliquées dans ces jugements. Sans doute ces jugements ont des conditions qui sont du domaine de l'expérience. Otez l'expérience, rien dans le sens, rien dans la conscience, par conséquent rien dans l'entendement. Est-ce là la loi absolue de l'entendement? ne pourrait-il juger encore et se développer sans le secours de l'expérience, sans une impression organique, sans une sensation? *Hypotheses non fingo*, comme disait Newton : Je ne fais pas d'hypothèses ; je constate ce qui est, sans rechercher ce qui pourrait être. Je dis que, dans les limites de l'état présent, c'est un fait irrécusable que, tant que certaines conditions expérimentales ne sont pas accomplies, l'esprit n'entre pas en exercice, ne juge pas; mais je dis en même temps qu'aussitôt que ces conditions sont accomplies, l'esprit se développe, juge, pense, conçoit et connaît une foule de choses qui ne tombent ni sous la conscience ni sous les sens, comme le temps, l'espace, les causes extérieures, les existences, et la sienne propre. Il n'y a pas plus d'idées innées que de propositions innées; mais il y a une force innée de l'entendement, qui se produit en jugements primitifs, lesquels, quand arrivent les langues, s'expriment en propositions, lesquelles propositions décomposées engendrent sous la main de l'abstraction et de l'analyse des idées distinctes. Comme l'esprit est égal à lui-même dans tous les hommes, les jugements primitifs qu'il porte sont les mêmes dans tous les hommes; et par conséquent les propositions dans lesquelles le langage exprime ces jugements, et les idées fondamentales dont se composent ces propositions, sont tout d'abord et universellement admises. Toutefois il y faut une condition : qu'elles soient comprises. Lorsque Locke a prétendu que ces propositions : Ce qui est est, le même est le même, ne sont ni universellement ni primitivement admises, il a eu tort et il a eu raison. Assurément le premier venu, le pâtre, auquel vous diriez : Ce qui est est, le même est le même, n'admettrait point ces propositions, car il ne les comprendrait pas, parce que vous lui parleriez un langage qui n'est pas le sien, celui de l'abstraction et de l'analyse. Mais ce que le pâtre n'admet pas et ne comprend pas dans sa forme abstraite, il l'admet tout d'abord et nécessairement sous la forme concrète et synthétique. Demandez à ce même homme qui ne comprend pas votre langage métaphysique, demandez-lui si, sous les diverses actions ou sensations que sa conscience lui atteste, il n'y a pas quelque chose de réel et de subsistant qui est lui-même;

s'il n'est pas le même aujourd'hui qu'il était hier ; en un mot, au lieu de formules abstraites, proposez-lui des questions particulières, déterminées, concrètes, et alors la nature humaine vous répondra, parce que la nature humaine, parce que l'entendement humain sont dans le pâtre tout aussi bien que dans Leibniz. Ce que je viens de dire des propositions abstraites et générales, je le dis des idées simples que l'analyse tire de ces propositions. Par exemple, demandez à un sauvage s'il a l'idée de Dieu ; vous lui faites une demande à laquelle il ne peut répondre, car il ne l'entend pas. Mais sachez interroger ce pauvre sauvage, et vous verrez sortir de son intelligence un jugement synthétique et confus qui, si vous savez y lire, renferme déjà tout ce que ne vous donneront jamais vos analyses les plus raffinées ; vous verrez que sous la confusion de leurs jugements naturels, qu'ils ne savent ni démêler ni exprimer, l'enfant, le sauvage, l'ignorant possèdent déjà toutes les idées que plus tard l'analyse développe sans les produire, ou dont elle ne produit que la forme scientifique [1].

Il n'y a pas d'idées innées, il n'y a pas de propositions innées, attendu qu'il n'y a ni idées ni propositions réellement existantes ; et encore, il n'y a pas d'idées et de propositions générales, universellement et primitivement admises sous la forme d'idées et de propositions générales, mais il est certain que l'entendement de tous les hommes est gros en quelque sorte de jugements naturels, et que l'on peut dire

[1]. Voyez *Philosophie populaire* dans les FRAGMENTS ET SOUVENIRS, p. 427.

innés¹ en ce sens qu'ils sont le développement primitif, universel et nécessaire de l'entendement humain, lequel, encore une fois, est inné à lui-même et égal à lui-même dans tous les hommes.

1. C'est le sens reconnu et aujourd'hui incontesté de la théorie cartésienne des idées innées.

ONZIÈME LEÇON

ESSAI. LIVRE IV, THÉORIE DU JUGEMENT [1].

Suite de l'examen du quatrième livre de l'*Essai sur l'Entendement humain*. — De la connaissance. Ses divers modes. Omission de la connaissance inductive. Ses degrés. Fausse distinction de Locke entre connaître et juger. — Que la théorie de la connaissance et du jugement de Locke se résout dans celle de la perception d'un rapport de convenance ou de disconvenance entre des idées. Examen détaillé de cette théorie. — Qu'elle s'applique aux jugements abstraits et nullement aux jugements primitifs, qui impliquent l'existence. — Analyse de ce jugement : J'existe. Trois objections à la théorie de Locke. 1° Impossibilité d'arriver à l'existence réelle par l'abstraction de l'existence ; 2° que débuter par l'abstraction est contraire au vrai procédé de l'esprit humain ; 3° que la théorie de Locke renferme un paralogisme. — Analyse des jugements : Je pense, Ce corps existe, Ce corps est coloré, Dieu existe, etc. — Analyse des jugements sur lesquels l'arithmétique et la géométrie reposent.

Nous nous sommes arrêtés quelque temps à la porte du quatrième livre de l'*Essai sur l'Entendement humain;* il s'agit d'y entrer aujourd'hui.

Le quatrième livre de l'*Essai sur l'Entendement humain* traite de la connaissance en général, de ses divers modes, de ses divers degrés, de son étendue et de ses limites, avec quelques applications: c'est, à

---

1. Sur la vraie théorie du jugement, voyez PHILOSOPHIE ÉCOSSAISE, leç. VII et leç. IX.

proprement parler, une logique avec un peu d'ontologie. Le principe de cette logique repose sur la théorie que nous avons examinée, celle de l'idée représentative. Nous avons vu que la condition de toute connaissance légitime, pour Locke, est la conformité de l'idée à l'objet; et nous avons convaincu de toute manière cette conformité de n'être qu'une chimère. Nous avons donc renversé d'avance la théorie générale de la connaissance; mais nous l'avons renversée dans son principe seulement. C'est en quelque sorte une question préjudicielle, une fin de non-recevoir, que nous avons élevée contre cette théorie; il faut aujourd'hui l'examiner en elle-même, indépendamment du principe de l'idée représentative, la suivre dans son développement et dans les conséquences qui lui appartiennent.

Que l'idée représente ou ne représente pas, toujours est-il vrai, dans le système de Locke, que l'entendement ne commerce avec les choses que par ses idées; que les idées sont les seuls objets de l'entendement, et par conséquent les seuls fondements de la connaissance. Or, si toute connaissance porte nécessairement sur des idées, là où il n'y aurait point idée il ne pourrait y avoir connaissance, et partout où il y a connaissance il y a eu nécessairement idée. Mais la réciproque n'est pas vraie, et partout où il y a idée il n'y a pas connaissance. Par exemple, pour que vous puissiez avoir une connaissance approfondie de Dieu, il faut d'abord que vous ayez une idée quelconque de Dieu, mais de ce que vous en avez une idée quelconque, il ne s'ensuit pas que vous en ayez une connaissance vraie ou suffisante. Ainsi la connaissance est limitée par les idées, mais elle ne va pas jusqu'où vont les idées. Liv. IV, ch. III, § 1. « *Notre connaissance ne va point au delà de nos idées.* » *Ibid.*, § 6. « *Notre connaissance est plus bornée que nos idées.* »

Si la connaissance ne dépasse jamais les idées et quelquefois reste en deçà, et si toute connaissance ne roule que sur des idées, il est clair que la connaissance ne pourra jamais être que le rapport d'une idée à une autre idée, et que le procédé de l'esprit humain dans la connaissance n'est autre chose que la perception d'un rapport quelconque entre des idées. Livre IV, ch. I, § 1. « Puisque l'esprit n'a point d'autre objet de ses pensées et de ses raisonnements que ses propres idées, qui sont la seule chose qu'il contemple ou qu'il puisse contempler, il est évident que ce n'est que sur nos idées que roule toute notre connaissance. » *Ibid.*, § 2. « Il me semble donc que la connaissance n'est autre chose que la perception de la liaison et de la convenance, ou de l'opposition et de la disconvenance qui se trouve entre quelques-unes de nos idées : c'est en cela qu'elle consiste. Partout où se trouve cette perception, il y a connaissance ; lorsqu'elle n'a pas lieu, nous ne saurions jamais parvenir à la connaissance, quoi qu'il nous soit possible d'imaginer, de conjecturer et de croire, etc. »

De là suivent les différents modes et les différents degrés de la connaissance. Nous ne connaissons que si nous percevons un rapport de convenance ou de disconvenance entre deux idées. Or, nous pouvons percevoir ce rapport de deux manières : ou nous le percevons immédiatement, et alors la connaissance est intuitive, ou nous ne pouvons le percevoir immédiatement, et il faut que nous ayons recours à une autre idée ou à plusieurs autres idées, que nous plaçons entre les deux idées dont le rapport ne peut être directement perçu, de manière à ce qu'au moyen de cette nouvelle idée ou de ces nouvelles idées nous saisissions le rapport qui nous échappait. Alors la connaissance s'appelle connaissance démonstrative. Liv. IV, chap. II, § 1. *Ibid.*, § 2.

Ici Locke fait une excellente remarque dont il est juste qu'on lui fasse honneur. Nul doute que souvent nous ne soyons forcés de recourir à la démonstration, à l'intermédiaire d'une ou de plusieurs idées, pour apercevoir le rapport caché de deux idées ; mais cette nouvelle idée que nous interposons en quelque manière entre les deux autres, il faut que nous en apercevions le rapport avec l'une et avec l'autre. Or, si la perception de ce rapport entre cette idée et les deux autres n'était pas intuitive, si elle était démonstrative, il faudrait avoir recours à l'intermédiaire d'une nouvelle idée. Mais si entre cette idée et les idées antérieures la perception de rapport n'était point intuitive, mais démonstrative, il faudrait avoir recours encore à une nouvelle idée, et toujours ainsi à l'infini. Il faut donc que la perception du rapport entre l'idée moyenne et les termes extrêmes se fasse intuitivement, et il faut qu'il en soit ainsi à tous les degrés de la déduction, de sorte que l'évidence démonstrative est fondée sur l'évidence intuitive et la suppose constamment. Liv. IV, ch. II, § 7. *Chaque degré de la déduction doit avoir une évidence intuitive...* « A chaque pas que la raison fait dans une démonstration, il faut qu'elle aperçoive par une connaissance intuitive la convenance ou la disconvenance de chaque idée qui lie ensemble les idées entre lesquelles elle intervient, pour montrer la convenance ou la disconvenance des deux idées extrêmes. Car sans cela on aurait encore besoin de preuves pour faire voir la convenance ou la disconvenance que chaque idée moyenne a avec celles entre lesquelles elle est placée, puisque, sans la perception d'une telle convenance ou disconvenance, il ne saurait y avoir aucune connaissance. Si elle est aperçue par elle-même, c'est une connaissance intuitive ; et si elle ne peut être aperçue par elle-même, il faut quelque autre idée qui intervienne pour servir, en qualité de mesure commune, à montrer leur convenance ou leur disconvenance. D'où il paraît évidemment que dans le raisonnement chaque degré qui produit la connaissance a une certitude intuitive, que l'esprit n'a pas plutôt aperçue qu'il n'est besoin que de s'en ressouvenir pour faire que la convenance ou la disconvenance des idées, qui est le sujet de notre recherche, soit visible et certaine. De sorte que, pour faire une démonstration, il est nécessaire d'apercevoir la convenance immédiate de l'idée moyenne, par où l'on reconnaît la convenance ou la disconvenance des deux idées qu'on examine, et dont l'une est toujours la première, et l'autre la dernière que l'on énonce. On doit aussi retenir exactement dans son esprit cette perception intuitive de la convenance ou disconvenance des idées moyennes dans chaque degré de la démonstration, et il faut être sûr qu'on n'en omet aucune partie. »

Ainsi l'intuition et la démonstration, tels sont les divers modes de la connaissance, selon Locke. Mais n'y en a-t-il pas d'autres encore ? N'y a-t-il pas des connaissances que nous n'acquérons ni par l'intuition, ni par la démonstration ? Comment acquérons-nous la connaissance des lois de la nature extérieure ? Prenez celle qu'il vous plaira, la gravitation, par exemple. Certes, il n'y a point ici simple intuition et évidence immédiate ; car des expériences multipliées et combinées sont nécessaires pour la moindre loi, et encore seules elles ne suffiraient point, la moindre loi dépassant le nombre, quel qu'il soit, des expériences particulières dont on la tire. Il faut donc l'intervention de quelque autre opération de l'esprit que l'intuition. Est-ce la démonstration ? Impossible. Qu'est-ce, en effet, que la démonstration ? C'est la perception d'un rapport entre deux idées au moyen d'une troisième, mais à cette condition que celle-ci soit plus générale que les deux autres, afin de les embrasser et de les lier. Démontrer, c'est en dernière analyse tirer le particulier du général. Mais quelle est la loi physique plus générale que celle de la gravitation, et de laquelle celle-ci soit déduite ? Nous n'avons pas déduit la connaissance de la gravitation d'une autre connaissance antérieure à elle et qui la contînt. Comment donc avons-nous formé cette connaissance que nous avons bien certainement, et en général la connaissance des lois physiques ? Un phénomène s'étant présenté quelquefois à nous avec tel caractère, dans telles circonstances, nous avons jugé que si ce phénomène se présentait de nouveau dans des circonstances analogues, il aurait le même caractère ; c'est-à-dire que nous avons généralisé d'abord le caractère particulier de ce phénomène : au lieu de descendre du général au particulier, nous nous sommes élevés du particulier au général. Ce caractère général est ce qu'on appelle une loi ; cette loi, nous ne l'avons pas déduite d'une loi ou caractère plus général ; nous l'avons tirée d'expériences particulières pour la transporter au delà ; il n'y a ici ni simple intuition ni démonstration : il y a ce qu'on appelle induction [1]. C'est à l'induction que nous devons toutes nos découvertes des lois de la nature. L'induction ne fut longtemps qu'un procédé naturel de l'esprit humain, dont tous les hommes faisaient usage pour acquérir les connaissances dont ils avaient besoin relativement au monde extérieur, sans s'en rendre compte, et sans qu'il passât de la pratique dans la science. C'est à Bacon surtout [2] que nous devons non pas la découverte, mais l'exposition régulière et la plus grande propagation de ce procédé. Il est étrange que Locke, compatriote de Bacon et qui appartient à son école, ait précisément laissé échapper, dans sa classification des modes de la connaissance, celui que l'école de Bacon a le plus célébré et mis en lumière. Il est étrange que toute l'école sensualiste, qui se prétend fille légitime de Bacon, ait, à l'exemple

---

1. Sur l'induction, voyez plus haut, leç. I, p. 3, et PHILOSOPHIE ÉCOSSAISE, leç. IV, p. 296.
2. HISTOIRE DE LA PHILOSOPHIE, leç. VII, p. 334, et leç. X, p. 520.

de Locke, presque oublié l'évidence d'induction parmi les différentes espèces d'évidence, et qu'à l'encontre de ce qu'aurait dû faire une école expérimentale, elle ait négligé l'induction pour s'enfoncer dans la démonstration. De là ce bizarre mais incontestable phénomène, qu'au dix-huitième siècle, parmi nous, la logique de l'école sensualiste[1] n'a guère été qu'un reflet de la scholastique péripatéticienne du moyen âge, de cette scholastique qui n'admettait d'autres procédés dans la connaissance que l'intuition et la démonstration.

Voyons maintenant quels sont, selon Locke, les divers degrés de la connaissance.

Nous connaissons quelquefois d'une manière certaine, sans que la connaissance que nous avons soit mêlée du plus léger doute. Souvent aussi, au lieu d'une connaissance absolue, nous n'avons qu'une connaissance probable. La probabilité a elle-même bien des degrés et elle a ses fondements particuliers. Locke en traite avec étendue. Je vous engage à lire avec soin les chapitres peu profonds, mais suffisamment exacts, où il traite des différents degrés de la connaissance. Je ne veux pas m'engager dans tous ces détails, et me contente de vous signaler les xive, xve et xvie chapitres du quatrième livre. Je ne m'attache qu'à une distinction à laquelle Locke met la plus grande importance, et qui, selon moi, n'est pas fondée.

Ou nous connaissons d'une manière certaine et ab-

---

1. Voyez la Logique de Condillac.

solue, ou nous connaissons seulement d'une manière plus ou moins probable. Locke veut que l'expression de connaissance soit exclusivement réservée à la connaissance absolue, placée au-dessus de toute probabilité, et il appelle jugement la connaissance qui manque de certitude, la simple conjecture, la présomption plus ou moins vraisemblable. Liv. IV, chap. xiv, § 4 : « L'esprit a des facultés qui s'exercent sur la vérité et sur la fausseté. La première est la *connaissance*, par où l'esprit aperçoit certainement la convenance ou la disconvenance qui est entre deux idées, et en est indubitablement convaincu. La seconde est le *jugement*, qui consiste à joindre des idées dans l'esprit, ou à les séparer l'une de l'autre, lorsqu'on ne voit pas qu'il y ait entre elles une convenance ou une disconvenance certaine, mais qu'on le présume. »

Mais l'usage général de toutes les langues est contraire à un emploi aussi limité du mot *connaître*. Une connaissance certaine, ou une connaissance probable ou même conjecturale, c'est toujours de la connaissance à des degrés différents. Il en est de même du jugement. Comme les langues n'ont pas réservé l'expression de connaissance pour la connaissance absolue, de même elles n'ont pas réservé l'expression de jugement pour la connaissance simplement probable. Nous portons dans certains cas des jugements certains : mais, douteux ou certains, ce sont toujours des jugements ; et cette distinction entre la connaissance comme étant exclusivement infaillible, et le jugement comme étant exclusivement probable, douteux ou conjectural, est une distinction verbale tout à fait arbitraire et stérile. Aussi le temps en a-t-il fait justice; mais il semble avoir respecté la théorie qui est au fond de cette distinction, théorie qui fait consister la connaissance et le jugement dans la perception d'un rapport de convenance entre deux idées. Toute distinction verbale écartée, juger ou connaître, connaître ou juger, n'est pour Locke que percevoir, soit intuitivement, soit démonstrativement, un rapport de convenance ou de disconvenance, certain ou probable, entre deux idées: telle est la théorie de la connaissance et du jugement de Locke, réduite à sa plus simple expression; c'est de Locke qu'elle a passé dans l'école sensualiste, où elle jouit encore d'une autorité incontestée et forme la théorie convenue du jugement : elle réclame donc et elle mérite un examen scrupuleux.

D'abord, reconnaissons la portée de cette théorie : elle ne prétend pas seulement qu'il y a des jugements qui sont des perceptions de rapport de convenance ou de disconvenance entre deux idées; elle prétend que tout jugement est soumis à cette condition : c'est là ce qu'il s'agit de vérifier.

Prenons une connaissance quelconque, un jugement quelconque. Je vous propose le jugement suivant: deux et trois font cinq ; ce n'est pas là une chimère ; il y a bien là connaissance, il y a bien là jugement et jugement certain. Comment acquérons-nous cette connaissance, quelles sont les conditions de ce jugement?

La théorie de Locke en suppose trois : 1° qu'il y ait sous les yeux de l'entendement deux idées connues antérieurement à la perception du rapport; 2° qu'il y ait une comparaison entre ces deux idées ; 3° qu'à la suite de cette comparaison il y ait perception d'un rapport quelconque entre ces deux idées. Deux idées, une comparaison entre elles, une perception de rapport dérivant de cette comparaison : telles sont les conditions de la théorie de Locke.

Reprenons : deux et trois font cinq. Où sont les deux idées ? trois et deux, plus cinq. Je suppose que je n'eusse pas ces deux idées, ces deux termes, d'une part deux et trois, de l'autre cinq : pourrais-je jamais apercevoir qu'il y a entre eux un rapport d'égalité ou d'inégalité, d'identité ou de diversité ? Non. Et si, ayant ces deux termes, je ne les comparais pas, percevrais-je jamais leur rapport ? Pas davantage. Et si les comparant, malgré tous mes efforts, leur rapport échappait à mon entendement, arriverais-je jamais à ce jugement que deux et trois font cinq ? Nullement. Au contraire, les trois conditions accomplies, le jugement ne suit-il pas infailliblement ? Ainsi, jusque-là, la théorie de Locke me semble aller fort bien. Prendrai-je un autre exemple arithmétique ? Mais les exemples arithmétiques ont cela de propre, qu'ils se ressemblent tous. Qu'est-ce, en effet, que les vérités arithmétiques, si non des rapports de nombre ? Les vérités arithmétiques ne sont que cela ; donc les connaissances arithmétiques rentrent dans la théorie générale de la connaissance de Locke ; et le jugement arithmétique, si on peut s'exprimer ainsi, n'est autre chose que la perception d'un rapport de nombres : jusque-là, encore une fois, la théorie de Locke est parfaitement justifiée.

Prendrons-nous la géométrie? Mais si les vérités géométriques ne sont que des rapports de grandeur, il est clair que nulle vérité géométrique ne peut être obtenue qu'à la condition d'avoir préalablement deux idées de grandeur, puis de les comparer, puis d'en tirer un rapport de convenance ou de disconvenance. Et, comme les mathématiques entières ne sont, ainsi que l'a dit Newton, qu'une arithmétique universelle, il faut accorder que le jugement mathématique en général n'est qu'une perception de rapports.

Prenons encore d'autres exemples un peu à l'aventure. Je voudrais savoir si Alexandre est un vrai grand homme : c'est une question qu'on agite souvent. Il est évident que si, d'un côté, je n'avais pas l'idée d'Alexandre, et si, de l'autre, je ne me faisais aucune idée du vrai grand homme, si je ne comparais pas ces deux idées, si je n'apercevais entre elles aucun rapport de convenance ou de disconvenance, je ne pourrais pas prononcer qu'Alexandre est un grand homme ou qu'il ne l'est pas. Là encore, nous avons et nous devons avoir nécessairement deux idées, l'une particulière, celle d'Alexandre, l'autre générale, celle du grand homme, et nous comparons ces deux idées, pour savoir si elles conviennent ou disconviennent entre elles, si le prédicat peut s'affirmer du sujet, si le sujet rentre dans le prédicat, etc.

Je voudrais savoir si Dieu est bon. D'abord il faut que j'aie l'idée de l'existence de Dieu, l'idée de Dieu en tant qu'existant ; puis il faut que j'aie l'idée de la bonté, une idée plus ou moins étendue, plus ou moins complète de la bonté, de manière à pouvoir affirmer, après comparaison de l'une et de l'autre idée, que ces deux idées ont entre elles un rapport de convenance.

Voilà bien les conditions de la connaissance, les conditions du jugement, telles que Locke les demande, accomplies dans ces différents cas. Mais rendons-nous compte de la nature de ces différents cas. Examinons ce que sont les vérités mathématiques qui se prêtent si bien à la théorie de Locke. Les vérités arithmétiques, par exemple, existent-elles dans la nature? Non. Et pourquoi n'existent-elles pas dans la nature? Parce que ces rapports, qu'on appelle des vérités arithmétiques, ont pour termes non des quantités concrètes, c'est-à-dire réelles, mais des quantités discrètes, c'est-à-dire abstraites. Un, deux, trois, quatre, cinq, tout cela n'existe pas dans la nature; par conséquent les rapports entre ces quantités abstraites et non réelles n'existent pas plus que leurs termes : les vérités arithmétiques sont de pures abstractions. Et puis, l'esprit humain opère d'abord sur des quantités concrètes, et ce n'est que plus tard que du concret il s'élève à la conception de ces rapports généraux, qui sont les vérités arithmétiques proprement dites. Elles ont deux caractères : 1° elles sont abstraites; 2° elles ne sont pas primitives; elles supposent des jugements concrets antérieurs, dans le sein desquels elles reposent, en attendant que l'abstraction les en tire et les élève à la hauteur de vérités universelles. J'en dis autant des vérités de la géométrie. Les grandeurs dont s'occupe la géométrie ne sont pas des grandeurs concrètes, ce sont des grandeurs abstraites, qui n'existent pas dans la nature; car il n'existe dans la nature que des figures imparfaites, et la géométrie a pour condition d'opérer sur des figures parfaites, sur le triangle parfait, le cercle parfait, etc., c'est-à-dire sur des figures qui n'ont pas d'existence réelle, et qui sont de pures conceptions de l'esprit. Les rapports d'abstractions ne peuvent donc être que des abstractions. De plus, l'esprit humain n'a pas plus débuté par concevoir des figures parfaites, qu'il n'a débuté par concevoir les rapports abstraits des nombres; il a conçu d'abord le concret, le triangle imparfait, le cercle imparfait, dont il a tiré plus tard, par une abstraction, il est vrai, rapide, le triangle et le cercle parfait de la géométrie : les vérités de la géométrie ne sont donc pas des vérités primitives dans l'entendement humain. Les autres exemples que nous avons pris, à savoir qu'Alexandre est un grand homme, que Dieu est bon, ont ce caractère d'être des problèmes institués par une réflexion tardive et une curiosité savante. En un mot, jusqu'ici nous n'avons vérifié la théorie de Locke que sur des jugements abstraits et sur des jugements qui ne sont pas primitifs : prenons des jugements marqués d'autres caractères.

Voici une autre connaissance, un autre jugement que je propose à votre examen : J'existe. Vous ne doutez pas plus de la certitude de cette connaissance que de la première connaissance que je vous ai citée, deux et trois font cinq; vous douteriez même plutôt de la première que de la seconde. Eh bien! cette connaissance certaine, ce jugement certain : J'existe[1],

---

1. Nous avons pris bien des fois cet exemple contre la théorie des idées représentatives et contre celle du jugement comparatif.

soumettons-les aux conditions de la connaissance et du jugement assignées par Locke.

Je vous rappelle ces conditions : 1° deux idées ; 2° comparaison entre ces deux idées ; 3° perception d'un rapport quelconque de convenance ou de disconvenance.

Quelles sont les deux idées qui devront être les deux termes de ce rapport et les bases de la comparaison ? C'est l'idée de je ou moi, et l'idée d'existence, entre lesquelles il s'agit de trouver un rapport de convenance ou de disconvenance.

Prenons bien garde à ce que nous allons faire. Ce n'est pas l'idée de notre existence qui sera une des deux idées sur lesquelles portera la comparaison ; car que cherchons-nous ? Notre existence. Si nous l'avions, nous ne la chercherions pas : il ne faut donc pas supposer ce qui est en question, notre existence ; donc l'idée d'existence qui doit être ici un des deux termes de la comparaison, c'est l'idée de l'existence en général, et non pas l'idée particulière de notre existence : c'est là la condition rigoureuse du problème. Et quelle est l'autre idée, le second terme de la comparaison ? l'idée du moi. Mais que cherchons-nous ? Le moi existant. Ne le supposons donc pas, car nous supposerions ce qui est en question. Ce n'est donc pas le moi existant qui sera le second terme de la comparaison, mais un moi qu'il faut concevoir nécessairement comme distinct de l'idée avec laquelle il s'agit de le comparer, à savoir, l'idée d'existence, un moi qu'il faut concevoir par conséquent comme ne possédant pas l'existence, c'est-à-dire un moi abstrait.

L'idée d'un moi abstrait, et l'idée de l'existence abstraite, voilà les deux idées sur lesquelles doit porter la comparaison d'où doit sortir le jugement. Pensez-y, de grâce, que cherchez-vous ? Votre existence personnelle. Ne la supposez pas, puisque vous la cherchez ; ne la mettez dans aucun des deux termes à la comparaison desquels vous la demandez. Puisqu'elle ne doit être que le fruit du rapport de ces deux termes, elle ne doit être supposée ni dans l'un ni dans l'autre, sans quoi la comparaison serait inutile, et la vérité serait alors antérieure à la perception de leur rapport ; elle n'en serait pas le résultat. Telles sont donc les conditions impérieuses de la théorie de Locke : deux idées abstraites, l'idée abstraite du moi, et l'idée abstraite de l'existence. Il s'agit maintenant de comparer ces deux idées, de savoir si elles conviennent ou disconviennent entre elles, de percevoir le rapport de convenance ou de disconvenance qui les sépare ou qui les lie. D'abord, je pourrais incidenter sur cette expression de convenance et de disconvenance, et montrer combien elle manque de précision et de netteté : je ne le ferai pas. Je prends les mots comme Locke me les donne; je laisse sa théorie se déployer librement, je ne l'arrête pas : je veux savoir seulement où elle arrive. Elle part de deux termes abstraits, elle les compare et cherche un rapport de convenance ou de disconvenance entre eux, entre l'idée d'existence et l'idée du moi. Elle les compare donc, soit ; et à quoi aboutit-elle ? A un rapport, à un rapport de convenance. Soit encore ; je ne veux remarquer ici qu'une chose, c'est que ce rapport, quel qu'il soit, doit être nécessairement de la même nature que les deux termes sur lesquels il se fonde. Les deux termes sont abstraits : le rapport sera donc nécessairement abstrait. Que résultera-t-il alors de la perception du rapport, que je veux bien supposer de convenance, entre l'idée générale et abstraite de l'existence et l'idée générale et abstraite du moi ? Une vérité de rapport de la même nature que les deux termes sur lesquels elle est fondée, une connaissance abstraite, une connaissance logique de la non-contradiction qui se trouve entre l'idée d'existence et l'idée du moi, c'est-à-dire la connaissance de la pure possibilité de l'existence d'un moi. Mais lorsque vous croyez que vous existez, portez-vous seulement, je vous le demande, ce jugement qu'il n'y a pas contradiction entre l'idée générale du moi et celle d'existence ? Pas du tout. Il ne s'agit pas d'un vous, d'un moi possible, mais d'un moi bien réel, de ce moi bien déterminé que nul ne confond avec une abstraction logique ; il ne s'agit pas de l'existence en général, mais de la vôtre, de votre existence toute personnelle et individuelle. Au contraire, le résultat du jugement qui dérive de la perception d'un rapport de convenance entre l'idée générale et abstraite de l'existence, et l'idée générale et abstraite du moi, n'implique pas l'existence réelle ; il donne, si l'on veut, une existence possible, mais il ne donne et ne peut donner rien de plus.

Tel est le premier vice de la théorie de Locke. En voici un autre.

Le jugement, J'existe, est un jugement primitif

par excellence; c'est le point de départ de la connaissance; évidemment, vous ne connaissez rien antérieurement à vous-même. Mais, dans la théorie de Locke, les deux idées sur lesquelles porte le jugement, et entre lesquelles il s'agit de percevoir le rapport de convenance, sont nécessairement deux idées abstraites. Donc la supposition radicale de la théorie de Locke est que l'esprit humain part de l'abstraction dans la connaissance, supposition gratuite et démentie par les faits. En fait, nous débutons par le concret et non par l'abstrait; et lors même qu'on pourrait tirer la réalité de l'abstraction, ce que je nie, ce que j'ai démontré impossible, il ne resterait pas moins vrai que le procédé que Locke impute à l'esprit humain, fût-il légitime, ne serait pas celui que l'esprit humain emploie.

La théorie de Locke ne peut donner qu'un jugement abstrait, et non un jugement qui atteigne l'existence réelle; elle n'est pas le vrai procédé de l'entendement humain, puisque le procédé dont elle fait usage est tout abstrait et nullement primitif : de plus, cette théorie renferme un paralogisme.

En effet, Locke se propose d'arriver à la connaissance de l'existence réelle et personnelle par la comparaison de l'idée d'existence et de l'idée du moi, en les rapprochant pour en apercevoir le rapport. Mais en général, et pour finir la question d'un seul coup, l'abstrait ne nous étant donné que dans le concret, tirer le concret de l'abstrait, c'est prendre comme principe ce qu'on n'a pu avoir que comme conséquence, c'est demander ce qu'on cherche à cela même qu'on n'a pu connaître que précisément au moyen de ce qu'on cherche. Et dans le cas particulier, à quelle condition avez-vous eu l'idée générale et abstraite d'existence, et l'idée générale et abstraite de moi, que vous comparez pour en tirer la connaissance de votre existence? A cette condition, que vous ayez eu l'idée de votre propre existence. Il est impossible que vous vous soyez élevé à la généralisation de l'existence sans avoir passé par la connaissance de quelque existence particulière ; et ni la connaissance de l'existence de Dieu ni celle de l'existence du monde extérieur ne précédant et ne pouvant précéder la vôtre, il s'ensuit que la connaissance de votre propre existence ne peut pas ne pas avoir été une des bases de l'idée abstraite et générale d'existence : par conséquent, vouloir tirer la connaissance de votre existence de l'idée générale d'existence, c'est tomber dans un paralogisme évident. Si Locke n'avait pas su qu'il existait, si déjà il n'avait acquis la connaissance de son moi réel existant, il n'aurait jamais eu ni l'idée générale et abstraite d'un moi, ni l'idée générale et abstraite d'existence, ces mêmes idées auxquelles il demande la connaissance du moi et de l'existence personnelle.

Ainsi, trois objections radicales contre la théorie de Locke :

1° Elle part d'abstractions ; par conséquent elle ne donne qu'un résultat abstrait, et qui n'est pas celui que vous cherchez ;

2° Elle part d'abstractions, et par conséquent elle ne part pas du véritable point de départ de l'intelligence humaine ;

3° Elle part d'abstractions qu'elle n'a pu obtenir qu'à l'aide de ces mêmes connaissances concrètes qu'elle prétend tirer d'abstractions qui les supposent ; par conséquent elle suppose ce qui est en question.

La théorie de Locke succombe sous ces trois objections, et le jugement, J'existe, échappe de toute manière à cette théorie.

Ce jugement a deux caractères :

1° Il n'est pas abstrait : il implique l'existence ;

2° C'est un jugement primitif : tous les autres le supposent, et il n'en suppose aucun.

C'était tout à l'heure sur des jugements abstraits et sur des jugements formés tardivement dans l'esprit humain, que la théorie de Locke avait été vérifiée. Ici le jugement implique l'existence et il est primitif ; la théorie ne s'y vérifie plus. Il faut donc choisir entre la théorie et la certitude de l'existence personnelle.

Voilà pour l'existence personnelle. Il en est de même de tous les modes de cette existence, de nos facultés, de nos opérations, soit la sensation, soit la volonté, soit la pensée.

Prenons le phénomène qu'il vous plaira : Je sens, je veux, je pense. Prenons Je pense, par exemple. C'est, comme on dit, un fait de conscience ; mais avoir conscience, c'est savoir encore (*conscire sibi*), c'est connaître puisque c'est se connaître soi-même ; c'est croire, c'est affirmer, c'est juger. Quand vous dites Je pense, c'est un jugement que vous portez et exprimez ; et quand vous avez conscience de penser sans le dire, c'est un jugement encore que vous portez sans l'exprimer. Or ce jugement, exprimé ou non, implique l'existence ; il implique que vous, être réel, accomplissez actuellement l'opération réelle de la pensée. De plus, c'est un jugement primitif, au moins contemporain du jugement que vous existez.

Vérifions donc sur ce jugement la théorie de Locke, comme nous l'avons vérifiée sur l'autre jugement primitif et concret : J'existe.

Trois conditions nécessaires dans la théorie de Locke pour expliquer et justifier ce jugement, Je pense : deux idées, leur comparaison, perception de rapport entre elles. Quelles sont ici les deux idées ? Évidemment l'idée de la pensée d'un côté, et de l'autre l'idée de je ou moi. Mais si c'est l'idée de la pensée distincte du moi, si c'est une pensée considérée hors du sujet moi, de ce sujet moi qui est, ne l'oubliez pas, la base première de toute idée d'existence, c'est la pensée, abstraction faite de l'existence, c'est-à-dire la pensée abstraite, c'est-à-dire la simple puissance de penser, et pas autre chose. D'un autre côté, le moi qui est l'autre terme nécessaire de la comparaison ne peut pas être un moi qui pense, car vous venez tout à l'heure d'en séparer la pensée ; c'est donc un moi qu'il faut que vous considériez abstraction faite de la pensée. En effet, si vous le supposiez pensant, vous auriez ce que vous cherchez, et il ne serait pas besoin de vous livrer à une comparaison laborieuse ; vous pourriez vous arrêter à l'un des termes qui vous donnerait l'autre, le moi comme pensant, ou Je pense : mais, pour éviter le paralogisme, il faut le supposer non pensant, et comme votre premier terme légitime est la pensée séparée du moi, votre second terme légitime doit être aussi un moi séparé de la pensée, un moi non pensant. Et vous voulez savoir si ce moi pris indépendamment de la pensée, et cette pensée prise indépendamment du moi, ont entre eux un rapport de convenance ou de disconvenance. Ce sont donc deux abstractions que vous allez comparer ; mais encore une fois, deux termes abstraits ne peuvent engendrer qu'un rapport abstrait, et un rapport abstrait ne peut engendrer qu'un jugement abstrait, ce jugement abstrait, que la pensée et le moi sont deux idées qui n'impliquent pas contradiction; de sorte que le résultat de la théorie de Locke, appliquée à ce jugement, Je pense, comme à l'autre jugement, J'existe, n'est encore qu'un résultat abstrait, une vérité abstraite, qui ne représente en rien ce qui se passe dans votre esprit, lorsque vous jugez que vous pensez, et lorsque vous dites : Je pense.

Puis, la théorie fait débuter l'esprit humain par l'abstraction ; et ce n'est pas ainsi qu'il débute.

Enfin, elle cherche à tirer le concret de l'abstrait, tandis que vous n'auriez jamais eu l'abstrait si préalablement vous n'aviez eu le concret. Vous avez porté d'abord, naturellement, ce jugement déterminé, concret, synthétique, Je pense ; et ensuite, comme vous avez la faculté d'abstraire, vous avez considéré séparément, ici la pensée sans sujet, sans moi, c'est-à-dire la pensée possible, et là vous, je, sans l'attribut réel de la pensée, sans pensée, c'est-à-dire la simple possibilité d'être; et maintenant il vous plaît de réunir artificiellement et après coup, par un prétendu rapport de convenance, deux termes qui, primitivement, ne vous avaient pas été donnés séparés et disjoints, mais unis et confondus dans la synthèse primitive de la réalité et de la vie.

Ainsi les trois objections précédentes reviennent avec la même force, et la théorie de Locke ne peut vous donner légitimement ni la connaissance de votre existence, ni même la connaissance d'aucune de vos facultés, d'aucune de vos opérations ; car ce que j'ai dit de *je pense*, je pouvais le dire de *je veux*, je pouvais le dire de *je sens*, je pouvais le dire de tous les attributs et de tous les modes de l'existence personnelle.

La théorie de Locke ne peut pas davantage donner l'existence extérieure. Prenez ce jugement : Ce corps existe. La théorie veut que vous n'ayez cette connaissance qu'à la condition de l'avoir perçue dans un rapport de convenance entre deux idées comparées entre elles. Quelles sont ces deux idées ? Assurément ce n'est pas l'idée d'un corps réellement existant, car vous auriez ce que vous cherchez ; ce n'est pas non plus l'idée d'une existence réelle : c'est donc l'idée d'un corps possible et l'idée d'une existence possible, ou deux abstractions. Vous n'en tirerez donc que ce jugement : Il n'y a pas incompatibilité logique entre l'idée de l'existence et l'idée de corps. Puis, vous débutez par l'abstraction, contre l'ordre naturel. Enfin, vous débutez par une abstraction que vous n'auriez jamais eue, si préalablement vous n'aviez obtenu la connaissance concrète, celle précisément que vous voulez tirer du rapprochement de vos abstractions.

Ce que je dis de l'existence des corps, je le dis des attributs par lesquels le corps nous est connu ; je le dis du solide, de la forme, de la couleur, etc. Prenons pour exemple la connaissance de la couleur, et voyons à quelles conditions, selon Locke, nous en acquérons la connaissance. Pour porter ce jugement : Ce corps est coloré, blanc ou noir, etc., il nous faudrait avoir eu deux idées, les avoir comparées, et avoir perçu leur rapport? Les deux idées devraient être celle de corps et celle de couleur. Mais l'idée de corps ne peut être ici l'idée d'un corps coloré ; car ce seul terme impliquerait l'autre, rendrait la comparaison superflue, et supposerait ce qui est en question : il faut donc que ce soit l'idée d'un corps comme n'étant pas coloré. L'idée de couleur ne peut pas être non plus l'idée d'une couleur réellement existante ; car une couleur n'est réelle, n'existe que dans un corps, et la condition même de l'opération que nous voulons faire est la séparation de la couleur d'avec le corps : il n'est donc pas ici question d'une couleur réelle, ayant telle ou telle nuance déterminée, mais de la couleur, abstraction faite de tout ce qui la détermine et la réalise ; il n'est question que de l'idée abstraite et générale de couleur. D'où il résulte que les deux idées que vous avez sont deux idées générales et abstraites ; et des abstractions ne peuvent donner que des abstractions. Et encore, vous débutez par l'abstraction : vous allez donc contre les voies de la nature. Enfin, et c'est là l'objection la plus accablante, il est évident que vous n'avez obtenu l'idée générale de couleur que dans l'idée de telle ou telle couleur particulière et positive, et que vous n'avez obtenu celle-ci qu'avec celle d'un corps figuré et coloré. Ce n'est pas à l'aide de l'idée générale de couleur, et de l'idée générale de corps, que vous avez appris que les corps sont colorés; mais c'est, au contraire, parce que vous avez su préalablement que tel corps était coloré, que, séparant ensuite ce qui était uni dans la synthèse primitive, vous avez pu considérer, d'un côté l'idée de corps, et de l'autre l'idée de couleur, abstractivement l'une de l'autre; et c'est alors seulement que vous avez pu instituer une comparaison pour vous rendre compte de ce que vous saviez déjà.

En général, les jugements sont de deux sortes : ou ce sont des jugements dans lesquels nous acquérons ce que nous ignorions auparavant, ou ce sont des jugements réflexifs, dans lesquels nous nous rendons compte de ce que nous savions déjà. La théorie de Locke peut expliquer les seconds jusqu'à un certain point; mais les premiers lui échappent entièrement.

Par exemple, si maintenant nous voulons nous rendre compte de l'existence de Dieu, que nous connaissons déjà, nous prenons où nous pouvons prendre, d'un côté, l'idée de Dieu, et de l'autre l'idée d'existence, et rechercher si ces deux idées conviennent ou disconviennent. Mais autre chose est se rendre compte d'une connaissance déjà acquise, autre chose est acquérir cette connaissance; or, certes, nous n'avons point d'abord acquis la connaissance de l'existence de Dieu en mettant d'un côté l'idée de Dieu et de l'autre l'idée d'existence, et en cherchant leur rapport; car, pour vous faire grâce de répétitions superflues, pour ne pas repasser par le cercle des trois objections accoutumées, et m'en tenir à la troisième, ce serait supposer ce qui est en question. Il est trop évident que lorsque nous considérons d'un côté l'idée de Dieu, et de l'autre l'idée d'existence, et que nous cherchons la connaissance de l'existence de Dieu dans le rapprochement de ces deux idées, nous ne faisons que tourmenter ce que nous possédions déjà et ce que nous n'aurions jamais obtenu si nous avions été réduits à la théorie de Locke. Et il est bien entendu qu'il en est des attributs de Dieu comme de son existence : partout et toujours les mêmes objections, partout et toujours le même paralogisme.

La théorie de Locke ne peut donc donner ni Dieu, ni le corps, ni le moi, ni leurs attributs : à cela près, j'accorde, si l'on veut, qu'elle peut donner tout le reste.

Elle donne les mathématiques, direz-vous. Oui, je l'ai dit moi-même, et je le répète : elle donne les mathématiques, la géométrie et l'arithmétique, en tant que sciences des rapports des grandeurs et des nombres; elle les donne, mais à une condition, c'est que vous considériez ces nombres et ces grandeurs comme des grandeurs et des nombres abstraits, n'impliquant pas l'existence. Or, il est bien vrai que la science géométrique est une science abstraite; mais elle a ses bases dans des idées concrètes et dans des existences réelles. Une de ces idées est celle d'espace, qui, vous le savez[1], nous est donnée dans ce jugement : Tout corps est dans l'espace ; voilà le jugement qui donne l'espace, jugement accompagné de la parfaite certitude de la réalité de son objet. Nous n'avons qu'une seule

1. Plus haut, leçon v.

idée comme point de départ, l'idée de corps ; puis l'esprit, par sa puissance, aussitôt que l'idée de corps est acquise, conçoit l'idée d'espace, et la connexion nécessaire de l'espace et du corps. Un corps connu, nous ne pouvons pas ne pas juger qu'il est dans un espace qui le renferme. De ce jugement abstrayez l'idée d'espace, et vous avez l'idée abstraite d'espace. Mais cette idée n'était pas antérieurement à la conception du rapport nécessaire de l'espace au corps, pas plus que le rapport n'était antérieurement à elle ; elle n'est pas non plus postérieure au rapport, ni le rapport postérieur à elle ; l'un et l'autre s'impliquent, et nous sont donnés dans le même jugement aussitôt que le corps est connu. C'est bouleverser l'ordre du développement de l'esprit, que de poser d'abord l'idée d'espace et l'idée de corps, et puis de chercher à tirer de leur comparaison le rapport qui les lie ; car l'idée seule de l'espace suppose déjà ce jugement, que tout corps est nécessairement dans l'espace. Le jugement ne peut donc venir de l'idée, c'est l'idée, au contraire, qui vient du jugement. Il n'est pas difficile de tirer le jugement de l'idée, qui le suppose ; mais reste à expliquer d'où vient l'idée, antérieurement au jugement. Il n'est pas difficile de trouver un rapport entre le corps et l'espace, quand on connaît le corps et l'espace ; mais il faut demander à Locke comment il a obtenu cette idée d'espace, comme tout à l'heure nous lui avions demandé comment il avait obtenu l'idée de corps, l'idée de Dieu, l'idée de couleur, l'idée d'existence, etc. Supposer que l'idée nécessaire de l'espace vient du rapprochement de deux idées dont l'une est déjà l'idée d'espace, c'est un cercle vicieux, un paralogisme manifeste.

L'autre idée sur laquelle repose la géométrie est l'idée de grandeur, laquelle renferme l'idée de point, l'idée de ligne, etc. La grandeur, le point, la ligne, sont des conceptions abstraites qui présupposent l'idée de quelque corps réel, d'un solide existant dans la nature. Or, l'idée de solide sort d'un jugement comme toute idée ; et il a fallu que nous jugions que tel solide existe, pour concevoir à part l'idée de solide. Comment donc jugeons-nous que tel solide existe ? Selon la théorie de Locke, il faudrait deux idées, une comparaison de ces deux idées, et une perception de convenance entre ces deux idées. Et quelles pourraient être les deux idées qui serviraient de termes à ce jugement : Ce solide existe? J'avoue que je ne le vois pas trop. Forcé d'en trouver pour l'hypothèse, je n'en rencontre pas d'autres que l'idée de solide, plus celle d'existence, que l'on comparerait, pour savoir si elles conviennent ou disconviennent. La théorie veut tout cet échafaudage. Mais est-il besoin de le détruire pièce à pièce pour le renverser ? Ne suffit-il pas de rappeler que le solide en question étant dépourvu d'existence, puisqu'il est séparé de l'idée d'existence, n'est que l'abstraction du solide, et que cette abstraction n'aurait pu être sans la conception antérieure d'un solide réellement existant? L'abstraction, ligne, point, etc., présuppose tel ou tel solide réel, une connaissance primitive et concrète qu'on ne peut faire venir d'abstractions postérieures sans tomber dans un cercle vicieux, et sans enlever à toutes les conceptions géométriques leur base naturelle.

Voilà donc les deux idées fondamentales de la géométrie, l'idée d'espace et l'idée de solide, qui échappent à la théorie de la connaissance et du jugement de Locke.

Il en est de même de l'idée fondamentale de l'arithmétique. Cette idée est évidemment celle de l'unité, et il ne s'agit pas d'une unité collective, par exemple quatre représentant deux et deux, cinq représentant deux et trois, il s'agit d'une unité qui se retrouve dans toutes les unités collectives, les mesure et les évalue. Cette unité, l'arithmétique la conçoit d'une manière abstraite; mais, l'abstraction n'étant pas le point de départ de l'esprit humain, l'unité abstraite a dû nous être donnée d'abord dans quelque unité concrète, réellement existante. Quelle est donc cette unité concrète, réellement existante, source de l'idée abstraite d'unité? Ce n'est pas le corps; il est divisible indéfiniment : c'est le moi, le moi identique et par conséquent un [1], sous la variété de ses actes, de ses pensées, de ses sensations. Et comment peut être acquise, dans la théorie de Locke, la connaissance de l'unité du moi? Il faudrait que nous eussions d'un côté l'idée du moi comme n'étant pas un, c'est-à-dire sans réalité, l'identité et l'unité du moi étant impliquée dans son existence dès le premier acte de mémoire, et de l'autre côté l'idée d'une unité distincte du moi, sans sujet, et par conséquent sans réalité, et il faudrait que, rapprochant ces deux idées, nous perçussions leur rapport de convenance. Or ici reviennent toutes les objections,

---

1. Plus haut, leç. vi, p. 144.

que je vous demande la permission de récapituler en terminant.

1° C'est une unité abstraite et un moi abstrait dont vous partez; mais l'unité abstraite et le moi abstrait, comparés et rapprochés, ne produiront qu'un rapport abstrait et non pas un rapport réel, une unité abstraite et non pas l'unité réelle du moi; vous n'aurez donc pas cette idée concrète d'unité, base nécessaire de l'idée abstraite d'unité, laquelle est la base de l'arithmétique, la mesure générale de tous les nombres;

2° Vous partez de l'abstraction sans avoir passé par le concret, c'est un contre-sens dans l'ordre naturel de l'entendement;

3° Vous faites un paralogisme, puisque vous voulez obtenir l'unité réelle du moi par la comparaison de deux abstractions qui supposent précisément ce que vous cherchez, à savoir l'unité réelle du moi.

La théorie de Locke ne peut donc fournir la base de l'arithmétique et de la géométrie, c'est-à-dire des deux sciences les plus abstraites. Elle a sa place dans le champ de l'arithmétique et de la géométrie en tant que sciences abstraites; mais ces sciences abstraites et toutes les mathématiques portent elles-mêmes, en dernière analyse, sur des connaissances primitives qui impliquent l'existence; et ces connaissances primitives qui impliquent l'existence, échappent de toutes parts à la théorie de Locke. Or, nous avons vu que la connaissance de l'existence personnelle, celle des corps et celle de Dieu, lui échappent également, et au même titre. Il s'ensuit qu'en dernier résultat la théorie de Locke ne vaut que dans l'abstraction pure, et s'évanouit aussitôt qu'elle est mise en présence de quelque réalité à connaître, quelle qu'elle soit. Donc cette prétention générale et illimitée de Locke, que toute connaissance, tout jugement n'est que la perception d'un rapport de convenance ou de disconvenance entre deux idées, cette prétention est de toute manière convaincue d'erreur et même d'absurdité.

Je crains bien que cette discussion de la théorie de Locke sur le jugement et la connaissance ne vous ait paru un peu subtile; mais quand on veut suivre l'erreur dans tous ses replis, et délier méthodiquement par l'analyse et la dialectique le nœud de théories sophistiques, au lieu de le trancher d'abord par le simple bon sens, on est condamné à s'engager dans d'apparentes subtilités, sur les traces mêmes de ceux que l'on veut combattre; c'est à ce prix seul qu'on peut les atteindre et les confondre. Je crains aussi que cette discussion ne vous ait paru bien longue, et pourtant elle n'est point achevée, car elle n'a pas encore pénétré jusqu'à la vraie racine de la théorie de Locke. En effet, cette théorie, que tout jugement, toute connaissance n'est que la perception d'un rapport entre deux idées, suppose et contient une autre théorie, qui est le principe de la première. L'examen de l'une est indispensable pour achever celui de l'autre, et déterminer l'opinion définitive qu'on en doit avoir.

DOUZIÈME LEÇON

ESSAI. SUITE ET FIN DU LIVRE IV

Suite de la dernière leçon. Que la théorie du jugement comme perception d'un rapport de convenance ou de disconvenance entre des idées suppose que tout jugement est fondé sur une comparaison. Réfutation de la théorie du jugement comparatif. — Des axiomes. — Des propositions identiques. — De la raison et de la foi. — Du syllogisme. — De l'enthousiasme. — Des causes d'erreur. — Division des sciences. Fin de l'examen du quatrième livre de l'*Essai sur l'Entendement humain*.

Je crois avoir suffisamment réfuté, par ses résultats, la théorie de Locke qui fait consister la connaissance et le jugement dans une perception de rapport de convenance ou de disconvenance entre des idées ; je crois avoir démontré que cette théorie ne peut donner la réalité, les existences ; qu'elle est condamnée à partir de l'abstraction et à aboutir à l'abstraction. Aujourd'hui, je viens examiner cette même théorie sous une autre face, non plus dans ses résultats, mais dans son principe essentiel.

Il est évident que le jugement ne peut être la perception d'un rapport de convenance ou de disconvenance entre des idées, qu'à cette condition qu'il y ait eu comparaison entre ces idées : tout jugement de rapport est nécessairement comparatif. Tel est, si l'on y fait attention, le premier et le dernier principe de la théorie de Locke ; principe que l'analyse infaillible du temps a successivement dégagé et mis à la tête de la logique sensualiste ; il est au moins en germe dans le quatrième livre de l'*Essai sur l'Entendement humain*. C'est là qu'il faut le saisir et l'examiner.

Encore une fois, la théorie du jugement comparatif, comme celle dont elle est le fondement, est une théorie dont la prétention est de rendre compte de toutes nos connaissances, de tous nos jugements ; de sorte que si la théorie est exacte, il ne doit pas y avoir un seul jugement qui ne soit un jugement comparatif. Ainsi je pourrais, je devrais même dans cette leçon, comme dans la précédente, aller de jugements en jugements, leur demandant s'ils sont en effet ou s'ils ne sont pas le fruit d'une comparaison. Mais ce luxe de méthode m'entraînerait trop loin, et le long espace qui me reste à parcourir m'avertit de me hâter. Je dirai donc tout d'abord que s'il y a beaucoup de jugements qui sont incontestablement des jugements comparatifs, il en est beaucoup aussi qui ne le sont point, et qu'ici encore tout jugement qui implique la réalité et l'existence exclut toute comparaison. Commençons par bien reconnaître les conditions d'un jugement comparatif, puis nous vérifierons ces conditions sur les jugements qui impliquent l'existence. Nous rentrerons sans doute un peu dans nos raisonnements antérieurs; mais il le faut, pour poursuivre et forcer dans son dernier retranchement la théorie de Locke.

Pour qu'il y ait comparaison, il faut deux termes à comparer. Que ces termes soient des abstractions ou des réalités, c'est ce qu'il ne s'agit plus d'examiner; toujours est-il qu'il en faut deux, ou la comparaison est impossible. Et il faut que ces deux termes soient connus et qu'ils soient présents à l'esprit avant que l'esprit les compare et juge. Cela est bien simple : eh bien ! cela suffit pour renverser la théorie du jugement comparatif, en matière de réalité et d'existence. Là, en effet, je maintiens que le jugement ne porte pas et ne peut pas porter sur deux termes.

Prenons encore pour exemple l'existence personnelle, et voyons quels sont les deux termes qu'il s'agit de comparer pour tirer ce jugement : J'existe. Sortons, pour cette fois, de l'abstraction du moi et de l'abstraction de l'existence, qui, nous l'avons vu, ne peuvent donner qu'un jugement abstrait; prenons une hypothèse plus favorable; rapprochons-nous de la réalité. Il est indubitable que si nous ne pensions jamais, si nous n'agissions jamais, si nous ne sentions jamais, jamais non plus nous ne saurions que nous sommes. Sensation, action, pensée, il faut absolument qu'un phénomène quelconque paraisse sur le théâtre de la conscience pour que l'entendement puisse rapporter ce phénomène au sujet qui l'éprouve, à ce sujet qui est nous-mêmes. Si donc la connaissance est ici le fruit d'un jugement comparatif, les deux termes de ce jugement doivent être, d'un côté, l'action, la sensation, la pensée, et en général tout phénomène de conscience; et de l'autre côté, le sujet moi : je ne vois pas d'autres termes possibles de comparaison.

Mais quelle est la nature de ces deux termes? et d'abord quelle est celle du phénomène de conscience? Le phénomène de conscience est donné par une aperception immédiate qui l'atteint et le connaît directement. Voilà déjà une connaissance; je dis une connaissance, car, ou une aperception de conscience est déjà de la connaissance, ou ce n'est rien. Mais, s'il y a là connaissance, il y a eu jugement; car apparemment il y a eu croyance qu'il y avait connaissance, il y a eu affirmation de la vérité de cette connaissance; et que cette affirmation ait été tacite ou expresse, qu'elle ait eu lieu seulement dans les profondeurs de l'intelligence ou qu'elle ait été prononcée du bout des lèvres et exprimée avec des mots, elle a eu lieu enfin; et affirmer, c'est juger. Il y a donc eu jugement. Or, il n'y a encore ici qu'un seul terme, ou la sensation, ou l'action, ou la pensée, en un mot, un phénomène de conscience. Donc il n'a pu y avoir comparaison; donc encore, selon Locke, il n'a pu y avoir jugement, si tout jugement est comparatif. Toutes nos connaissances se résolvent en affirmations du vrai ou du faux, en jugements; et il répugne que le jugement qui fournit la première connaissance, la connaissance de conscience, soit un jugement comparatif, puisque cette connaissance n'a qu'un seul terme, et qu'il en faut deux pour toute comparaison; et cependant ce seul terme est une connaissance, et par conséquent il suppose un jugement, mais un jugement qui échappe aux conditions que la théorie de Locke impose à tout jugement.

Ainsi, des deux termes nécessaires de la comparaison de laquelle doit résulter le jugement : J'existe, le premier à lui tout seul comprend déjà une connaissance, un jugement qui n'est pas et ne peut pas être comparatif : il en est du second terme comme du premier. Si tout phénomène de conscience, en tant que connu, implique déjà un jugement, il est évident que le moi qui doit être connu aussi pour être le second terme de la comparaison, par cela qu'il est connu, implique aussi un jugement, et un jugement qui ne peut pas non plus avoir été comparatif. En effet, si c'est le rapprochement d'une sensation, d'une volition, d'une pensée et du moi qui fonda le jugement : J'existe, il s'ensuit que ni le phénomène de conscience, ni l'être moi, qui sont les termes de cette comparaison, ne doivent ni ne peuvent, chacun pris à part, venir de la comparaison qui n'a pas encore eu lieu : cependant l'un et l'autre de ces deux termes constituent des connaissances; le second surtout est une connaissance importante et fondamentale qui implique évidemment un jugement. La théorie du jugement comparatif échoue donc contre le second terme aussi bien que contre le premier; et les deux termes, nécessaires, selon Locke, pour qu'un jugement puisse avoir lieu, renferment chacun un jugement, et un jugement sans comparaison.

Mais voici une seconde difficulté bien plus grave que la première. Le caractère propre de toute connaissance de conscience est d'être une connaissance immédiate et directe. Il y a aperception immédiate et directe d'une sensation, d'une volition, d'une pensée, et voilà pourquoi vous pouvez les observer et les décrire dans tous leurs modes, dans toutes leurs nuances, dans tous leurs caractères relatifs ou particuliers, fugitifs ou permanents. Ici le jugement n'a pas d'autre principe que la faculté même de juger, et la conscience. Il n'y a pas de principe général ou particulier sur lequel doive s'appuyer la conscience pour apercevoir ses objets propres. Sans doute un phénomène quelconque a beau avoir lieu; sans un acte d'attention, nous ne l'apercevons pas; un acte d'attention, si faible qu'il soit, mais réel, est la condition de toute connaissance de conscience; mais, cette condition accomplie, le phénomène est aperçu et connu directement. Mais il n'en est pas de l'être comme du phénomène; il n'en est pas du moi comme de la sensation, de la volition, de la pensée. Un phénomène quelconque ayant été aperçu directement, supposez que l'entendement ne soit pas pourvu de ce principe, que tout phénomène suppose l'être, que toute qualité suppose un sujet, jamais l'entendement ne pourra juger que sous la sensation, la volition, la pensée, est l'être, le sujet moi. Et songez bien que je ne veux pas dire que l'entendement doit connaître ce principe sous sa forme générale et abstraite, j'ai montré ailleurs que telle n'était pas la forme primitive des principes [1]; je dis seulement que l'entendement doit être dirigé, sciemment ou à son insu, par ce principe pour pouvoir affirmer et juger, pour pouvoir soupçonner même, ce qui est juger en-

---

1. Plus haut, leçon VII, etc.

core, qu'il y a un être sous les phénomènes que la conscience aperçoit. Ce principe est, à proprement parler, le principe de l'être; c'est lui qui révèle le moi : je dis révèle, car le moi ne tombe pas sous l'aperception immédiate de la conscience; l'entendement le conçoit et y croit, sans que la conscience l'atteigne et le voie [1]. La sensation, la volition, la pensée, sont crues parce qu'elles sont vues en quelque sorte dans l'intuition interne de la conscience : le sujet de la sensation, de la volition, de la pensée, est cru sans être vu ni par le sens externe très-évidemment, ni par la conscience elle-même ; il est cru parce qu'il est conçu. Le phénomène seul est visible à la conscience, l'être est invisible ; mais l'un est le signe de l'autre, et le phénomène visible révèle l'être invisible, sur la foi du principe en question, sans lequel l'entendement ne sortirait pas de la conscience, du visible, du phénomène, et n'atteindrait jamais l'invisible, la substance, le moi. Il y a encore cette différence éminente dans le caractère de la connaissance du moi et de la connaissance des phénomènes de conscience : l'une est un jugement de fait qui donne une vérité, mais une vérité contingente, cette vérité qu'il y a, en tel ou tel moment, sous l'œil de la conscience, tel ou tel phénomène ; tandis que l'autre est un jugement qui est nécessaire, une fois sa condition accomplie ; car aussitôt qu'une aperception de conscience est donnée, nous ne pouvons pas ne pas juger que le moi existe. Ainsi, pour le second terme, le sujet moi, il n'y a pas

---

1. Voyez PREMIERS ESSAIS, cours de 1816, et DU VRAI, DU BEAU ET DU BIEN, leç. II, p. 50.

seulement connaissance, et par conséquent jugement, comme pour le premier terme; mais il y a connaissance et jugement marqués de caractères tout particuliers. Il est donc absurde de tirer le jugement de l'existence personnelle de la comparaison de deux termes, dont le second, pour être connu, suppose un jugement d'un caractère si remarquable. Et il est trop évident que ce jugement n'est point un jugement comparatif; car de quelle comparaison pourrait sortir le moi? Invisible, il ne peut être amené sous l'œil de la conscience avec le phénomène visible, pour qu'ils soient comparés ensemble. Ce n'est pas non plus d'une comparaison entre les deux termes que se tire la certitude de l'existence du second; car ce second terme nous est donné tout d'abord avec une certitude qui ne croît ni ne décroît, et qui n'a pas de degrés. Loin que la connaissance du moi et de l'existence personnelle ne vienne d'une comparaison entre un phénomène et le moi pris comme termes corrélatifs, il suffit d'un seul terme, un phénomène de conscience, pour qu'à l'instant, et sans que le second terme moi ait été connu ailleurs, l'entendement, par sa vertu innée et celle du principe qui le dirige en cette circonstance, conçoive et en quelque sorte devine, mais devine infailliblement, ce second terme, en tant que sujet nécessaire du premier. C'est après avoir ainsi conçu le second terme que l'entendement peut, s'il lui plaît, le rapprocher du premier, et comparer le sujet moi et les phénomènes sensation, volition, pensée; mais cette comparaison ne lui apprend que ce qu'il sait déjà, et il ne peut la faire que parce qu'il a déjà les deux termes, lesquels renferment toute la connaissance qu'on cherche dans leur comparaison, et ont été acquis antérieurement à toute comparaison par deux jugements différents, dont la seule ressemblance est de n'être pas comparatifs.

Le jugement de l'existence personnelle ne porte donc point sur la comparaison de deux termes, mais sur un seul terme, le phénomène de conscience : celui-là seul est immédiatement donné, et c'est avec celui-là que l'entendement conçoit l'autre, c'est-à-dire le moi et l'existence personnelle elle-même jusque-là inconnue, et par conséquent incapable de servir de second terme à une comparaison. Or, ce qui est vrai de l'existence personnelle l'est de toutes les autres existences et des jugements qui nous les révèlent : primitivement, ces jugements ne reposent que sur une seule donnée.

Comment connaissons-nous le monde extérieur, les corps et leurs qualités, dans la théorie de Locke? Pour commencer par les qualités des corps, si nous les connaissons, nous ne devons les connaître que par un jugement fondé sur une comparaison, c'est-à-dire sur deux termes préalablement connus. Telle est la théorie ; mais elle est démentie par les faits.

J'éprouve une sensation, pénible ou agréable, laquelle est aperçue par la conscience : voilà tout ce qui m'est donné directement, et rien de plus ; car il ne faut pas supposer ce qui est en question, les qualités des corps ; il s'agit d'arriver à les connaître, il ne faut pas supposer qu'elles sont déjà connues. Et vous savez comment on arrive à les connaître, comment on passe de la sensation, de l'aperception d'un phénomène de conscience, à la connaissance des qualités des objets extérieurs. C'est en vertu du principe de causalité[1], qui, aussitôt qu'un phénomène quelconque commence à paraître, nous porte irrésistiblement à en chercher la cause. Dans l'impuissance de nous rapporter à nous-mêmes la cause du phénomène involontaire de la sensation qui est actuellement sous l'œil de la conscience, nous le rapportons à une cause autre que nous, étrangère à nous, c'est-à-dire extérieure; nous faisons autant de causes qu'il y a de classes distinctes de sensations, et ces causes diverses nous sont les puissances, les propriétés, les qualités des corps. Ce n'est donc pas une comparaison qui nous fait arriver à la connaissance des qualités des corps, car la sensation involontaire nous est d'abord donnée seule, et c'est d'après cette seule sensation que l'esprit porte ce jugement, qu'il est impossible que cette sensation se suffise à elle-même, qu'elle se rapporte donc à une cause, à une cause extérieure, laquelle est pour nous telle ou telle qualité des corps.

La théorie de la comparaison ne peut donner les qualités du corps; elle donne bien moins encore le *substratum*, le sujet de ces qualités. Vous ne croyez pas qu'il y ait seulement devant vous de l'étendue, de la résistance, de la solidité, de la dureté, de la mollesse, de la saveur, de la couleur, etc.; vous croyez qu'il y a quelque chose qui est coloré, étendu, résistant, solide, dur, mou, etc. Mais il ne faut pas commencer par supposer ce quelque chose en même temps

---

1. Plus haut, leçon VII.

que ses qualités, de manière à avoir ces deux termes, la solidité, la résistance, la dureté, etc ; plus quelque chose de réellement solide, résistant, dur, etc., deux termes que vous puissiez comparer, afin de prononcer s'ils conviennent ou disconviennent. Non, la chose ne se passe point ainsi : d'abord vous avez seulement les qualités qui vous sont données par l'application du principe de causalité à vos sensations ; puis, sur cette seule donnée, vous jugez que ces qualités ne peuvent pas ne pas se rapporter à un sujet de la même nature, et ce sujet est le corps. Donc, ce n'est point à la comparaison des deux termes, dont l'un, le sujet des qualités sensibles, vous était d'abord profondément inconnu, que vous devez la connaissance du corps.

Il en est de même de l'espace. Là encore vous n'avez qu'un seul terme, une seule donnée, à savoir les corps ; et, sans avoir aucun autre terme, sur celui-là seul vous jugez et ne pouvez pas ne pas juger que ces corps sont dans l'espace : la connaissance de l'espace est le fruit de ce jugement, qui n'a rien à voir avec aucune comparaison ; car vous ne connaissez pas l'espace antérieurement à votre jugement ; mais un corps vous étant donné, vous jugez que l'espace existe, et c'est alors seulement qu'arrive l'idée d'espace, c'est-à-dire le second terme [1].

Même chose pour le temps. Pour juger que la succession des événements est dans le temps, vous n'avez pas, d'un côté, l'idée de succession, de l'autre, l'idée de temps ; vous n'avez qu'un seul terme, la succession

---

1. Plus haut, leçon v.

des événements, soit des événements extérieurs, soit des événements intérieurs, de nos sensations ou de nos pensées ou de nos actes ; et ce seul terme donné, sans le comparer au temps qui vous est encore profondément inconnu, vous jugez que la succession des événements est nécessairement dans un temps : de là l'idée, la connaissance du temps. Ainsi cette connaissance, loin d'être le fruit d'une comparaison, ne devient la base possible d'une comparaison postérieure qu'à cette condition, qu'elle vous aura été donnée d'abord dans un jugement, lequel ne porte pas sur deux termes, mais sur un seul, sur la succession des événements [1].

Cela est encore plus évident pour l'infini. Si nous connaissons l'infini, nous devons le connaître, dans la théorie de Locke, par un jugement, et par un jugement comparatif ; or, les deux termes de ce jugement ne peuvent être deux termes finis qui jamais ne pourraient donner l'infini ; il faut que ce soit le fini et l'infini, entre lesquels l'entendement découvre un rapport de convenance ou de disconvenance. Mais je crois avoir démontré, et je n'ai besoin que de le rappeler ici, qu'il suffit que l'idée du fini nous soit donnée, pour qu'à l'instant [2] nous jugions que l'infini existe, ou, pour ne pas dépasser les limites dans lesquelles nous sommes restés, l'infini est un caractère du temps et de l'espace que nous concevons nécessairement à l'occasion du caractère contingent et fini des corps et de toute succession d'événements. L'en-

---

[1]. Leçon vi.
[2]. Leçon viii.

tendement est ainsi fait qu'à l'occasion du fini il ne peut pas ne pas concevoir l'infini. Le fini est connu préalablement; mais il est connu tout seul : le fini est connu directement par les sens ou la conscience; l'infini est invisible, insaisissable; il n'est que concevable et compréhensible; il échappe aux sens et à la conscience, et ne tombe que sous l'entendement; il n'est ni un des deux termes ni le fruit d'une comparaison ; nous l'atteignons dans un jugement qui porte sur un seul terme, l'idée du fini. Voilà pour les jugements qui regardent l'existence en général.

Il y a même beaucoup d'autres jugements qui, sans se rapporter à l'existence, présentent le même caractère. Je me bornerai à vous citer les jugements du bien et du mal, du beau et du laid. Dans l'un et l'autre cas, le jugement porte sur une seule donnée, sur un seul terme; et c'est le jugement lui-même qui nous révèle l'autre terme, au lieu de résulter de la comparaison des deux.

Selon la théorie de Locke, pour juger si une action est juste ou injuste, bien ou mal faite, il faudrait avoir d'abord l'idée de cette action, puis l'idée du juste et de l'injuste, et comparer l'une à l'autre. Mais pour confronter un fait avec l'idée du juste et de l'injuste, il faut avoir cette idée, cette connaissance, et cette connaissance suppose un jugement; la question est de savoir d'où vient et comment se forme ce jugement. Or nous avons vu [1] qu'en présence de tel ou tel fait, dépourvu aux yeux des sens de tout caractère moral, l'entendement est constitué

1. Leçon VIII.

de cette sorte qu'il prend l'initiative, et qualifie ce fait, indifférent pour la sensibilité, de juste ou d'injuste, de bon ou de mauvais. C'est de ce jugement primitif, qui sans doute a sa loi, que plus tard l'analyse tire l'idée de juste et d'injuste, laquelle sert ensuite de règle à nos jugements ultérieurs.

Les formes des objets ne sont, pour le sens externe ou interne, ni belles ni laides. Otez l'intelligence, et il n'y a plus de beauté pour nous dans les formes extérieures et dans les choses. Qu'est-ce, en effet, que les sens vous apprennent des formes ? Rien, sinon qu'elles sont rondes ou carrées, colorées, etc. Q'est-ce que la conscience vous en apprend ? Rien, sinon qu'elles vous donnent des sensations agréables ou désagréables ; mais entre l'agréable ou le désagréable, le carré ou le rond, la couleur verte ou jaune, etc., et le beau ou le laid, il y a un abîme. Tandis que les sens et la conscience perçoivent telle ou telle forme, tel ou tel sentiment plus ou moins agréable, l'entendement conçoit le beau, comme le bien, comme le vrai, par un jugement primitif et spontané, dont toute la force réside dans celle de l'entendement et de ses lois, et dont l'unique donnée est une perception extérieure[1].

Je crois donc avoir démontré, et trop longuement peut-être, que la théorie de Locke, qui fait reposer la connaissance sur la comparaison, c'est-à-dire sur deux termes connus préalablement, ne rend pas compte du vrai procédé de l'entendement dans l'acquisition

---

1. Premiers Essais, *du Beau réel et du Beau ideal*, p. 265, Du Vrai, du Beau et du Bien, 2e partie, et Philosophie Écossaise, le . II et leç. x.

d'une foule de connaissances ; et, en général, je reproduis ici la critique que j'ai faite cent fois à Locke, de confondre toujours ou les antécédents d'une connaissance elle-même, comme lorsqu'il a confondu le corps avec l'espace, la succession avec le temps, le fini avec l'infini, l'effet avec la cause, les qualités et leur collection avec la substance ; ou, ce qui n'est pas moins grave, les conséquents d'une connaissance avec cette connaissance elle-même. Ici, par exemple, les jugements comparatifs en ce qui concerne l'existence, et même dans d'autres cas, exigent deux termes, lesquels supposent un jugement préalable fondé sur un seul terme, et par conséquent non comparatif. Les jugements comparatifs supposent des jugements non comparatifs. Les jugements comparatifs sont abstraits, et supposent des jugements réels ; ils n'apprennent guère que ce que les premiers avaient déjà appris ; ils marquent expressément ce que les autres enseignent tacitement mais souverainement ; ils ont besoin du secours des langues ; les autres, à la rigueur, se passent du langage, de tous signes conventionnels, et ne supposent que l'entendement et ses lois ; ceux-ci appartiennent à la réflexion et à la logique artificielle ; ceux-là constituent la logique naturelle et spontanée du genre humain : confondre ces deux classes de jugements, c'est vicier à la fois toute la psychologie et toute la logique. Cependant une semblable confusion remplit une grande partie du quatrième livre de l'*Essai sur l'Entendement humain*.

Je vais parcourir rapidement les différents points fondamentaux dont se compose ce quatrième livre, et vous verrez que sur la plupart nous retrouverons toujours la même erreur, les résultats des jugements confondus avec les jugements eux-mêmes. Cette critique s'adresse directement au chapitre VII, sur les *axiomes*.

Si je me suis fait bien comprendre dans ma dernière leçon, il doit vous être évident que les axiomes, les principes, les vérités générales, sont des débris de propositions, qui elles-mêmes sont des débris de jugements primitifs. Il n'y a pas d'axiomes dans le premier développement de l'entendement; il y a un entendement qui, certaines conditions extérieures ou intérieures accomplies, et à l'aide de ses lois propres, porte certains jugements, quelquefois contingents et particuliers, quelquefois universels et nécessaires : ces derniers jugements, quand on opère sur eux par l'analyse et le langage, se résolvent, comme les autres, en propositions; ces propositions universelles et nécessaires, comme les jugements qu'elles expriment, sont ce qu'on appelle des axiomes. Mais il est clair qu'autre chose est la forme des jugements primitifs, autre chose celle de ces mêmes jugements réduits en propositions et en axiomes. D'abord concrets, particuliers et déterminés, en même temps qu'ils sont universels et nécessaires, le langage et l'analyse les élèvent à cette forme abstraite qui est la forme actuelle des axiomes. Ainsi, primitivement, tel phénomène étant sous l'œil de votre conscience, vous le rapportez instinctivement à un sujet qui est vous; au contraire, aujourd'hui, au lieu d'abandonner votre pensée à ses lois, vous les lui rappelez, vous la soumettez à l'axiome : tout phénomène suppose un sujet auquel il se rapporte ; et à ceux-ci : Toute succession suppose le temps, tout corps suppose l'espace, Tout effet suppose une cause, tout fini suppose l'infini, etc. Remarquez bien que ces axiomes n'ont de force que celle qu'ils empruntent aux jugements primitifs d'où ils sont tirés. Ce sont les jugements primitifs qui nous donnent toutes nos connaissances réelles et fondamentales, la connaissance de nous-mêmes, la connaissance du monde, la connaissance du temps, la connaissance de l'espace, et même (je l'ai démontré dans ma dernière leçon) la connaissance de la grandeur et celle de l'unité. Mais quant aux axiomes, il n'en est pas ainsi ; vous n'acquérez aucune connaissance réelle par l'application de l'axiome : Tout effet suppose une cause. C'est le philosophe, ce n'est pas l'homme, qui se sert de cet axiome. Le pâtre, le paysan, l'homme du peuple, ne le connaissent pas ; mais tous aussi bien que le philosophe sont pourvus d'un entendement qui leur fait porter certains jugements, concrets et déterminés, bien que nécessaires, dont le résultat est la connaissance de telle ou telle cause. Je le répète, ce sont les jugements et leurs lois qui produisent toutes les connaissances ; les axiomes ne sont que l'expression analytique de ces jugements et de ces lois, dont ils présentent les derniers éléments sous leur forme la plus abstraite. Locke, au lieu de s'arrêter dans ces limites, prétend que les axiomes ne sont d'aucun usage, *ibid.*, § 11, et qu'ils ne sont pas les principes des sciences ; il demande avec assez de hauteur qu'on lui montre une science fondée sur les axiomes : « Je n'ai point eu jusqu'ici, dit-il, le bonheur de rencontrer quelqu'une de ces sciences, moins encore d'en trouver une qui fût fondée sur ces deux axiomes : *Ce qui est, est;* et : *Il est impossible qu'une même chose soit et ne soit pas en même temps.* Je serais fort aise qu'on me montrât quelque science fondée sur ces axiomes généraux, ou sur quelque autre semblable ; et je serais bien obligé à quiconque voudrait me faire voir un ensemble ou un système de connaissances ayant pour base ces mêmes axiomes ou quelque autre de cet ordre, duquel on ne puisse faire voir qu'il se soutient aussi bien sans le secours de ces axiomes. » Oui, sans doute les axiomes, sous leur forme actuelle d'axiomes, n'ont engendré aucune science ; mais il n'est pas moins vrai que ce sont eux qui, sous leur forme primitive, c'est-à-dire en tant que lois des jugements naturels d'où ils sont tirés, ont servi de base à toutes les sciences. De plus, si dans leur forme actuelle ils n'ont produit et ne peuvent produire aucune science, ni même aucune vérité particulière, il faut reconnaître que sans eux aucune science, aucune vérité, ni générale ni particulière, ne subsiste. Essayez de nier les axiomes ; supposez, par exemple, qu'il peut y avoir une qualité sans un sujet, un corps sans espace, une succession sans temps, un effet sans cause, etc. ; avisez-vous de faire abstraction des axiomes dont Locke se moque de préférence, savoir : Ce qui est, est ; le même est le même ; c'est-à-dire faites abstraction de l'idée de l'être et de l'identité, c'en est fait de toutes les sciences, elles ne peuvent plus ni avancer ni se soutenir.

Locke prétend aussi, *ibid.*, § 9, que les axiomes ne

sont pas les vérités que nous connaissons les premières. Oui, sans doute, encore une fois, sous leur forme actuelle, les axiomes ne sont pas des connaissances primitives ; mais, sous leur forme réelle, comme lois attachées à l'exercice de l'entendement et impliquées dans nos jugements, ils sont si bien primitifs que sans eux aucune connaissance ne peut être acquise. Ils ne sont pas primitifs en ce sens que ce soient les premières vérités que nous connaissions, mais en ce sens que sans celles-là nous n'en pouvons connaître aucune. Ici revient encore la confusion perpétuelle de l'ordre historique et de l'ordre logique des connaissances humaines[1]. Dans l'ordre chronologique, nous ne commençons pas par connaître les axiomes ; mais logiquement, sans eux toute vérité est inadmissible ; sans l'action inaperçue, mais réelle, des lois de la pensée, nulle pensée, nul jugement n'est ni légitime ni possible.

Enfin Locke combat les axiomes par un argument célèbre, bien souvent renouvelé depuis, à savoir : que les axiomes ne sont que des propositions frivoles, parce que ce sont des propositions identiques, *ibid.*, § 11. C'est Locke qui a mis ou du moins répandu dans la langue philosophique l'expression de proposition identique. Elle signifie un jugement, une proposition où une idée est affirmée d'elle-même, où on affirme d'une chose ce qu'on savait déjà d'elle. Ailleurs, ch. VIII, *des Propositions frivoles;* § 2, *des Propositions identiques,* Locke montre que les propositions identiques ne sont que des propositions purement verbales. « Qu'on répète tant qu'on voudra que ce qui est un

---

[1]. Voyez leç. v.

est un... que la volonté est la volonté... qu'une loi est loi... que l'obligation est l'obligation... que le droit est le droit... l'injuste, l'injuste... qu'est-ce autre chose que se jouer des mots? » « C'est faire justement, dit-il, comme un singe qui s'amuserait à jeter une huître d'une main à l'autre, et qui, s'il avait des mots, pourrait sans doute dire : L'huître est le sujet, et l'huître dans la main gauche est l'attribut, et former par ce moyen cette proposition évidente : l'huître est l'huître. » De là, la condamnation de l'axiome : ce qui est, est, etc. Mais il n'est pas exact, il n'est pas équitable de concentrer tous les axiomes, tous les principes, toutes les vérités primitives et nécessaires dans l'axiome : ce qui est, est ; le même est le même ; et aux exemples vains et bouffons de Locke j'oppose les exemples, les axiomes suivants, que vous connaissez déjà : La qualité suppose le sujet, la succession suppose le temps, le corps suppose l'espace, le fini suppose l'infini, la variété suppose l'unité, le phénomène suppose la substance et l'être; en un mot, toutes les vérités nécessaires que tant de leçons ont dû laisser dans vos esprits. La question est de savoir si ce sont là des axiomes identiques. Que Locke soutienne donc que le temps est réductible à la succession, ou la succession au temps; l'espace au corps, ou le corps à l'espace; l'infini au fini, ou le fini à l'infini ; la cause à l'effet, ou l'effet à la cause ; la pluralité à l'unité, ou l'unité à la pluralité ; le phénomène à l'être, ou l'être au phénomène, etc.; Locke devait le soutenir dans son système; mais il doit vous être assez évident maintenant que cette prétention et le système sur lequel elle se fonde ne supportent pas les regards de la raison.

Cette proscription des axiomes en tant qu'identiques, Locke l'étend jusque sur des propositions qui ne sont pas des axiomes ; en général, il voit beaucoup plus de propositions identiques qu'il n'y en a. Par exemple, l'or est pesant, l'or est fusible, sont pour Locke, *ibid.*, §§ 5 et 13, des propositions identiques ; il n'en est rien pourtant : nous n'affirmons pas ici le même du même. Une proposition est dite identique toutes les fois que l'attribut est renfermé dans le sujet de telle sorte que le sujet ne peut être conçu comme ne renfermant pas l'attribut. Ainsi, lorsque vous dites que le corps est solide, je dis que vous faites une proposition identique, parce qu'il est impossible d'avoir l'idée de corps sans celle de solide. L'idée de corps est peut-être plus compréhensive que celle de solide, mais d'abord et essentiellement elle est celle-là. L'idée de solide étant donc pour vous la qualité essentielle du corps, dire que le corps est solide, ce n'est pas dire autre chose, sinon que le corps est le corps. Mais lorsque vous dites que l'or est fusible, vous affirmez de l'or une qualité qui peut y être renfermée, mais qui peut aussi n'y être pas renfermée. Il implique contradiction que le corps ne soit pas solide ; mais il n'implique pas contradiction que l'or ne soit pas fusible. On a pu être quelque temps à connaître l'or seulement comme solide, comme dur, comme jaune, etc.; et si on n'avait pas fait telle ou telle expérience, si on ne l'avait pas approché du feu, on ne saurait pas qu'il est fusible. Quand donc vous affirmez de l'or qu'il est fusible, vous lui reconnaissez une qualité que vous pouviez très-bien ne lui avoir pas connue encore ; vous n'affirmez donc pas le même du même, du moins la première fois que vous exprimez cette proposition. Sans doute, à l'heure qu'il est, dans un laboratoire de chimie moderne, quand la fusibilité est une qualité parfaitement et universellement connue de l'or, dire que l'or est fusible, c'est répéter ce que l'on sait déjà, c'est affirmer du mot or ce qui est déjà compris sous sa signification reçue ; mais le premier qui a dit que l'or est fusible, loin d'avoir fait une tautologie, a, au contraire, exprimé le résultat d'une découverte, et d'une découverte qui n'était pas sans difficultés et sans importance. Je demande si, de son temps, Locke se serait moqué de cette proposition : L'air est pesant, comme d'une proposition identique et frivole. Non, certes, et pourquoi ? C'est qu'alors la pesanteur était une qualité de l'air qui venait à peine d'être démontrée par les expériences de Torricelli et de Pascal. Celles qui ont prouvé la fusibilité de l'or sont plus vieilles de quelques milliers d'années ; mais si « l'air est pesant » n'est pas une proposition identique, au même titre « l'or est fusible » n'est pas une proposition identique, puisque le premier qui l'énonça n'affirmait pas dans le second terme ce qu'il avait déjà affirmé dans le premier.

Au reste, admirez la destinée des vérités identiques : Locke en voit beaucoup plus qu'il n'y en a et se moque d'elles ; l'école de Locke en voit bien plus encore ; mais loin d'accuser l'identité, elle y applaudit, et elle va jusqu'à dire que toute proposition n'est vraie qu'à la condition d'être identique. Ainsi, par un étrange progrès, ce que Locke avait frappé de ridicule, comme un signe de frivolité, est devenu entre les mains de ses successeurs un titre de légitimité et de vérité. L'identité dont se moquait Locke n'était qu'une identité illusoire, et voilà maintenant cette prétendue identité, tant persifflée, et bien à tort assurément puisqu'elle n'était pas, la voilà célébrée et vantée, avec moins de raison encore, comme le triomphe de la vérité et de la dernière conquête de la science et de l'analyse. Or, si toutes les propositions vraies sont identiques, comme toute proposition identique, frivole ou non, suivant Locke ou suivant ses disciples, n'est, selon tous, qu'une proposition verbale, il s'ensuit que la connaissance de toutes les vérités possibles n'est qu'une connaissance verbale ; qu'ainsi, quand nous croyons apprendre des sciences ou systèmes de vérités, nous ne faisons que traduire un mot dans un autre, nous n'apprenons que des mots, nous n'apprenons qu'une langue : de là le principe fameux que toutes les sciences ne sont que des langues plus ou moins bien faites, et la réduction de l'esprit humain à la grammaire [1].

Je passe aux autres théories qui me restent à examiner dans le quatrième livre de l'*Essai sur l'Entendement humain*.

Chap. XVII. *De la raison.* — Je n'ai guère que des

---

1. Voyez sur la prétendue identité de certaines propositions, et sur le principe que toute science n'est qu'une langue bien faite, PHILOSOPHIE SENSUALISTE, leç. III, PHILOSOPHIE DE KANT, leç. IV, et dans ce même volume, la fin de la leçon VIII, sur les mots.

éloges à donner à ce chapitre. Locke y fait voir que le syllogisme n'est ni l'unique ni le principal instrument de la raison, § 4. L'évidence de démonstration n'est pas la seule évidence, il y a encore et l'évidence intuitive sur laquelle Locke a lui-même fondé l'évidence de démonstration, et une troisième sorte d'évidence que Locke a méconnue, l'évidence d'induction. Or, le syllogisme ne sert point à l'évidence d'induction, car il va du général au particulier, tandis que l'induction va du particulier au général. Le syllogisme ne sert pas davantage à l'intuition, qui est la connaissance directe, sans aucun intermédiaire. Il ne sert donc qu'à l'évidence de démonstration. Mais Locke ne s'arrête pas là ; il va jusqu'à prétendre que le syllogisme n'ajoute rien à nos connaissances, et n'est qu'un moyen de disputer à leur occasion, § 6. Ici, reconnaissons le langage d'un homme de la fin du dix-septième siècle, encore engagé dans le mouvement de réaction contre la scholastique. La scholastique avait admis, comme Locke, l'évidence intuitive et l'évidence démonstrative ; comme Locke encore elle avait oublié l'évidence d'induction, et elle avait fait du syllogisme son arme favorite. Une réaction contre la scholastique était donc nécessaire et légitime : mais toute réaction va trop loin ; de là, la proscription du syllogisme, proscription aveugle et injuste ; car les connaissances déductives sont des connaissances très-réelles et très-nombreuses. Il y a deux choses dans le syllogisme, la forme et le fond. Le fond est ce procédé spécial par lequel l'esprit humain va du général au particulier ; et certes c'est là un procédé dont il faut tenir grand compte dans une description fidèle et complète de l'esprit humain. Il n'est pas l'ouvrage de l'école, il est commun à l'ignorant et au savant, et c'est un principe original et fécond de connaissances et de vérités, puisque c'est lui qui donne toutes les conséquences. Quant à la forme si bien décrite et si bien développée par Aristote, on en peut abuser sans doute; mais elle a son très-utile emploi. En général, tout raisonnement qui ne peut être mis sous cette forme est un raisonnement vague, dont il faut se défier; tandis que toute démonstration certaine s'y prête naturellement. La forme syllogistique, il est vrai, n'est souvent qu'une contre-épreuve par laquelle on se rend compte d'une déduction déjà obtenue, mais c'est une contre-épreuve précieuse, une sorte de garantie de rigueur et d'exactitude dont il serait peu sage de se priver. Et il n'est pas vrai de dire que le syllogisme se prête à la démonstration du faux comme à celle du vrai ; car qu'on prenne dans l'ordre de la déduction une erreur quelconque, et je défie qu'on la mette dans un syllogisme régulier. La seule remarque qui subsiste, c'est que l'esprit humain n'est pas tout entier dans le syllogisme, ni dans le procédé qui le constitue, ni dans la forme qui l'exprime, attendu que la raison n'est pas tout entière dans le raisonnement, et que toute évidence n'est pas réductible à l'évidence de démonstration. Au contraire, comme l'a très-bien vu Locke, l'évidence de démonstration n'existerait pas, si préalablement n'était donnée l'évidence d'intuition : c'est dans ces limites qu'il faut resserrer la critique que Locke a faite du syllogisme.

Ce même chap. XVII contient plusieurs passages, le § 9 et les suivants, sur la nécessité d'autres secours que ceux du syllogisme pour les découvertes. Malheureusement ces passages promettent plus qu'ils ne tiennent, et ne fournissent aucune indication précise. Pour trouver ces nouveaux secours, Locke n'avait qu'à ouvrir le *Novum organum;* il y aurait rencontré parfaitement décrites l'intuition sensible et l'intuition rationnelle, et surtout l'induction [1]. On est réduit à soupçonner qu'il était assez peu familier avec Bacon, lorsqu'on le voit chercher à tâtons, sans pouvoir la trouver, la route ouverte depuis plus d'un demi-siècle et déjà éclairée de tant de lumières par son immortel compatriote.

Un des meilleurs chapitres de Locke est le XVIII° sur *la Foi et la Raison.* Locke y fait la part exacte de la raison et de la foi ; il indique leur usage relatif et leurs bornes distinctes. Déjà il avait dit, à la fin du chap. XVII, § 24, que la foi en général est si peu contraire à la raison qu'elle est l'assentiment de la raison à elle-même. « Il ne sera pas mal à propos de remarquer que, de quelque manière qu'on oppose la foi à la raison, la foi n'est autre chose qu'un ferme assentiment de l'esprit, lequel assentiment étant réglé comme il doit être ne peut être donné à aucune chose que sur de bonnes raisons, et par conséquent ne saurait être opposé à la raison. » Et quand il arrive à la foi positive, à la révélation, malgré son respect, ou plutôt à cause de son profond respect pour le christianisme,

---

1. Encore une fois, voyez HISTOIRE GENERALE DE LA PHILOSOPHIE; leç. V.

et tout en admettant la distinction célèbre des choses selon la raison, contre la raison, au-dessus de la raison, chap. XVIII, § 7, il déclare que nulle révélation, soit immédiate, soit traditionnelle, ne peut être admise contrairement à la raison. Voici les paroles mêmes de Locke :

Ibid., § 5. « Nulle proposition ne peut être reçue pour révélation divine, ou obtenir l'assentiment qui est dû à toute révélation émanée de Dieu, si elle est contradictoirement opposée à notre connaissance claire et de simple vue [1] ; parce que ce serait renverser les principes et les fondements de toute connaissance et de tout assentiment ; de sorte qu'il ne resterait plus de différence dans le monde entre la vérité et la fausseté, nulle mesure du croyable et de l'incroyable, si des propositions douteuses devaient prendre place devant des propositions évidentes par elles-mêmes, et si ce que nous connaissons certainement devait céder le

---

1. Je ne puis m'empêcher de rapporter, sur cet important sujet, le passage des *Nouveaux Essais*, correspondant à celui de Locke, passage qui s'accorde de tout point avec l'opinion que nous avons ailleurs plus d'une fois exprimée. « Je vous applaudis fort lorsque vous voulez que la foi soit fondée en raison ; sans cela, pourquoi préférerions-nous la Bible à l'Alcoran, ou aux anciens livres des bramines ? Aussi nos théologiens et autres savants hommes l'ont-ils reconnu, et c'est ce qui nous a fait avoir de si beaux ouvrages de la vérité de la religion chrétienne, et tant de belles preuves qu'on a mises en avant contre les païens et autres mécréants anciens et modernes. Aussi les personnes sages ont toujours tenu pour suspects ceux qui ont prétendu qu'il ne fallait point se mettre en peine des raisons et preuves quand il s'agit de croire ; chose impossible, en effet, à moins que croire signifie réciter ou répéter, et laisser passer sans s'en mettre en peine, comme font bien des gens, et comme c'est même le caractère de quelques nations plus que d'autres. C'est pourquoi quelques philosophes aristotéliciens des XVe et XVIe siècles, dont les restes ont subsisté depuis..., ayant voulu soutenir deux vérités opposées, l'une philosophique et

pas à ce sur quoi nous sommes peut-être dans l'erreur. Il est donc inutile de presser comme articles de foi des propositions contraires à la perception claire que nous avons de la convenance ou de la disconvenance d'aucune de nos idées. Elles ne sauraient gagner notre assentiment sous ce titre ou sous quelque autre que ce soit, car la foi ne peut nous convaincre d'aucune chose qui soit contraire à notre connaissance, parce que, encore que la foi soit donnée sur le témoignage de Dieu, qui ne peut mentir, et par qui telle ou telle proposition nous est révélée, cependant nous ne saurions être assurés qu'elle est véritablement une révélation divine avec plus de certitude que nous ne le sommes de notre propre connaissance, puisque toute la force de la certitude dépend de la connaissance que nous avons que c'est Dieu qui a révélé cette proposition. De sorte que dans ce cas, où l'on suppose que la proposition révélée est contraire à notre

---

l'autre théologique, le dernier concile de Latran, sous Léon X, eut raison de s'y opposer. Et une dispute toute semblable s'éleva à Helmstaedt autrefois entre D. Hofmann, théologien, et C. Martin, philosophe; mais avec cette différence que le philosophe conciliait la philosophie avec la révélation, et que le théologien en voulait rejeter l'usage. Mais le duc Jules, fondateur de l'université, prononça pour le philosophe. Il est vrai que de notre temps une personne de la plus grande élévation disait qu'en articles de foi il fallait se crever les yeux pour voir clair; et Tertullien dit quelque part : Ceci est vrai, car il est impossible ; il le faut croire, car c'est une absurdité. Mais si l'intention de ceux qui s'expliquent de cette manière est bonne, toujours les expressions sont outrées et peuvent faire tort. La foi est fondée sur des motifs de crédibilité, et sur la grâce interne qui y détermine l'esprit immédiatement... Dieu ne la donne jamais que lorsque ce qu'il fait croire est fondé en raison ; autrement il détruirait les moyens de connaître la vérité ; mais il n'est point nécessaire que tous ceux qui ont cette foi divine connaissent ces raisons, et encore moins qu'ils les aient toujours devant les yeux ; autrement les simples et idiots n'au-

connaissance ou à notre raison, elle sera toujours en butte à cette objection, que nous ne saurions dire comment il est possible de concevoir qu'une chose vienne de Dieu, ce bienfaisant auteur de notre être, laquelle étant reçue pour véritable doit renverser tous les fondements de connaissance qu'il nous a donnés, rendre toutes nos facultés inutiles, détruire absolument la plus excellente partie de son ouvrage, je veux dire notre entendement. »

Je voudrais être également satisfait du chapitre XIX, de *l'Enthousiasme*. Mais il me semble que Locke n'a point assez approfondi son sujet, et qu'il a plutôt fait une satire qu'une analyse philosophique.

Qu'est-ce en effet que l'enthousiasme, selon Locke? c'est : 1° la prétention d'attribuer à une révélation privilégiée et personnelle, à une illumination divine faite en notre faveur, des sentiments qui nous sont

---

raient jamais la vraie foi, et les plus éclairés ne l'auraient pas quand ils pourraient en avoir le plus besoin, car ils ne peuvent pas se souvenir toujours des raisons de croire. La question de l'usage de la raison en théologie a été des plus agitées, tant entre les sociniens et ceux qu'on peut appeler catholiques dans un sens plus général, qu'entre les reformés et les evangéliques... On peut dire généralement que les sociniens vont trop vite à rejeter tout ce qui n'est pas conforme à l'ordre de la nature, lors même qu'ils n'en pourraient prouver l'impossibilité ; mais aussi leurs adversaires quelquefois vont trop loin, et poussent le mystère jusqu'aux bords de la contradiction, en quoi ils font tort à la vérité qu'ils tâchent de defendre... Comment la foi peut elle ordonner quoi que ce soit qui renverse un principe sans lequel toute créance, affirmation ou dénegation serait vaine?... Il est sûr qu'il y a des endroits où l'on ne fait point difficulté de quitter la lettre, comme lorsque... C'est ici que les règles d'interprétation ont lieu. » Leibniz se prononce avec force pour l'emploi de la raison dans les questions du salut des paiens et de celui des enfants morts sans baptême, et il conclut ainsi : « Bien nous en prend que Dieu est plus philanthrope que les hommes. »

particuliers, et qui souvent même ne sont que des extravagances ; 2° la prétention plus absurde encore d'imposer à d'autres ces imaginations comme des ordres supérieurs revêtus d'une autorité divine, §§ 5 et 6. Ce sont là, il est vrai, les aberrations de l'enthousiasme ; mais l'enthousiasme n'est-il que cela ?

Locke a parfaitement vu ailleurs que l'évidence de démonstration est fondée sur l'évidence d'intuition. Il a même dit qu'entre ces deux genres d'évidence, non-seulement l'évidence d'intuition est antérieure à l'autre, mais qu'elle lui est supérieure, qu'elle est le plus haut degré de la connaissance. Chap. XVII, § 14. « La connaissance intuitive est une connaissance certaine, à l'abri de tout doute, qui n'a besoin d'aucune preuve et ne peut en recevoir aucune, parce que c'est le plus haut point de la connaissance humaine. C'est en cela que consiste l'évidence de toutes ces maximes sur lesquelles personne n'a aucun doute ; de sorte que non-seulement chacun leur donne son assentiment, mais les reconnaît pour véritables dès qu'elles sont proposées à notre entendement. Pour découvrir et embrasser ces vérités, il n'est pas nécessaire de faire aucun usage de la faculté de discourir ; on n'a pas besoin de raisonnement, car elles sont connues dans un plus haut degré d'évidence, degré que je suis tenté de croire (s'il est permis de hasarder des conjectures sur des choses inconnues) égal à celui que les anges ont présentement, et que les esprits des hommes justes, parvenus à la perfection, auront dans l'état à venir sur mille choses qui à présent échappent tout à fait à notre entendement... » Acceptons cette proposition, qu'elle s'accorde ou non, comme elle pourra, avec le système général de Locke. Ajoutons que la connaissance intuitive, dans beaucoup de cas, par exemple en ce qui regarde le temps, l'espace, l'identité personnelle, l'infini, toutes les existences substantielles, ainsi que le bien et le beau, a cela de propre, vous le savez, de n'être fondée ni sur les sens ni sur la conscience, mais sur la raison, qui, sans l'intermédiaire du raisonnement, atteint ses objets et les conçoit avec certitude. Or c'est l'attribut de la raison de croire à elle-même, et c'est de là, humainement parlant, que dérive la foi. Si donc la raison intuitive est au-dessus de la raison inductive et démonstrative, la foi de la raison à elle-même dans l'intuition est plus pure, plus élevée que dans l'induction et dans la démonstration. Rappelez-vous encore que les vérités que la raison découvre intuitivement sont fort souvent universelles, nécessaires, absolues; la foi, attachée à la raison, devient donc absolue comme elle et comme les vérités qu'elle nous découvre. Voilà déjà des caractères admirables de la raison et de la foi de la raison à elle-même.

Ce n'est pas tout : lorsque nous demandons à la raison la source de cette absolue autorité qui la distingue, nous sommes forcés de reconnaître que cette raison n'est point nôtre, ni par conséquent l'autorité qui lui appartient. Il n'est pas en notre pouvoir de faire que la raison nous découvre telle vérité ou telle autre, ou qu'elle ne nous les découvre point. Indépendamment de notre volonté, la raison intervient, et, certaines conditions accomplies, nous suggère, j'allais dire nous impose ces vérités. La raison fait son apparition en nous, et nous illumine dès notre entrée en ce monde, sans se confondre avec notre personne. D'où vient donc en nous cet hôte merveilleux, et quel est le principe de cette raison qui nous éclaire sans nous appartenir? Ce principe, c'est Dieu [1], le premier et dernier principe de toute chose. Quand la raison sait qu'elle vient de Dieu, la foi qu'elle avait en elle s'accroît, non pas en degré, mais en nature, pour ainsi dire, de toute la supériorité de la substance éternelle sur la substance finie. Alors a lieu un redoublement de foi dans les vérités que nous révèle la raison suprême parmi ces ombres du temps et dans les limites de notre faiblesse,

Voilà donc la raison divinisée à ses propres yeux dans son principe. Cet état de la raison qui s'écoute et se prend elle-même comme l'écho de Dieu sur la terre, avec les caractères particuliers et extraordinaires qui y sont attachés, c'est ce qu'on appelle l'enthousiasme. Le mot explique assez la chose : l'enthousiasme, c'est le souffle de Dieu en nous, c'est l'intuition immédiate opposée à l'induction et à la démonstration, c'est la spontanéité primitive opposée au lent développement de la réflexion, c'est l'aperception des vérités les plus hautes par la raison dans la plus grande indépendance et des sens et de notre personnalité [2].

1. Voyez Du Vrai, du Beau et du Bien, leç. iv : *Dieu, principe des principes* ; leç. vii : *Dieu, principe du beau* ; leç. xvi : *Dieu, principe de l'idée du bien*. Voyez aussi Introduction a l'Histoire de la Philosophie, leç. v, p. 92-95.

2. Sur l'enthousiasme, voyez Du Vrai, du Beau et du Bien, leç. vi, p. 144, et l'Introduction a l'Histoire de la Philosophie, leç. vi, p. 118, etc.

L'enthousiasme à son plus haut degré est propre à certains individus, et encore à certains individus dans certaines circonstances ; mais, à son degré le plus faible, il appartient à la nature humaine, dans tous les hommes et dans toutes les conditions. C'est l'enthousiasme qui fait les convictions et les résolutions spontanées, en petit comme en grand, dans les héros et dans la plus faible femme. C'est l'enthousiasme qui est l'esprit poétique en toutes choses ; et l'esprit poétique, grâce à Dieu, n'est pas borné aux poëtes ; il est dans tous les hommes, et il paraît surtout dans certains hommes, et dans certains moments de la vie de ces hommes qui sont les poëtes par excellence. C'est encore l'enthousiasme qui fait les prophètes ; car le prophète ne proclame pas la vérité au nom de la raison, il la proclame au nom de Dieu même qui la lui révèle.

Jusque-là tout est bien ; nous sommes encore dans la raison : car quand le poëte, quand le prophète répudient la raison au nom de la foi et de l'enthousiasme, ils ne font pas autre chose, qu'ils le sachent ou qu'ils l'ignorent, et ce n'est l'affaire ni du poëte ni du prophète de se rendre compte de ce qu'ils font ; ils ne font, dis-je, autre chose que mettre un état de la raison au-dessus des autres états de cette même raison ; car, si l'intuition immédiate est au-dessus du raisonnement, elle n'appartient pas moins à la raison : on a beau répudier la raison, on s'en sert toujours. L'enthousiasme est un fait qui a sa place dans l'ordre des faits naturels et dans l'histoire de l'esprit humain ; seulement ce fait est extrêmement délicat ; du sublime à l'absurde il n'y a qu'un pas, et l'enthousiasme peut aisément tourner à la folie, et même à la tyrannie. Nous sommes ici sur la borne douteuse de la raison et de l'extravagance.

Voici où commence l'erreur. L'enthousiasme est, je le répète, cette intuition spontanée de la vérité par la raison, aussi indépendante qu'elle peut l'être de la personnalité et des sens. Mais il est difficile que les sens et la personnalité ne s'introduisent pas dans l'inspiration, et n'y mêlent pas des détails arbitraires, personnels et sensibles. Il arrive encore que ceux qui participent en un degré supérieur à cette intuition, à cette inspiration admirable, s'imaginent qu'elle leur est propre, qu'elle a été refusée aux autres, non-seulement à ce même degré, mais absolument ; ils se donnent ainsi dans leur esprit une sorte de privilége d'inspiration ; et comme dans l'inspiration nous sentons le devoir de nous soumettre aux vérités qu'elle nous révèle, et la mission sacrée de les proclamer et de les répandre, nous allons souvent jusqu'à supposer que c'est un devoir aussi pour nous, en nous soumettant à ses vérités, d'y soumettre les autres, et de les leur imposer, en vertu de la puissance même de laquelle émane toute inspiration : à genoux devant le principe de notre enthousiasme et de notre foi, nous voulons aussi faire plier les autres sous ce même principe, et le faire adorer et servir au même titre que nous l'adorons et que nous le servons nous-mêmes. On commence par croire à des révélations spéciales faites en sa faveur, on finit par se regarder comme un délégué de Dieu et de la Providence, chargé non-seulement d'éclairer et de sauver les âmes dociles, mais d'éclairer et de sauver bon gré mal gré ceux qui résisteraient à la vérité et à Dieu[1].

Mais la folie et la tyrannie, qui dérivent souvent, j'en conviens avec Locke, du pouvoir de l'inspiration, parce que nous sommes faibles, et par conséquent exclusifs et par conséquent intolérants, en sont essentiellement distinctes. On peut et on doit honorer cette grande faculté de la nature humaine, et en même temps condamner ses égarements. Au lieu de cela, Locke confond l'enthousiasme extravagant, particulier à quelques hommes, avec cet enthousiasme vrai, qui a été donné à tous les hommes. Il ne voit dans tout enthousiasme qu'un mouvement déréglé de l'imagination, et partout il s'applique à y mettre des barrières hors du cercle des passages authentiques et légitimement interprétés des livres saints. J'approuve cette prudence, je l'admets en tout temps, et je la conçois bien plus encore quand je songe aux extravagances de l'enthousiasme religieux dont Locke avait sous les yeux le spectacle chez les puritains d'Écosse et d'Angleterre et chez ceux qui s'appelaient les *Saints;* mais il ne faut pas que la prudence dégénère en injustice. Que dirait l'école sensualiste si, par prudence aussi, l'idéalisme voulait supprimer les sens à cause des excès auxquels ils peuvent conduire et conduisent très-souvent, ou le raisonnement, pour les sophismes qu'il engendre ? Il faut être sage avec mesure, *sobrie sapere;* il faut être sage dans les limites de l'humanité et de la nature ;

---

[1]. Voyez surtout Du Vrai, du Beau et du Bien, leç. v, *du Mysticisme.*

l'enthousiasme religieux est dans la nature ; il honore à à la fois et il sert l'humanité, il ne serait guère philosophe d'en vouloir priver le genre humain à cause des égarements qu'on peut lui reprocher, et dont les inconvénients ne peuvent entrer en parallèle avec les immenses bienfaits des religions, même de celles qui sont le plus éloignées de la vraie. Locke a donc eu tort, selon nous, de considérer bien moins l'enthousiasme en lui-même que ses conséquences, et ses conséquences folles et funestes.

Suit le chap. xx, *sur les causes d'erreurs.* Toutes celles que signale Locke avaient été déjà à peu près reconnues avant lui ; ce sont : 1° le manque de preuves ; 2° le défaut d'habileté à les faire valoir ; 3° le manque de volonté d'en faire usage ; 4° les fausses probabilités, que Locke réduit aux quatre suivantes : 1° propositions qui ne sont ni certaines ni évidentes en elle-mêmes, mais douteuses et fausses, prises pour principes ; 2° hypothèses reçues ; 3° passions ou inclinations dominantes ; 4° autorité. On ne lira pas sans profit ce chapitre de Locke ; je ne veux insister que sur le dernier paragraphe, ainsi intitulé : « § 18. Les hommes ne sont pas engagés dans un si grand nombre d'erreurs qu'on s'imagine. » Je vous avoue que le titre de ce chapitre m'avait singulièrement plu, avec le fond d'optimisme que vous me connaissez. J'espérais trouver dans le bon et sage Locke ces deux propositions qui me sont si chères : d'abord, que les hommes ne croient à aucune erreur autant qu'à la vérité ; ensuite qu'il n'y a guère d'erreur où il n'y ait un peu de vérité. Loin de là, je me suis aperçu que Locke faisait de l'humanité, relativement à l'erreur, une apologie bien peu favorable. Si les hommes ne sont pas si fous qu'ils paraissent, c'est que, selon Locke, ils ne croient guère aux folles opinions dont ils ont l'air d'être pénétrés, et qu'ils les suivent uniquement par habitude, ou par entêtement, ou par intérêt. « Ils sont résolus, dit-il, de se tenir attachés au parti dans lequel l'éducation ou l'intérêt les a engagés ; et là, comme les simples soldats d'une armée, ils font éclater leurs clameurs et leur courage selon qu'ils sont dirigés par leurs capitaines, sans jamais examiner la cause qu'ils défendent, ni même en prendre aucune connaissance... Il suffit à un tel homme d'obéir à ses conducteurs, d'avoir toujours la main et la langue prêtes à soutenir la cause commune, et de se rendre par là recommandable à ceux qui peuvent le mettre en crédit, lui procurer des emplois ou de l'appui dans la société. » Ici encore Locke s'est laissé troubler par le spectacle de son temps, où, parmi tant de folies religieuses, il pouvait bien y en avoir de simulées ; mais toutes ne l'étaient pas et ne pouvaient pas l'être. Dans les temps de révolutions, l'ambition prend souvent l'étendard d'extravagances auxquelles elle ne croit pas, pour mener la foule ; mais il ne faut pas non plus calomnier l'ambition. Tout est dans tout dans l'humanité, et l'on peut être à la fois et très-ambitieux et très-sincère. Cromwell, par exemple, était, selon moi [1], puritain sincère jusqu'au fanatisme, et avide de domination jusqu'à l'hypocrisie ; et encore l'hypo-

---

[1]. Cette opinion de la sincérité de Cromwell, qui étonna beaucoup en 1829, est aujourd'hui démontrée par la publication des lettres intimes de Cromwell, par M. Carlysle.

crisie est-elle en lui plus obscure et plus douteuse que le fanatisme. Il ne fit probablement qu'exagérer les opinions qui étaient dans son cœur, et caresser des passions qu'il partageait. Sa tyrannie n'est point une preuve de l'imposture de son ardeur républicaine. Il est des temps où la cause la plus populaire a besoin d'un maître, et où le bon sens, qui reconnaît vite la nécessité, et le génie, qui sent sa force, poussent aisément certaines âmes au pouvoir absolu sans trop d'égoïsme. Périclès, César, Cromwell, un autre encore, pouvaient aimer très-sincèrement la patrie au sein de la dictature. Il y a peut-être aujourd'hui dans le monde un homme dont l'ambition est la dernière espérance du pays qu'il a deux fois sauvé[1], et que seul il peut sauver encore en lui appliquant une main ferme. Mais laissons là les grands hommes, souvent condamnés à n'être pas compris en expiation de leur supériorité et de leur gloire; laissons les chefs, venons à la foule : là, l'explication de Locke tombe d'elle-même. En effet, on peut expliquer jusqu'à un certain point les opinions de quelques hommes par l'intérêt qu'ils ont de simuler celles des masses sur lesquelles ils veulent s'appuyer ; mais les masses ne peuvent prendre de fausses opinions par imposture, car apparemment elles ne veulent pas se tromper elles-mêmes. Non, ce n'est pas ainsi qu'on peut justifier l'erreur et l'humanité. Leur vraie apologie est celle que nous avons tant de fois donnée, qu'il n'y a point d'erreur complète dans un être intelligent et raisonnable. Les hommes, individus et peu-

---

1. Allusion à Bolivar.

ples, hommes de génie et hommes ordinaires, tombent dans beaucoup d'erreurs sans doute, et s'y attachent, non par ce qui les fait erreurs, mais par la part de vérité qui est en elles. Examinez à fond toutes les erreurs célèbres, politiques, religieuses, philosophiques : il n'y en a pas une qui n'ait une portion considérable de vérité, et c'est par là qu'elle a pu trouver créance dans l'esprit des grands hommes qui l'ont introduite sur la scène du monde, et dans l'esprit de la foule qui a suivi ces grands hommes. C'est la vérité jointe à l'erreur qui fait la force de l'erreur, qui la fait naître, la soutient, la répand, l'explique et l'excuse ; et les erreurs ne se succèdent dans le monde qu'en traînant avec elles, et en apportant pour leur rançon, en quelque sorte, autant de vérités qui, perçant à travers les nuages qui les enveloppent, éclairent et conduisent le genre humain. Ainsi j'approuve complétement le titre du paragraphe de Locke[1], mais j'en rejette le développement.

Le XXIe et dernier chapitre contient une division des sciences en physique, pratique, et logique ou grammaire. Locke entend ici par la physique la na-

---

1. Je suis heureux d'appuyer une opinion qui m'est si chère de la grande autorité de Leibniz. Voici comment il répond à Locke sur ce point : « Cette justice que vous rendez au genre humain ne tourne point à sa louange, et les hommes seraient plus excusables de suivre sincèrement leurs opinions que de les contrefaire par intérêt. Peut-être pourtant qu'il y a plus de sincérité dans leur fait que vous ne semblez donner à l'entendre ; car ils peuvent être parvenus à une foi implicite en se soumettant généralement et quelquefois aveuglément, mais souvent de bonne foi, au jugement des autres, dont ils ont une fois reconnu l'autorité. Il est vrai que l'intérêt qu'ils y trouvent contribue à cette soumission ; mais cela n'empêche point qu'ainsi l'opinion ne se forme. »

ture des choses, non-seulement celle des corps, mais celle des esprits, Dieu et l'âme; c'est la physique antique et l'ontologie moderne. Je n'ai rien à dire de cette division, sinon qu'elle est assez vieille, évidemment arbitraire et superficielle, et bien inférieure à la division célèbre de Bacon, reproduite par d'Alembert. J'ai même de la peine à me persuader que l'auteur de ce paragraphe ait connu la division de Bacon. Je vois bien plutôt ici, comme dans le troisième livre sur les signes et les mots, un souvenir de la lecture de Hobbes.

Nous voici arrivés au terme de cette longue analyse du quatrième livre de l'*Essai sur l'Entendement humain*. J'ai suivi pied à pied, chapitre par chapitre, toutes les propositions importantes renfermées dans ce quatrième livre, comme je l'avais fait pour le troisième, pour le deuxième et pour le premier. Cependant je ne vous aurais pas donné une vue complète de l'*Essai sur l'Entendement humain*, si je ne mettais encore sous vos yeux quelques théories éparses dans l'ouvrage de Locke, mais qui tiennent intimement à l'esprit général de son système, et ont acquis dans l'école sensualiste une autorité immense. Il m'a donc paru convenable de réserver ces diverses théories pour un examen particulier : je me propose de vous les faire connaître et de les discuter dans ma prochaine leçon, qui sera la dernière de cette année, et contiendra mon jugement définitif sur la philosophie de Locke.

TREIZIÈME LEÇON

LIBERTÉ. AME. DIEU. CONCLUSION.

Examen de trois théories importantes qui se rencontrent dans l'*Essai sur l'Entendement humain*; 1° Théorie de la liberté : qu'elle incline au fatalisme. 2° Théorie de la nature de l'âme : qu'elle incline au matérialisme. 3° Théorie de l'existence de Dieu : qu'elle s'appuie presque exclusivement sur des preuves empruntées au monde sensible. — Récapitulation de toutes les leçons sur l'*Essai sur l'Entendement humain*; des mérites et des défauts qui y ont été signalés. — De l'esprit qui a présidé à cet examen de la philosophie de Locke. — Conclusion.

Les théories dont je dois vous entretenir aujourd'hui sont celles de la liberté, de l'âme et de Dieu. Je vous rendrai compte de ces trois théories dans l'ordre même où elles se rencontrent dans l'*Essai sur l'Entendement humain*.

Pour vous faire bien comprendre le véritable caractère de la théorie de Locke sur la liberté, quelques explications préliminaires sont indispensables[1].

Tous les faits qui peuvent tomber sous la conscience de l'homme et sous la réflexion du philosophe se résolvent en trois faits fondamentaux qui contiennent tous les autres, trois faits qui sans doute dans la réalité

---

[1]. Sur la vraie notion de la liberté, voyez Du Vrai, du Beau et du Bien, leç. xi et xiv; Philosophie sensualiste, leç. iii; Philosophie Écossaise, leç. x. Ce dernier ouvrage contient, avec les pages qu'on va lire, toute notre doctrine sur la liberté humaine.

ne sont jamais solitaires, mais qui n'en sont pas moins différents, et qu'une analyse scrupuleuse doit discerner sans les diviser, dans le phénomène complexe de la vie intellectuelle. Ces trois faits sont : *sentir, peser, agir*[1].

J'ouvre un livre et je lis; décomposons ce fait, et nous y trouverons trois éléments[2].

Je suppose que je ne voie point les lettres dont se compose chaque page, la figure et l'ordre de ces lettres; il est trop évident que je ne comprendrai pas le sens que l'usage a attaché à ces lettres, et qu'ainsi je ne lirai pas. Voir est donc la condition de lire. D'autre part, voir n'est pas lire encore; car, les lettres vues, rien ne serait fait si l'intelligence ne s'ajoutait au sens de la vue pour comprendre la signification des lettres placées sous mes yeux.

Voilà donc deux faits que l'analyse la plus superficielle discerne immédiatement dans la lecture : reconnaissons les caractères de ces deux faits.

Suis-je la cause de la vision, et en général de la sensation? Ai-je la conscience d'être la cause de ce phénomène, de le commencer, de le continuer, de l'interrompre, de l'augmenter, de le diminuer, de le maintenir et de l'abolir comme il me plaît? Je prends d'autres exemples plus frappants. Je suppose que je presse un instrument tranchant; il en résulte une sensation dou-

---

[1]. Sur cette classification des facultés humaines, voyez Du Vrai, du Beau et du Bien, leç. I, p. 32, etc.

[2]. Nous avons déjà choisi cet exemple dans l'*Examen des leçons de M. Laromiguière*, Fragments de Philosophie contemporaine, pour autoriser la distinction ici établie.

loureuse. J'approche une rose de mon odorat; il en résulte une sensation agréable. Est-ce moi qui produis ces deux phénomènes? puis-je les faire cesser? la souffrance et la jouissance suivent-elles ou s'arrêtent-elles à mon gré? Non ; je subis le plaisir comme la douleur ; l'un et l'autre adviennent, subsistent, disparaissent sans le concours de ma volonté ; enfin la sensation est un phénomène marqué, aux yeux de ma conscience, du caractère incontestable de la nécessité.

Examinons le caractère de l'autre fait, que la sensation précède et ne constitue pas. Quand la sensation est accomplie, l'intelligence s'applique à cette sensation, et d'abord elle prononce que cette sensation a une cause, l'instrument tranchant, la rose, et, pour revenir à notre exemple, les lettres placées sous mes yeux : voilà le premier jugement que porte l'intelligence. De plus, aussitôt que la sensation a été rapportée par l'intelligence à une cause extérieure, à savoir, les lettres et les mots qu'elles forment, cette même intelligence conçoit le sens de ces lettres et de ces mots, et juge que les propositions que forment ces mots sont vraies ou fausses. L'intelligence juge donc que la sensation éprouvée a une cause ; mais, je vous le demande, pourrait-elle juger le contraire? Non, l'intelligence ne peut pas plus juger que cette sensation n'a pas de cause, qu'il n'était pas possible à la sensation d'être ou de n'être pas, lorsque l'instrument tranchant était dans la plaie ou la rose sous l'odorat ou le livre sous mon œil. Et non-seulement l'intelligence juge nécessairement que la sensation se rapporte à une cause, mais elle juge tout aussi nécessairement que les propositions, renfermées dans les lignes aperçues par l'œil, sont vraies ou fausses : par exemple, que deux et deux font quatre, et non pas cinq, etc. Je demande encore s'il est au pouvoir de l'intelligence de juger à volonté que telle action, dont ce livre parle, est bonne ou mauvaise, telle forme qu'il décrit, belle ou laide? Nullement. Sans doute diverses intelligences, ou la même intelligence dans divers moments de son exercice portera souvent des jugements très-divers sur la même chose; souvent même elle se trompera ; elle jugera que ce qui est vrai est faux, que ce qui est bien est mal, que ce qui est beau est laid, et réciproquement : mais, au moment où elle juge qu'une proposition est vraie ou fausse, qu'un acte est bon ou mauvais, qu'une forme est belle ou laide, en ce moment il n'est pas au pouvoir de l'intelligence de porter un autre jugement que celui qu'elle porte ; elle obéit à ses lois qu'elle n'a point faites ; elle cède à des motifs qui la déterminent sans aucun concours de la volonté. En un mot, ce phénomène de l'intelligence, comprendre, juger, connaître, penser, quelque nom qu'on lui donne, est marqué du même caractère de nécessité que le phénomène de la sensibilité. Si donc la sensibilité et l'intelligence sont sous l'empire de la nécessité, ce n'est assurément pas là qu'il faut chercher la liberté.

Où la chercherons-nous? Il faut que nous la trouvions dans le troisième fait, mêlé aux deux autres, et que nous n'avons pas encore analysé, ou nous ne la trouverons nulle part, et la liberté n'est qu'une chimère.

Voir et sentir, juger et comprendre, n'épuisent pas le fait complexe soumis à notre analyse. Si je ne regardais pas les lettres de ce livre, les verrais-je, ou du moins les verrais-je distinctement? Si, voyant ces lettres, je n'y donnais pas mon attention, les comprendrais-je? Non, certainement. Or, qu'est-ce que donner son attention, qu'est-ce que regarder? Ce n'est ni sentir ni comprendre; car regarder n'est pas apercevoir, si l'organe de la vision manque ou est infidèle; donner son attention n'est pas comprendre encore; c'en est bien une condition indispensable, mais non pas toujours une raison suffisante; il ne suffit pas d'être attentif à l'exposé d'un problème pour le résoudre, et l'attention ne contient pas plus l'entendement qu'elle n'est contenue dans la sensibilité. Être attentif est un phénomène nouveau, qu'il est impossible de confondre avec les deux premiers, quoiqu'il s'y mêle sans cesse, et qui avec eux achève le fait total dont nous voulions nous rendre compte.

Examinons le caractère de ce troisième fait, qui se rapporte au phénomène général de l'activité. Distinguons d'abord différentes sortes d'actions. Il est des actions que l'homme ne s'attribue point à lui-même, quoiqu'il en soit le théâtre. Les autres nous disent que nous faisons ces actions; nous, nous n'en savons rien; elles se font en nous; nous ne les faisons point. Dans la léthargie, dans le sommeil réel ou artificiel, dans le délire, nous exécutons une foule de mouvements qui ressemblent à des actions, qui sont même des actions, si l'on veut, mais des actions qui présentent les caractères suivants : Nous n'en avons aucune conscience au moment même où nous avons l'air de les faire ;

Nous n'avons aucune mémoire de les avoir faites ;

Par conséquent, nous ne nous les attribuons point à nous-mêmes, ni pendant que nous les faisons ni après que nous les avons faites ;

Par conséquent encore elles ne nous appartiennent point, et nous ne nous les imputons pas plus qu'à notre voisin ou à un habitant d'un autre monde.

Mais n'y a-t-il pas d'autres actions que celles-là ? J'ouvre ce livre, j'en regarde les lettres, j'y donne mon attention ; ce sont bien là les actions aussi : ressemblent-elles aux précédentes ?

J'ouvre ce livre : en ai-je la conscience ? Oui.

Cette action faite, en ai-je la mémoire ? Oui.

M'attribué-je cette action à moi-même comme l'ayant faite ? Oui.

Suis-je convaincu qu'elle m'appartient ? Pourrais-je l'imputer à tel ou tel autre aussi bien qu'à moi, ou n'en suis-je pas seul et exclusivement responsable à mes yeux ? Ici encore je me réponds oui à moi-même.

Enfin, au moment où je fais cette action, n'ai-je pas, avec la conscience de la faire, la conscience encore de pouvoir ne pas la faire ? Quand j'ouvre ce livre, n'ai-je pas la conscience de l'ouvrir et la conscience de pouvoir ne pas l'ouvrir ? Quand je regarde, ne sais-je pas à la fois que je regarde et que je puis ne pas regarder ? Quand je donne mon attention, ne sais-je pas que je la donne et que je puis ne pas la donner ? N'est-ce pas là un fait que chacun de nous peut répéter, autant de fois qu'il lui plaît en mille occasions ? Et n'est-ce pas là une croyance universelle du genre humain? Généralisons et disons qu'il est des mouvements et des actions que nous faisons avec la double conscience de les faire et de pouvoir ne pas les faire.

Une action que l'on fait avec la conscience de pouvoir ne pas la faire, c'est là ce que les hommes ont appelé une action libre; car là n'est plus le caractère de la nécessité. Dans le phénomène de la sensation, je ne pouvais pas ne pas jouir lorsque la jouissance tombait sous ma conscience; je ne pouvais pas ne pas souffrir quand c'était la souffrance ; j'avais la conscience de sentir, avec la conscience de ne pouvoir pas ne pas sentir. Dans le phénomène de l'intelligence, je ne pouvais pas ne pas juger que deux et deux font quatre; j'avais la conscience de penser ceci ou cela, avec la conscience de ne pouvoir pas ne pas le penser. Dans certains mouvements encore, j'avais si peu la conscience de pouvoir ne pas les faire, que je n'avais pas même la conscience de les faire au moment où je les faisais. Mais, dans un très-grand nombre de cas, je fais certains actes avec la conscience de les faire et de pouvoir ne pas les faire, de pouvoir les suspendre ou les continuer, les achever ou les abolir. C'est là une classe de faits très-réels; ils sont fort nombreux : mais quand il n'y en aurait qu'un seul, celui-là suffirait pour attester dans l'homme une puissance spéciale, la liberté. La liberté ne tombe donc ni sur la sensibilité ni sur l'intelligence; elle tombe sur l'activité, et seulement sur les actes que nous faisons avec la conscience de les faire et de pouvoir ne pas les faire.

Après avoir constaté l'acte libre, il faut l'analyser plus attentivement.

L'acte libre est un phénomène qui contient bien des éléments différents mêlés ensemble. Agir librement, c'est faire une action avec la conscience de pouvoir ne pas la faire : or, faire une action avec la conscience de pouvoir ne pas la faire, suppose que l'on a préféré la faire à ne pas la faire ; commencer une action pouvant ne la pas commencer, c'est avoir préféré la commencer ; la mener à fin pouvant l'abandonner, c'est avoir préféré l'accomplir. Mais préférer suppose qu'on avait des motifs de préférer, des motifs de faire cette action et des motifs de ne pas la faire, qu'on connaissait ces divers motifs, et qu'on a préféré ceux-ci à ceux-là. Que ces motifs soient ou des passions ou des idées, des erreurs ou des vérités, ceci ou cela, peu importe ; ce qui importe, c'est de savoir quelle est ici la faculté en jeu, c'est-à-dire qui connaît ces motifs, qui préfère l'un à l'autre, qui juge que l'un est préférable à l'autre ; car, préférer, c'est cela. Et qui connaît, qui juge, sinon l'intelligence ? L'intelligence est est donc la faculté qui préfère. Mais pour préférer des motifs les uns aux autres, pour juger que les uns sont préférables aux autres, il ne suffit pas de connaître ces divers motifs, il faut encore les avoir comparés et pesés ; il faut avoir délibéré et conclu. Et qu'est-ce que délibérer? Ce n'est pas autre chose qu'examiner avec doute, apprécier la bonté relative des divers motifs, sans l'apercevoir encore avec cette évidence qui entraîne le jugement, la conviction, la préférence. Mais qui est-ce qui examine, qui est-ce qui doute, qui est-ce qui juge qu'il ne faut pas juger encore, afin de mieux juger? Évidemment l'intelligence, cette même intelligence qui, plus tard, après avoir porté plusieurs jugements provisoires, abrogera tous ces jugements, jugera qu'ils sont moins vrais, moins raisonnables que tel autre, et portera un dernier jugement, c'est-à-dire conclura, c'est-à-dire encore préférera après avoir délibéré. C'est de l'intelligence que relèvent et le phénomène de la préférence et les autres phénomènes que suppose celui-là. Jusqu'ici nous sommes encore dans la sphère de l'intelligence, et non dans celle de l'action. Assurément l'intelligence a ses conditions; nul n'examine qui ne veut examiner, et la volonté intervient dans la délibération; mais c'est la simple condition, ce n'est pas le fond du phénomène; car, s'il est vrai que, sans la faculté de vouloir tout examen et toute délibération sont impossibles, il est vrai aussi que la faculté même qui examine et qui délibère, et qui porte un jugement, suspensif ou décisif, c'est l'intelligence. La délibération et la conclusion ou la préférence sont donc des faits purement intellectuels. Poursuivons notre analyse.

Nous connaissions les divers motifs pour faire ou ne pas faire une action. Nous avons délibéré sur ces motifs, et nous avons préféré les uns aux autres; nous avons conclu qu'il fallait faire plutôt que ne pas faire; mais conclure qu'il faut faire, et faire, n'est pas la même chose. Quand l'intelligence a jugé qu'il faut faire ceci ou cela, sur tels ou tels motifs, il reste à passer à l'action, et d'abord se résoudre, prendre son parti, se dire à soi-même, non plus Je dois faire, mais Je veux faire. Mais la faculté qui dit Je dois faire n'est pas et ne peut pas être la faculté qui dit Je veux faire, je prends la résolution de faire. Ici cesse le rôle de l'intelligence. Je dois faire est un jugement; Je veux faire n'est point un jugement. Voilà un élément nouveau qu'il ne faut pas confondre avec le précédent; cet élément, c'est la volonté. Tout à l'heure nous en étions au jugement et à la connaissance; maintenant nous en sommes au vouloir. Je dis vouloir et non pas faire; car, tout comme juger qu'il faut faire n'est pas vouloir faire, de même vouloir faire n'est pas faire encore. Vouloir faire est un acte, non un jugement, mais un acte tout intérieur. Il est évident que cet acte n'est pas l'action proprement dite; pour arriver jusqu'à l'action, il faut passer de la sphère de la volonté à celle du monde extérieur, dans lequel s'accomplit définitivement l'action que d'abord vous avez conçue, délibérée et préférée, qu'ensuite vous avez voulue, et qu'il faut exécuter. S'il n'y avait pas de monde extérieur, il n'y aurait point d'action terminée; et non-seulement il faut qu'il y ait un monde extérieur, mais il faut que la puissance de vouloir, que nous avons reconnue après la puissance de comprendre et de juger, soit liée à une autre puissance, à une puissance physique qui lui serve à atteindre le monde extérieur. Supposez que la volonté ne soit pas liée à l'organisation, il n'y a plus de pont entre la volonté et le monde extérieur; il n'y a pas d'action extérieure possible. La puissance physique nécessaire à l'action est l'organisation; et, dans cette organisation, il est reconnu que le système musculaire est l'instrument spécial de la volonté. Otez le système musculaire, il n'y a plus d'effort possible, par conséquent il n'y a pas de locomotion et de mouvement possible, et, s'il n'y a pas de mouvement possible, il n'y a pas d'action extérieure possible. Ainsi, pour nous résumer, l'action totale que nous devions analyser se résout en trois éléments parfaitement distincts : 1° l'élément intellectuel, qui se compose de la connaissance des motifs pour ou contre, de la délibération, de la préférence, du choix ; 2° l'élément volontaire, qui consiste ni plus ni moins dans la résolution de faire ; 3° l'élément physique, ou l'action extérieure.

Il s'agit maintenant de rechercher sur lequel de ces trois éléments tombe précisément la liberté, c'est-à-dire la puissance de faire, avec la conscience de pouvoir ne pas faire. Ce pouvoir de faire, avec la conscience de pouvoir ne pas faire, tombe-t-il sur le premier élément, l'élément intellectuel de l'action libre ? Non, car nous ne sommes pas maîtres de nos préférences ; nous préférons tel motif à tel autre, le pour ou le contre, selon notre nature intellectuelle, qui a ses lois nécessaires, sans avoir la conscience de pouvoir préférer ou juger autrement, et même avec la conscience de ne pouvoir pas ne pas préférer et juger comme nous le faisons. Ce n'est donc pas dans cet élément-là qu'il faut chercher la liberté. Ce n'est pas non plus dans le troisième élément, dans l'acte physique ; car cet acte suppose le monde extérieur, une organisation qui y corresponde, et dans cette organisation un système musculaire, sain et convenable, sans quoi l'acte physique est impossible. Quand nous l'accomplissons, nous avons la conscience d'agir, mais à la condition d'un théâtre dont nous ne disposons pas, et à la condition d'instruments dont nous disposons mal, que nous ne pouvons ni ressaisir s'ils nous échappent, et qui peuvent nous échapper à tous moments, ni redresser s'ils se dérangent et nous trahissent, et qui nous trahissent bien souvent, et obéissent à leurs lois propres, sur lesquelles nous ne pouvons rien et que nous connaissons même à peine; d'où il suit que nous n'agissons point ici avec la conscience de pouvoir faire le contraire de ce que nous faisons. Ce n'est donc pas plus sur ce troisième élément que sur le premier que tombe la liberté ; elle ne peut être que dans le second, et elle s'y rencontre en effet.

Négligez le premier et le troisième élément, le jugement et l'acte physique, attachez-vous au second élément, au vouloir : l'analyse découvre dans ce seul élément deux termes encore, un acte spécial de vouloir, et la puissance de vouloir à laquelle nous le rapportons. Cet acte est un effet par rapport à la puissance de vouloir, qui en est la cause ; et cette cause, pour produire son effet, n'a pas besoin d'autre théâtre ni d'autre instrument qu'elle-même [1]. Elle le produit directement, sans intermédiaire et sans condition, le continue et le consomme, ou le suspend et le modifie, le crée tout entier ou le met tout entier au néant ; et, au moment même où elle s'exerce par tel acte spécial,

---

1. Sur ce point essentiel, voyez PHILOSOPHIE ÉCOSSAISE, leç. x.

nous avons la conscience qu'elle pourrait s'exercer par un acte spécial tout contraire, sans que pour cela elle fût épuisée; de manière qu'après avoir changé dix fois, cent fois d'actes, la faculté restât intégralement la même, et toujours identique à elle-même dans la perpétuelle variété de ses applications, pouvant toujours faire ce qu'elle ne fait pas, et ne pas faire ce qu'elle fait. Là donc est dans toute sa plénitude le caractère de la liberté.

Quand le monde entier manquerait à la volonté, si l'organisation et le système musculaire subsistaient, la volonté pourrait produire encore l'effort musculaire, et par conséquent un fait sensible, alors même que ce fait ne dépasserait pas les limites de l'organisation; c'est ce qu'a parfaitement établi M. de Biran [1]. Mais, tout en reconnaissant très-volontiers avec lui dans l'effort musculaire, dans la conscience de cet effort et de la sensation qui l'accompagne, le type le plus éminent et le plus facilement appréciable de notre puissance causatrice, volontaire et libre, je dis que ce n'en est là encore qu'un type extérieur et dérivé, et non pas le type primitif et essentiel; ou M. de Biran aurait dû conduire sa théorie jusqu'à cette prétention extrême que, là où il y aurait absence ou paralysie des muscles, il n'y aurait jamais causation, volition, phénomène actif et libre. Or je soutiens le contraire; je soutiens que si on ôtait le monde extérieur et même le système musculaire et locomoteur, et s'il restait à l'homme, avec une organisation purement nerveuse,

---

[1]. Œuvres de M. de Biran, *passim*.

une intelligence capable de concevoir des motifs, de délibérer, de préférer et de choisir, il lui resterait la puissance de vouloir, qui s'exercerait encore par des actes spéciaux, par des volitions dans lesquelles éclaterait déjà la causalité propre et la liberté de la volonté, alors même que ces effets, ces volitions libres ne sortiraient pas du monde intérieur de la volonté, qu'elles n'auraient point de contre-coup dans l'organisation par le système musculaire, et ne produiraient point le phénomène de l'effort, phénomène interne sans doute par rapport au monde extérieur, mais externe lui-même par rapport à la volonté. Ainsi, je suppose que je veuille mouvoir mon bras sans le pouvoir, faute de muscles, il y aurait là encore : 1° l'acte de vouloir mouvoir mon bras, une volition spéciale ; 2° la puissance générale de vouloir, qui est la cause directe de cette volition ; il y aurait donc là effet et cause ; il y aurait conscience de cet effet et de cette cause, d'une action causée et d'une force causatrice interne, souveraine dans son monde, dans le monde du vouloir, alors même qu'elle serait dans l'impuissance absolue de passer à l'acte extérieur, parce que le système musculaire et locomoteur lui manquerait.

La théorie de M. de Biran ne considère l'action libre que dans sa manifestation extérieure, dans un fait remarquable sans doute, mais qui lui-même suppose le fait tout autrement profond et intime du vouloir avec son effet immédiat et propre. C'est là qu'est, selon nous, le type primitif de la liberté, et voici la conclusion critique de cette analyse trop longue pour sa place, et trop brève en elle-même pour n'être pas très-grossière encore [1] : quand on cherche la liberté dans une action, on peut se tromper de deux manières :

Ou on la cherche dans ce que j'ai appelé l'élément intellectuel de l'action, la connaissance des motifs, la délibération, la préférence, le choix, et alors on ne l'y trouve pas ; car il est évident que les différents motifs pour ou contre commandent à l'intelligence, qui n'est pas libre de juger ceci ou cela, de préférer ceci à cela ; on ne trouve pas la liberté dans la partie intellectuelle de l'action, on prononce donc qu'il n'y a pas de liberté, et sans doute il n'y en a pas là, mais il peut y en avoir ailleurs.

Ou bien on cherche la liberté dans l'élément physique de l'action, et l'on ne l'y trouve pas, au moins

---

[1]. FRAGMENTS DE PHILOSOPHIE CONTEMPORAINE, préface de la Ire édition. « C'est un fait qu'au milieu des mouvements que les agents extérieurs déterminent en nous, malgré nous, nous avons le pouvoir de prendre l'initiative d'un mouvement différent, d'abord de le concevoir, puis de délibérer si nous l'exécuterons, enfin de nous résoudre et de passer à l'exécution, de la commencer, de la poursuivre ou de la suspendre, de l'accomplir ou de l'arrêter, et toujours de la maîtriser. Le fait est certain, et ce qui n'est pas moins certain, c'est que le mouvement exécuté à ces conditions prend à nos yeux un nouveau caractère : nous nous l'imputons, nous le rapportons comme effet à nous, qui alors nous en considérons comme la cause. Là est pour nous l'origine de la notion de cause, non d'une cause abstraite, mais d'une cause personnelle, de nous-mêmes. Le caractère propre du moi est la causalité ou la volonté, puisque nous ne nous rapportons et ne nous imputons que ce que nous causons, et que nous ne causons que ce que nous voulons... Il ne faut pas confondre la volonté ou la causalité interne qui produit d'abord des effets, internes comme leur cause, avec les instruments extérieurs de cette causalité, qui, comme instruments, ont l'air de produire aussi des effets, mais sans en être la vraie cause. Quand je pousse une bille sur une autre, ce n'est pas la bille qui cause véritablement le mouvement qu'elle imprime, car ce mouvement lui a été imprimé à elle-même par les muscles, qui, dans notre organisation, sont au service de la volonté. A proprement parler,

constamment, et on est tenté de conclure que la liberté n'est qu'un accident, qui quelquefois a lieu, et que les trois quarts du temps n'a pas lieu, dépendant de conditions physiques, externes ou internes ; on n'y voit point le signe d'une puissance propre et spéciale de la nature humaine.

Si on veut rappeler à leurs causes les plus générales ces deux sortes d'erreurs, c'est-à-dire les considérer par rapport à la méthode, on peut dire qu'elles consistent, la première, à chercher le phénomène de la liberté dans l'antécédent de ce phénomène, à savoir, le fait intellectuel qui précède toujours la volonté libre, mais qui ne l'engendre pas et ne la contient pas comme la cause engendre et contient l'effet ; et la se-

---

ces actions ne sont que des effets enchaînés l'un à l'autre, simulant alternativement des causes sans en contenir une véritable, et se rapportant tous comme effets plus ou moins éloignés à la volonté comme cause première. Cherche-t-on la notion primitive de cause dans l'action de la bille sur la bille, comme on le faisait avant Hume, ou de la main sur la bille, ou des premiers muscles sur leurs extrémités, ou même dans l'action de la volonté sur le muscle, comme l'a fait M. de Biran ? On ne la trouve dans aucun de ces cas, pas même dans le dernier ; car il est possible qu'il y ait une paralysie des muscles qui rende la volonté impuissante sur eux, improductive, incapable d'être cause physique, et par conséquent d'en suggérer la notion. Mais ce qu'aucune paralysie ne peut empêcher, c'est l'action de la volonté sur elle-même, la production d'une résolution, c'est-à-dire une causation toute spirituelle, type primitif de la causalité dont toutes les actions extérieures, à commencer par l'effort musculaire, et à finir par le mouvement de la bille sur la bille, ne sont pas des symboles plus ou moins infidèles. La première cause pour nous est donc la volonté dont le premier effet est une volition. Là est la source à la fois la plus haute et la plus pure de la notion de cause, qui s'y confond avec celle de la personnalité... Le phénomène de la volonté présente les moments suivants : 1º prédéterminer un acte à faire ; 2º délibérer ; 3º se résoudre. Si l'on y prend garde, c'est la raison qui constitue le premier tout entier et même le second, car c'est elle aussi qui délibère ; mais ce n'est pas elle qui résout et se détermine. »

conde, à chercher le phénomène de la liberté, non dans l'antécédent, mais dans le conséquent, pour ainsi dire, de ce phénomène, dans le fait sensible qui quelquefois suit et quelquefois ne suit pas le vouloir, mais qui n'en dérive pas directement et exige un concours étranger. Ceci nous ramène à la source générale de toutes les erreurs de Locke, la confusion d'une idée avec celle qui la précède ou avec celle qui la suit. Vous l'avez vu pour l'espace, pour le temps, pour l'infini, pour la substance, pour la cause, pour le bien et le mal ; vous allez le voir ici dans la théorie de la liberté.

Locke commence, liv. II, chap. XXI, *de la Puissance*, § 5, par diviser tous les phénomènes de conscience, non pas en trois classes, mais en deux, l'entendement et la volonté. Vient ensuite la classification des actions.

« Toutes les actions dont nous avons quelque idée se réduisent à ces deux : mouvoir et penser. » *Ibid.*, § 8.

Tantôt, dans Locke, la volonté embrasse la pensée et le mouvement; tantôt elle ne s'applique qu'au mouvement.

« Cette puissance qu'a notre esprit de disposer ainsi de la présence ou de l'absence d'une idée particulière, ou de préférer le mouvement de quelque partie du corps au repos de cette même partie, ou de faire le contraire, c'est ce que nous appelons volonté ; et l'usage actuel que nous faisons de cette puissance en produisant ou en cessant de produire telle ou telle action, c'est ce qu'on nomme volition. » *Ibid.*, § 5.

Voilà bien la volonté qui s'applique aux actes de l'entendement comme aux mouvements du corps. Ici, au contraire, elle ne s'applique qu'à ces derniers :

« La volition est visiblement un acte de l'esprit exerçant avec connaissance l'empire qu'il suppose avoir sur quelque partie de l'homme, pour l'appliquer à quelque action particulière ou pour l'en détourner. » *Ibid.*, § 15.

On voit que la théorie de la volonté dans Locke est tout aussi mobile que les autres théories dont nous avons déjà rendu compte. Au reste, des deux côtés erreur égale. Locke rapporte-t-il la volonté à l'entendement, il est clair que ce n'est pas là qu'il trouvera la liberté, car l'intelligence n'est pas libre et nous ne pensons pas comme il nous plaît. Locke se trompe alors en confondant un phénomène avec celui qui le précède et ne le renferme pas. Par volonté plaît-il à Locke d'entendre seulement la faculté de mouvoir son corps, il est clair encore que ce n'est pas non plus dans cette faculté qu'il trouvera la liberté ; car notre puissance physique est une puissance limitée de toutes parts, et de laquelle nous ne disposons pas toujours avec la conscience d'en pouvoir faire le contraire de ce que nous en faisons ; et dans ce cas Locke se trompe en confondant le phénomène interne du vouloir avec le phénomène externe du mouvement qui suit souvent le vouloir, mais qui n'est pas le vouloir lui-même. C'est pourtant là, au milieu de beaucoup d'inconséquences, la théorie dominante de Locke, théorie qui, comme celle de M. de Biran, mais avec moins de profondeur, met la volonté dans une seule de ses applications, la concentre dans l'action motrice. Or, si la volonté n'est que la puissance du mouvement, il est certain que la volonté n'est pas toujours et essentiellement libre. Aussi Locke arrive-t-il à cette conclusion :

Ibid., § 14. « *La liberté n'appartient pas à la volonté.* Si cela est ainsi, comme je le crois, qu'on voie si, en prenant la chose de cette manière, on ne pourrait pas terminer la question agitée depuis si longtemps, mais très-absurde, à mon avis, puisqu'elle est inintelligible, si la volonté de l'homme est libre ou non... Cette question est très-mal conçue... Demander à un homme si sa volonté est libre, c'est tomber dans une absurdité aussi grande que si on lui demandait si son sommeil est rapide ou sa vertu carrée... »

§ 10. « Notre idée de la liberté s'étend aussi loin que la puissance d'agir ou de s'empêcher d'agir, mais elle ne va point au delà ; car toutes les fois que quelque obstacle arrête cette puissance d'agir ou de ne pas agir, ou que quelque force vient à détruire l'indifférence de cette puissance, il n'y a plus de liberté ; et la notion que nous avons disparaît tout à fait. »

Et comme il est indubitable que mille obstacles s'opposent ou peuvent sans cesse s'opposer à notre puissance d'agir, évidemment ici physique, il s'ensuit que la liberté est tantôt et tantôt n'est pas, et qu'alors même qu'elle est, elle pourrait être ou n'être pas, selon telle ou telle circonstance extérieure. Expliquer ainsi la liberté, c'est la détruire. La liberté n'est et ne peut être ni dans la puissance de penser ni dans celle d'agir, qui ont leurs lois nécessaires, mais dans la puissance pure de vouloir, qui seule est toujours accompagnée de la conscience de pouvoir, je ne dis pas penser, je ne dis pas faire, mais vouloir le contraire de ce qu'elle veut. Locke a donc supprimé la liberté en la refusant à la volonté, et la cherchant ou dans la pensée ou dans la force motrice; il la détruit, et il croit avoir détruit la question même de la liberté. Mais la croyance du genre humain proteste contre l'abolition de la liberté, et l'histoire entière de la philosophie proteste contre l'abolition de la question.

Je passe maintenant à un autre point, à la théorie célèbre de Locke sur la nature de l'âme[1].

Vous l'avez vu[2], il est impossible de connaître quelque phénomène de conscience, soit les phénomènes de la sensation ou de la volition ou de l'intelligence, sans qu'à l'instant même nous ne les rapportions à un sujet un et identique qui est nous-même; de même, nous ne pouvons connaître les phénomènes externes de la résistance, de la solidité, de l'étendue, de l'impénétrabilité, de la figure, de la couleur, de l'odeur, de la saveur, etc., sans juger que ce ne sont pas là des phénomènes en l'air, mais des phénomènes qui appartiennent à quelque chose de réel, qui est solide, étendu, impénétrable, figuré, coloré, odorant, sapide, etc. D'un autre côté, si vous ne connaissiez aucun

---

1. Sur la spiritualité de l'âme, PREMIERS ESSAIS, p. 71 et 177; DU VRAI, DU BEAU ET DU BIEN, leç. XVI; PHILOSOPHIE SENSUALISTE, leç. III, p. 110; PHILOSOPHIE ÉCOSSAISE, leç. II, p. 47, etc.; PHILOSOPHIE DE KANT, *Esquisse d'un système de philosophie morale et politique*, p. 332.

2. Plus haut, leç. VI.

des phénomènes de conscience, vous n'auriez jamais la moindre idée du sujet de ces phénomènes ; si vous ne connaissiez aucun des phénomènes extérieurs de résistance, de solidité, d'étendue, d'impénétrabilité, de figure, de couleur, etc., vous n'auriez aucune idée du sujet de ces phénomènes : donc les caractères, soit des phénomènes de conscience, soit des phénomènes extérieurs, sont pour vous les seuls signes de la nature des sujets de ces phénomènes. En examinant les phénomènes qui tombent sous les sens, on trouve entre eux des différences graves sur lesquelles il est inutile ici d'insister, et qui établissent la distinction des qualités premières et des qualités secondes. Parmi les qualités premières est au premier rang la solidité, l'étendue, inévitablement accompagnée de la forme, etc. Au contraire, lorsque vous examinez les phénomènes de conscience, vous n'y trouvez pas ce caractère de résistance, de solidité, d'étendue, de forme, etc. ; vous ne trouvez pas que les phénomènes de votre conscience aient une figure, de la solidité, de l'étendue, de l'impénétrabilité, de la résistance ; sans parler des qualités secondes qui leur sont également étrangères, la couleur, la saveur, le son, l'odeur, etc. Or, comme le sujet n'est pour nous que la collection des phénomènes qui nous le révèlent, plus son existence propre en tant que sujet d'inhérence de ces phénomènes, il s'ensuit que, sous des phénomènes marqués de caractères dissemblables et tout à fait étrangers les uns aux autres, l'esprit humain conçoit des sujets dissemblables et étrangers. Ainsi, comme la solidité, l'étendue et la figure n'ont rien à voir avec la sensation, la volonté et la pensée, et que nous plaçons nécessairement dans l'espace tout ce qui est étendu et solide, tandis que nos pensées, nos volitions, nos sensations sont pour nous inétendues, et que nous ne pouvons pas les concevoir et les placer dans l'espace, mais seulement dans le temps, l'esprit humain en conclut avec une rigueur parfaite que le sujet des phénomènes extérieurs a le caractère de ceux-ci, et que le sujet des phénomènes de la conscience a le caractère de ceux-là ; que l'un est solide et étendu, et que l'autre n'est ni solide ni étendu. Enfin, comme ce qui est solide et étendu est divisible, et comme ce qui n'est ni solide ni étendu est indivisible, de là la divisibilité attribuée au sujet solide et étendu, et l'indivisibilité attribuée au sujet qui n'est ni étendu ni solide. Qui de nous, en effet, ne se croit pas un être indivisible, un et identique, le même hier, aujourd'hui, demain ? Eh bien, le mot corps, le mot matière ne signifie pas autre chose que le sujet des phénomènes extérieurs, dont les plus éminents sont la forme, l'impénétrabilité, la solidité, l'étendue, la divisibilité. Le mot esprit, le mot âme ne signifient rien autre chose que le sujet des phénomènes de conscience, la pensée, le vouloir, la sensation, phénomènes simples, inétendus, non solides, etc. Voilà toute l'idée d'esprit, et toute l'idée de matière. Voyez donc tout ce qu'il faut faire pour ramener la matière à l'esprit ou l'esprit à la matière : il faut prétendre que la sensation, la volition, la pensée, sont réductibles, en dernière analyse, à la solidité, à l'étendue, à la figure, à la divisibilité, etc., ou que la solidité, l'étendue, la figure, etc., sont réductibles à la pensée, à la volonté, à la sensation. Or il est triste d'être forcé de reconnaître que, comme Leibniz réduit tout à l'esprit dans l'univers[1], de même, par une exagération contraire, Locke incline à ne voir partout que de la matière, à faire de l'esprit une modification, un résultat de la matière. Locke est loin sans doute de s'expliquer nettement à cet égard; mais il avance qu'il ne serait pas impossible que la matière, outre le phénomène de l'étendue, par une certaine disposition et arrangement de parties, produisît aussi le phénomène de la pensée. Il ne dit pas que l'âme est matérielle, mais il dit que cela pourrait bien être.

Voici cet important passage, liv. IV, ch. III, § 6 : « Nous avons ces idées de la matière et de la pensée, mais peut-être ne serons-nous jamais capables de connaître si un être purement matériel pense ou non, par la raison qu'il nous est impossible de découvrir par la contemplation de nos propres idées, sans révélation, si Dieu n'a point donné à quelques systèmes de parties matérielles, disposées convenablement, la faculté d'apercevoir ou de penser, ou s'il a joint et uni à la matière ainsi disposée une substance immatérielle qui pense... Car comment peut-on être sûr que quelques perceptions, comme le plaisir et la douleur, ne sauraient se rencontrer dans certains corps modifiés et mus d'une certaine manière, aussi bien que dans une substance immatérielle, en conséquence du mouvement des parties du corps ? »

Locke estime donc que, sans la révélation et dans

---

1. Voyez HISTOIRE GÉNÉRALE DE LA PHILOSOPHIE.

les limites de la seule raison, il n'est pas certain que l'âme ne soit pas matérielle. Or, vous concevez que, si l'âme n'est pas de sa nature immatérielle, elle court bien risque de n'être pas immortelle ; car si le phénomène de la pensée et de la conscience n'est que le résultat de la combinaison de parties étendues et divisibles, la dissolution de ces parties peut très-bien emporter celle de la pensée et de l'âme. Mais Locke répond que cette conséquence n'est pas à craindre ; car, matérielle ou non, la révélation nous garantit que l'âme est immortelle. « C'est pourquoi, dit-il (*ibid.*), la nécessité de se déterminer pour ou contre l'immatérialité de l'âme n'est pas si grande. » Et lorsque ses adversaires insistent, lorsque le docteur Stillingfleet lui objecte que c'est beaucoup diminuer l'évidence de l'immortalité que de la faire dépendre entièrement de ce que Dieu peut donner à l'âme et dont elle n'est pas capable de sa propre nature, Locke est tout près de crier au blasphème ; c'est-à-dire, répond-il, que la fidélité de Dieu n'est pas un fondement assez ferme et assez sûr pour s'y reposer sans le concours du témoignage de la raison ; ce qui est autant que si l'on disait que Dieu ne doit pas être cru sur parole... Encore qu'on ne puisse pas montrer que l'âme est immatérielle, cela ne diminue nullement l'évidence de son immortalité, parce que la fidélité de Dieu est une démonstration de la vérité de tout ce qu'il a révélé ; et le manque d'une autre démonstration ne rend pas douteuse une proposition démontrée. »

Et Locke va jusqu'à dire que telle est la vraie doctrine chrétienne. Certes, nous n'en croyons rien ; mais, sans descendre sur ce terrain, qui n'est pas le nôtre, voyez où conduit un pareil système. Si l'immatérialité de l'âme est douteuse en elle-même, et si l'immortalité de l'âme a pour unique fondement la promesse de Dieu, qui doit être cru sur parole, il s'ensuit que quiconque n'aurait pas, comme Locke, le bonheur d'être éclairé par les lumières de la révélation chrétienne, et n'aurait d'autres ressources que celles de la raison, celui-là ne pourrait croire légitimement ni à l'immatérialité ni à l'immortalité de l'âme, ce qui condamne au matérialisme le genre humain tout entier avant le christianisme, et depuis le christianisme la moitié au moins de l'humanité. Mais les faits repoussent cette triste conséquence ; les faits attestent que cette raison si impuissante, selon Locke, a suffi pour établir et sert encore à maintenir dans le monde la double conviction de l'immatérialité et de l'immortalité de l'âme. La révélation universelle et perpétuelle de la raison a partout devancé, préparé ou suppléé celle qui, dans les desseins de la Providence, est venue confirmer, étendre, achever la première. Enfin, je vous prie de remarquer que c'est le père de l'école sensualiste du dix-huitième siècle qui se prononce ici contre la raison, et substitue la théologie à la philosophie, du reste avec une parfaite loyauté, car il croit fermement à la révélation et au christianisme. Plus tard, nous verrons ce que deviendront l'immatérialité et l'immortalité de notre être entre les mains des successeurs de Locke, qui, à son exemple, déclareront sur ces deux points la raison incompétente, et en appelleront comme lui à la foi, à la révélation, à la théologie, sauf à croire ou à ne pas croire à l'autorité qu'ils invoquent[1].

Je crois avoir prouvé que Locke, cherchant la liberté où elle ne peut être, dans la puissance du mouvement, ne pouvait l'y trouver, et qu'ainsi, à travers bien des contradictions, il a mis la philosophie sur la route du fatalisme. J'ai prouvé encore que, sans affirmer que l'âme n'est pas immatérielle et immortelle, il a dit au moins que la révélation seule peut nous en donner la certitude, et qu'il a mis ainsi la philosophie sur la route du matérialisme. Maintenant je suis heureux de déclarer que Locke n'a pas mis le moins du monde la philosophie sur la route de l'athéisme. Non-seulement comme chrétien, mais comme philosophe, Locke admet et proclame l'existence de Dieu, et il en donne des preuves naturelles excellentes. Mais le caractère de ces preuves trahit encore l'esprit général du système qui domine dans l'*Essai sur l'Entendement humain*.

Tout nous mène à Dieu, mais nous y allons par différentes voies. On a rangé sous deux grandes classes toutes les preuves de l'existence de Dieu, les preuves *a posteriori* et les preuves *a priori*. Ou je me livre, à l'aide de mes sens et de ma conscience, au spectacle du monde et de ma propre existence, et c'est par la connaissance plus ou moins approfondie de la nature et de moi-même qu'après des observations suffisantes, et par des inductions fondées sur ces observations,

---

[1]. Voyez plus haut, leç. II, p. 25 et p. 29, Priestley et Bonnet, sincèrement religieux et ouvertement matérialistes, et PHILOSOPHIE SENSUALISTE, leç. IV et leç. V. Helvétius et Saint-Lambert renvoyant la question de la spiritualité et de l'immortalité de l'âme à la théologie qui ne leur importe guère.

j'arrive à la connaissance du Dieu qui a fait l'homme et la nature, et c'est ce qu'on appelle la démonstration *a posteriori* de l'existence de Dieu : ou bien je néglige le monde extérieur pour rentrer en moi-même, dans le monde tout intérieur de la pensée ; et là, sans m'engager dans l'étude de ses nombreux phénomènes, je m'attache d'abord à une idée, qui, sans le secours de l'expérience, entre les mains de la raison, devient la base d'une démonstration de l'existence de Dieu : tel est le genre de preuves qu'on appelle *a priori*.

Voici, par exemple, la preuve *a priori* de l'existence de Dieu la plus célèbre, et qui contient à peu près toutes les autres [1]. Quand nous nous replions sur nous-mêmes, le premier regard que jette la réflexion sur les phénomènes de la conscience nous montre qu'ils ont leurs suspensions, leurs relâchements, leurs degrés divers d'énergie, ce qui atteste en nous quelque chose de limité et de fini. Or ce caractère de fini ne peut pas nous être donné, nous l'avons vu [2], sans qu'à l'instant la raison ne porte ce jugement qu'il y a quelque chose d'infini, s'il y a quelque chose de fini. Quand vous ne connaîtriez pas le monde extérieur, la conscience suffirait pour vous donner l'idée de fini, et par conséquent la raison aurait de quoi vous suggérer l'idée d'infini. L'idée d'infini opposée à l'idée de fini n'est pas moins que

---

1. Nous avons bien souvent exposé la preuve *a priori* de l'existence de Dieu, appelée la preuve cartésienne du nom de son auteur ou plutôt de son plus illustre interprète ; voyez surtout HISTOIRE GÉNÉRALE DE LA PHILOSOPHIE, leç. VIII ; PHILOSOPHIE ÉCOSSAISE, leç. II et leç. IX ; PHILOSOPHIE DE KANT, leç. VI.

2. Plus haut, leç. VI.

l'idée de la perfection opposée à l'idée de l'imperfection. Qu'est-ce en effet que la conscience pour nous, encore une fois, sinon le sentiment de notre imperfection et de notre faiblesse? Je ne dispose pas de mes sensations; elles vont et viennent à leur gré, elles paraissent et disparaissent, sans que je puisse bien souvent les retenir ou les écarter. Je ne dispose pas davantage de mes jugements, qui suivent leurs lois, que je n'ai point faites. Je dispose de ma volonté, il est vrai, mais souvent elle n'aboutit qu'à des volitions, sans pouvoir arriver jusqu'à des actes extérieurs et visibles; et la passion, le sommeil, la léthargie la suspendent. De toutes parts, le fini et l'imperfection m'apparaissent en moi. Mais je ne puis pas avoir l'idée de fini et d'imperfection sans avoir celle de perfection et d'infini. Ces deux idées sont logiquement corrélatives ; et si dans l'ordre de leur acquisition, celle de fini et d'imparfait précède l'autre, elle la précède à peine. Il n'est pas au pouvoir de la raison, aussitôt que la conscience lui a fourni l'idée de fini et d'imparfait, de ne pas concevoir l'idée d'infini et de parfait. Or, l'infini, le parfait, c'est Dieu lui-même. Donc il suffit d'avoir l'idée d'imparfait et de fini pour avoir l'idée d'infini et de parfait, c'est-à-dire de Dieu, qu'on le nomme ou qu'on ne le nomme pas ainsi, qu'on sache exprimer les convictions spontanées de son intelligence, ou que, faute de langage et d'analyse, elles demeurent obscures et indistinctes dans les profondeurs de l'âme. N'allez pas consulter les sauvages, les enfants, les idiots, pour savoir s'ils ont l'idée de Dieu ; demandez-leur seulement, ou plutôt, sans leur rien demander, recherchez s'ils ont l'idée de l'imparfait et du fini ; et s'ils l'ont, et ils ne peuvent pas ne pas l'avoir s'ils ont la moindre perception, soyez sûrs qu'ils ont l'idée obscure et confuse de quelque chose d'infini et de parfait ; soyez sûrs que ce qu'ils entrevoient d'eux-mêmes et du monde ne leur suffit pas, et qu'ils s'humilient à la fois et se relèvent dans la foi intime à l'existence de quelque chose d'infini, de parfait, de Dieu [1]. Le mot peut leur manquer, parce que l'idée n'est pas claire et distincte encore ; mais elle n'existe pas moins sous les voiles de l'intelligence naissante, et l'observateur philosophe l'y découvre aisément.

L'infini et le parfait vous sont donnés avec l'imparfait et le fini, et le fini et l'imparfait vous sont donnés immédiatement par votre conscience, aussitôt qu'il y a sous les yeux de votre conscience quelques phénomènes. Donc, l'idée de fini et d'imparfait étant primitive, l'idée corrélative d'infini et de parfait, et par conséquent de Dieu, est primitive aussi.

L'idée de Dieu est une idée primitive ; mais d'où vous vient cette idée ? Est-ce une création de votre

---

1. Philosophie de Kant, leç. vi, p. 120. « Le dernier des hommes, dans le sentiment de la misère inhérente à sa nature bornée, conçoit obscurément et vaguement l'être tout parfait, et ne peut le concevoir sans se sentir soulagé et relevé, sans éprouver le besoin et le désir de retrouver et de posséder encore, ne fût-ce que pendant le moment le plus fugitif, la puissance et la douceur de cette contemplation, conception, notion, idée, sentiment, car qu'importent ici les mots, puisqu'il n'y a pas de mots pour l'âme? La pauvre femme, dont Fénelon enviait la prière, ne prononçait pas de savantes paroles, elle pleurait en silence, abimée dans la pensée de l'être parfait et infini, témoin invisible et consolateur secret de ses misères. Nous ressemblons tous à cette pauvre femme, etc. »

imagination, une illusion, une chimère? Vous pouvez imaginer une gorgone, un centaure, et vous pouvez ne pas l'imaginer; mais est-il en votre puissance, ayant l'idée du fini et de l'imparfait, de concevoir ou de ne pas concevoir l'infini et le parfait? Non : l'un étant conçu, l'autre l'est nécessairement. Ce n'est donc pas une chimère ; c'est un produit nécessaire de votre raison : donc c'est un produit légitime. Ou reniez votre raison, et alors ne parlons plus ni de raison, ni de vérité, ni de connaissance, ni de philosophie, ou acceptez l'autorité de votre raison, et acceptez-la ici comme ailleurs.

Vous êtes un être fini, et vous avez l'idée nécessaire d'un être infini. Mais comment un être fini et imparfait pourrait-il avoir l'idée d'un être infini et parfait, et l'avoir nécessairement si cet être n'existait pas? Otez Dieu, l'infini, le parfait, ne laissez que l'homme, le fini et l'imparfait, et je ne tirerai jamais du fini l'idée de l'infini, de l'imparfait l'idée de parfait, de l'humanité l'idée de Dieu ; mais si le parfait, si l'infini, si Dieu existent, alors, et seulement alors, ma raison pourra les concevoir. Enfin, vous voyez où j'en veux venir : le seul fait de la conception de Dieu par la raison, l'idée seule de Dieu implique la certitude et la nécessité de l'existence de Dieu.

Telle est à peu près la démonstration célèbre de l'existence de Dieu *a priori*, c'est-à-dire indépendamment de toute expérience; voici maintenant la preuve *a posteriori :* quelques mots suffiront pour vous la faire comprendre ; elle s'explique assez d'elle-même.

Cette preuve consiste à n'arriver à Dieu que par

une induction fondée sur des observations plus ou moins étendues. Au lieu de fermer vos sens et de n'ouvrir que votre conscience, vous ouvrez vos sens et fermez plus ou moins votre conscience, pour considérer surtout la nature et ce vaste monde qui vous entoure ; et, par une contemplation plus ou moins profonde et des études plus ou moins savantes, vous vous pénétrez de la beauté, de l'ordre, de l'intelligence, de la sagesse, de la perfection répandue dans l'univers ; et comme il doit y avoir dans la cause tout au moins ce qui est dans l'effet, vous raisonnez de la nature à son auteur, et de l'existence et de la perfection de l'une vous concluez l'existence et la perfection de l'autre.

Ces deux preuves sont excellentes, et au lieu de choisir entre elles, il faut faire comme l'esprit humain qui les porte l'une et l'autre, il faut les accepter et les employer toutes deux. En effet, elles s'excluent si peu, que chacune d'elles renferme quelque chose de l'autre. L'argument *a priori*, par exemple, suppose un élément *a posteriori*, une donnée d'observation et d'expérience ; car si l'idée d'infini et de parfait conduit directement à Dieu, et si cette idée est une pure conception de la raison, il est certain que la raison ne concevrait jamais cette idée sans l'idée, simultanée ou antérieure, de fini et d'imparfait, laquelle dérive de l'expérience ; seulement ici la donnée expérimentale est empruntée à la conscience et non au sens ; et encore peut-on dire que tout phénomène de conscience suppose un phénomène sensitif. Un élément *a posteriori* intervient donc comme condition de la démonstration *a priori*. De même, si on y pense, la preuve par l'expérience ou *a posteriori* implique un élément purement rationnel ou *a priori*. En effet, à quelle condition concluez-vous de la nature à Dieu? à cette condition que vous admettiez ou que du moins vous employiez le principe de causalité ; car si vous êtes dépourvu de ce principe, vous contemplerez, vous étudierez éternellement le monde, vous adorerez éternellement l'ordre et la sagesse qui y règnent, sans vous élever à cette supposition que tout cela n'est qu'un effet, que tout cela doit avoir sa cause. Otez le principe de causalité, il n'y a plus de causes pour vous, il n'y a plus ni besoin ni possibilité d'en chercher ni d'en trouver, et vous ne pouvez plus aller du monde à Dieu. Or le principe de causalité a bien une condition expérimentale ; mais lui-même n'est pas emprunté à l'expérience ; il la suppose et il s'y applique, mais il la domine et la juge ; il appartient en propre à la raison[1]. Voilà donc à son tour un élément *a priori* dans la preuve *a posteriori*. De plus, ce monde est plein d'harmonie, je le crois ; et plus on y regarde, surtout en se plaçant à un certain point de vue que l'observation ne donne pas toujours, plus on est frappé de l'ordre du monde ; mais on peut aussi, en ne consultant que ses sens, y trouver des apparences de désordre ; on peut ne pas comprendre la raison des volcans qui dévorent des villes florissantes, des tremblements de terre, des tempêtes, etc. ; en un mot, l'observation peut très-bien, employée seule et non dirigée par un principe supérieur, trouver du mal en

---

[1]. Plus haut, leç. VII.

ce monde. Si à cette expérience trompeuse vous ajoutez le principe, que tout ce qui est vrai de l'effet est vrai de la cause, il vous faudra admettre dans la cause ce qui est dans l'effet, c'est-à-dire non-seulement de l'intelligence, de la sagesse et de la puissance, mais des imperfections dégradantes, comme a fait plus d'un peuple, sous la domination exclusive de l'expérience, et dans l'enfance de l'humanité. Enfin tant d'effets si divers, dont l'expérience ne montre pas toujours l'enchaînement et l'harmonie, pourraient bien conduire non à une cause unique et à Dieu, mais à des causes diverses et à la pluralité des dieux; et l'histoire est là pour justifier cette crainte. Vous voyez donc bien que la preuve *a posteriori*, qui d'abord a besoin du principe de causalité, a besoin d'autres principes encore qui la dirigent, principes qui, pour gouverner l'expérience, n'en doivent pas venir, et doivent venir de la raison. L'argument *a posteriori* suppose donc plus d'un élément *a priori*. Ainsi complété, il a son usage et son excellence, comme l'argument *a priori*, bien compris et bien réglé lui-même.

Ces deux arguments ne s'excluent donc pas, comme nous venons de le voir; mais l'un ou l'autre frappe plus ou moins, selon le tour d'esprit et la disposition morale et religieuse des peuples et des individus. La religion chrétienne, qui repose sur l'esprit et non sur les sens, emploie surtout les preuves *a priori*. Négligeant la nature, ou l'envisageant sous un point de vue idéaliste, c'est des profondeurs de l'âme, par la raison et le verbe, qu'elle s'élève à Dieu. La preuve *a priori* est la preuve chrétienne par excellence; elle appartient particulièrement au règne du christianisme au moyen âge, et à la philosophie qui le représente, la scolastique; et c'est de là qu'elle a passé dans la grande école spiritualiste moderne, celle de Descartes, où elle a été développée avec éclat pendant un demi-siècle par Malebranche, Fénelon, Bossuet, Leibniz. Au contraire, toute religion fondée sur les sens et toute philosophie empirique se complaisent dans la preuve *a posteriori*. Il n'en sort, il est vrai, qu'une théodicée fort incertaine et fort équivoque, mais on a la ressource de l'inconséquence.

Appliquons tout ceci à l'*Essai sur l'Entendement humain.*

Locke croit à l'existence de Dieu; mais il vient d'une école sensualiste; il repousse donc les arguments *a priori* et n'admet guère que les arguments *a posteriori*. Il ne veut pas employer l'argument de Descartes, qui prouve l'existence de Dieu par son idée, par l'idée de l'infini et de la perfection.

Liv. IV, chap. x, § 7 : « Je crois être en droit de dire que ce n'est pas un fort bon moyen d'établir l'existence de Dieu et de fermer la bouche aux athées, que de faire porter tout le fort d'un article aussi important que celui-là sur ce seul fondement, et de prendre pour unique preuve de l'existence de Dieu l'idée que quelques personnes ont de ce souverain Être. Je dis quelques personnes; car il est évident qu'il y a des gens qui n'ont aucune idée de Dieu; il y en a d'autres qui en ont une telle idée, qu'il vaudrait mieux qu'ils n'en eussent pas du tout, et la grande partie en ont une idée telle quelle, si j'ose me servir de cette expression. C'est, dis-je, une méchante méthode que de s'attacher trop fortement à cette découverte favorite, jusqu'à rejeter toutes les autres démonstrations de l'existence de Dieu, ou du moins de tâcher de les affaiblir, et d'empêcher qu'on ne les emploie comme si elles étaient faibles et fausses, quoique dans le fond ce sont des preuves qui nous font voir si clairement et d'une manière si convaincante l'existence de ce souverain Être par la considération de notre propre existence et des parties sensibles de l'univers, que je ne pense pas qu'un homme sage puisse y résister ; car il n'y a point, à ce que je crois, de vérité plus certaine et plus évidente que celle-ci, que les perfections invisibles de Dieu, sa puissance éternelle et sa divinité, sont devenues visibles depuis la création du monde par la connaissance que donnent ses ouvrages... » Et Locke part de là pour développer ce genre de preuves.

Si Locke avait prétendu établir seulement que l'argument *a priori* n'est pas le seul valable, et qu'il ne faut pas dédaigner la preuve *a posteriori*, nous nous joindrions à lui bien volontiers ; mais il va plus loin, et s'égare en assertions qu'on ne peut repousser avec trop de force. Nous nions qu'il y ait des gens qui n'aient aucune idée de Dieu ; et ici se place très-bien la philosophie cartésienne et toute philosophie idéaliste qui prouve que l'idée de Dieu étant au fond celle de l'infini et de la perfection, ne peut pas ne pas se trouver dans tout homme dont la raison est un peu développée. Nous nions aussi cette sentence que Locke a malheureusement mais très-naturellement prêtée à Bayle, c'est-à-dire le sensualisme au scepticisme, à savoir que quelques hommes ont de Dieu une telle idée qu'il vaudrait mieux qu'ils n'en eussent pas du tout [1]. Nous nions qu'il vaille mieux n'avoir aucune idée de Dieu que d'en avoir une idée imparfaite, comme si nous n'étions pas des êtres imparfaits, condamnés à mêler presque toujours le faux au vrai! Si on ne voulait que des vérités sans mélange, on laisserait à l'humanité bien peu de croyances, à la science bien peu de théories. Il n'y a qu'un homme étranger à l'histoire de la philosophie qui osât rejeter une vérité parce qu'elle serait mêlée de quelques erreurs, et même de beaucoup d'erreurs. Enfin remarquons que, tout en développant de préférence la preuve *a posteriori*, Locke emploie souvent, sans s'en douter, des arguments *a priori*, par exemple, § 8 : « Quelque chose existe de toute éternité. » Quoiqu'il cherche surtout Dieu dans le monde extérieur, il va aussi, comme Descartes, de l'homme à Dieu, §§ 2 et 3. Nulle part il n'accepte et ne dégage, mais partout il emploie le principe de causalité, sans lequel il ne pourrait faire un seul pas hors de la nature et de l'homme.

Ici finit la longue analyse que je vous devais de l'*Essai sur l'Entendement humain;* il ne me reste plus qu'à résumer et à généraliser les divers résultats que nous avons obtenus.

1° Considéré sous le point de vue le plus important, celui de la méthode, l'*Essai sur l'Entendement humain* a cela d'excellent que la psychologie y est présentée comme la base de toute saine philosophie. Locke commence par l'étude de l'homme, de ses fa-

---

1. Sur Bayle, voy. HISTOIRE GÉNÉRALE DE LA PHILOSOPHIE, leç. IX.

cultés, de son entendement: et par là il se rattache au grand mouvement cartésien et au génie de la philosophie moderne : voilà le bon côté de la méthode de Locke. Le mal est qu'au lieu d'observer l'homme, ses facultés, et les phénomènes de l'entendement dans l'état et avec les caractères que ces phénomènes offrent aujourd'hui, il s'enfonce d'abord dans la question obscure et pleine de périls de l'état primitif de ces phénomènes, du premier développement de nos facultés, de l'origine de nos idées.

2° La question de l'origine des idées, qui devrait venir après celle de leurs caractères actuels, prématurément abordée sans la connaissance suffisante des faits qu'il s'agit d'expliquer, jette Locke dans un système qui n'admet d'autre origine à toutes les idées que la sensation et la réflexion.

3° Et encore vous devez vous rappeler que Locke ne tient pas la balance égale entre ces deux origines, et qu'il la laisse pencher en faveur de la sensation.

4° Ce parti pris de tirer toutes les idées de la sensation et de la réflexion, et particulièrement de la sensation, impose à Locke la nécessité de confondre certaines idées avec certaines autres; car il est des idées, par exemple les sept idées suivantes : l'idée de l'espace, l'idée du temps, l'idée de l'infini, l'idée de l'identité personnelle, l'idée de la substance, l'idée de la cause, l'idée du bien et du mal, que nous avons démontré ne pouvoir entrer dans l'entendement humain par la porte de la sensation ni de la réflexion même. Locke est donc forcé de les confondre avec les idées de corps, de succession, de fini, de nombre, des qualités, des purs phénomènes, des peines et des récompenses, de plaisir et de douleur, lesquelles sont en effet explicables par la sensation ou la réflexion; c'est-à-dire qu'il est forcé de confondre ou les antécédents ou les conséquents de l'idée d'espace, de temps, d'infini, de substance, de cause, de bien et de mal, avec ces idées elles-mêmes.

5° C'est là le vice le plus général de la philosophie de Locke; il se découvre à plein dans la théorie de la connaissance et du jugement. Locke fonde la connaissance et le jugement sur la perception d'un rapport entre deux idées, sur la comparaison; tandis qu'en beaucoup de cas les idées de rapport, loin de fonder nos jugements et nos connaissances, sont au contraire des débris de connaissances et de jugements primitifs dus à la puissance naturelle de l'entendement, qui juge et connaît par sa vertu propre, en s'appuyant souvent sur un seul terme, et par conséquent sans avoir besoin d'en comparer deux.

6° Il en est de même de la théorie du langage. Locke attribue beaucoup au langage, et avec raison; mais il ne faut pas croire que toute dispute est une dispute de mots, toute erreur une erreur purement verbale, toute idée générale l'ouvrage des langues seules, et qu'une science n'est qu'une langue bien faite, parce qu'en effet les mots jouent un grand rôle dans nos disputes et dans nos erreurs, parce qu'il n'y a pas d'idées générales sans langage, et parce qu'une langue bien faite est la condition ou plutôt la conséquence d'une science vraie.

7° Enfin, dans les grandes théories par lesquelles

se jugent, en dernier résultat, toutes les philosophies, à savoir les théories de Dieu, de l'âme et de la liberté, vous voyez Locke, confondant la volonté avec la faculté de mouvoir, comme il parle, avec le pouvoir d'agir, de faire telle ou telle action extérieure, chercher la liberté dans la volonté ainsi entendue, c'est-à-dire où elle n'est pas ; vous le voyez, cédant aux préjugés de l'empirisme, exprimer le doute que la pensée soit autre chose qu'un attribut de la matière tout comme l'étendue; vous le voyez enfin dans la théodicée, toujours fidèle à l'esprit de son système, s'appuyant sur les sens plus que sur la conscience, interroger la nature plutôt que la raison sur l'existence de Dieu, repousser la preuve *a priori* de Descartes, et n'admettre que la preuve *a posteriori*.

Tel est mon jugement définitif sur l'ouvrage de Locke. Si j'ai consacré la plus grande partie des leçons de cet été à l'examen de ce seul ouvrage, vous m'approuverez, je l'espère, en considérant son importance, tout ce qu'il résume et tout ce qu'il prépare.

Maintenant en effet que vous connaissez à fond, dans son ensemble et dans ses détails, l'*Essai sur l'Entendement humain*, vous devez voir qu'il renferme réellement les traits les plus marqués des plus célèbres théories sensualistes, soit de la philosophie moderne, soit de la Grèce, soit de l'Orient.

Le caractère essentiel du sensualisme est la négation de toutes les grandes vérités qui échappent aux sens et que la raison seule découvre, la négation de tout infini, du bien et du mal, de la liberté humaine, de l'immatérialité de l'âme et de la divine Providence.

Selon les temps et selon le plus ou moins de courage de ses partisans, il affiche ouvertement sa pensée, ou il la voile par la distinction souvent sincère, souvent fictive, de la philosophie et de la théologie. C'est peut-être la seule différence qui sépare, au dix-septième siècle, Gassendi, prêtre catholique, de Hobbes, ennemi déclaré de l'Église. Au fond, leur système philosophique est le même ; ils font une part presque exclusive à la sensation dans la connaissance ; ils soutiennent à peu près que tout être est matériel ; dans les croyances spirituelles ils ne voient que des métaphores, et, après les sens, ils attribuent tout aux signes et au langage ; mais par-dessus tout cela, Gassendi invoque la révélation, et Hobbes ne l'invoque point[1]. Au seizième siècle, l'appel à la révélation était indispensable ; il caractérise et il sauve à peine le péripatétisme sensualiste de Pomponat et de son école[2]. Auparavant, sous le règne absolu du christianisme, cette précaution était plus nécessaire encore ; elle protége mal le sensualisme naissant et le nominalisme avoué d'Okkam[3]. Qui peut ne pas voir, au sein du paganisme, des précurseurs de Gassendi et de Hobbes, et par conséquent de Locke, dans Épicure[4], dans Démocrite et dans l'école d'Ionie[5] ? Qui peut enfin méconnaître dans certains systèmes orientaux, et particulièrement dans le *Sankhya* de Kapila[6], au milieu d'inconséquences

---

1. Sur Hobbes et Gassendi, voy. HISTOIRE GÉNÉRALE DE LA PHILOSOPHIE, leç. VII, et sur Hobbes en particulier, PHILOSOPHIE SENSUALISTE, leç. VI, VII et VIII.
2. HISTOIRE GÉNÉRALE DE LA PHILOSOPHIE, leç. VI. — 3. *Ibid.*, leç. V. — 4. *Ibid.*, leç. IV. — 5. *Ibid.*, leç. III. — 6. *Ibid.*, leç. II.

apparentes ou réelles et d'un mysticisme faux ou vrai, les premiers linéaments de cette théorie qui, s'accroissant d'époque en époque, et participant à tous les progrès de l'humanité, est arrivée, au début du dix-huitième siècle, à son expression, incertaine encore mais déjà élevée et vraiment scientifique, dans l'*Essai sur l'Entendement humain*?

Et non-seulement l'*Essai sur l'Entendement humain* résumait alors le passé, mais il contenait l'avenir. Toutes ces théories sur lesquelles je vous ai si longtemps arrêtés, et qui souvent vous ont fatigués de leur caractère équivoque, vont, en moins d'un demi-siècle, devenir entre les mains hardies des successeurs de Locke des théories fermes et précises, qui obtiendront, dans plus d'un grand pays de l'Europe, une autorité presque absolue et y sembleront le dernier mot de la pensée humaine. Ainsi, la théorie de Locke sur la liberté tendait au fatalisme; cette théorie développée y arrivera. Locke ne semblait pas trop redouter le matérialisme ; ses élèves l'accepteront et le proclameront. Bientôt, le principe de causalité n'étant plus seulement négligé, mais repoussé et détruit, la preuve *a posteriori* de l'existence de Dieu manquera de base, et le théisme sincère de Locke finira, ici par le panthéisme, là par l'athéisme. Les deux sources de la connaissance humaine, la sensation et la réflexion, se résoudront en une seule; la réflexion s'abîmera dans la sensation; il ne restera que la sensation pour expliquer l'esprit humain tout entier. Les signes, dont Locke avait déjà exagéré l'influence, deviendront, après la sensation, la source même de toutes les idées.

En un mot, attendez l'année prochaine[1], et vous verrez de quelle importance il était pour vous et pour moi de jeter d'abord une lumière abondante et forte sur des questions et des théories qui doivent devenir le champ de bataille de toutes les discussions contemporaines. Il fallait bien le reconnaître d'avance, et vous familiariser avec le terrain sur lequel nous devons si souvent combattre.

Permettez-moi, en terminant, de vous rappeler les engagements que j'ai pris au commencement de ce cours et avec vous et avec moi-même; j'ai trop à cœur de les tenir pour ne pas me les remettre souvent sous les yeux.

J'ai divisé toutes les écoles du dix-huitième siècle en quatre écoles fondamentales, qui m'ont paru renfermer toutes les autres. J'ai aimé à vous dire[2] : Chacune de ces écoles a été, donc elle avait quelque raison pour être. Si ces écoles avaient été entièrement absurdes et extravagantes, elles n'auraient pu être : car l'absurde tout seul n'aurait pu trouver ni place ni crédit dans l'esprit humain, jeter tant d'éclat, obtenir tant d'autorité dans aucun siècle, encore moins dans un siècle aussi éclairé que le dix-huitième. Ainsi, par cela seul que chacune de ces écoles a existé, elle a eu sa raison d'être, et elle possède quelque élément de vérité. Mais en fait et incontestablement il y a quatre écoles. Or la vérité absolue est une; si l'une de ces écoles con-

---

[1]. A défaut des leçons ici promises, on peut consulter celles de la PHILOSOPHIE SENSUALISTE, où l'école de la sensation est présentée sous tous ses grands aspects métaphysiques, moraux et politiques, dans la personne de Locke, de Condillac, d'Helvétius, de Saint-Lambert et de Hobbes.
[2]. HISTOIRE GÉNÉRALE DE LA PHILOSOPHIE, leç. X.

tenait la vérité absolue, il n'y aurait qu'une seule école, et non pas quatre. Mais elles sont quatre, donc ni l'une ni l'autre ne contient la vérité tout entière, et chacune d'elles, avec l'élément de vérité qui la fait être, contient quelque élément d'erreur qui la réduit à n'être après tout qu'une école particulière ; et, songez-y, l'erreur, entre les mains du génie systématique, devient aisément extravagance. Je devais ainsi absoudre à la fois et combattre toutes les écoles, et par conséquent cette grande école qu'on appelle l'école de la sensation, du titre même du principe unique sur lequel elle s'appuie. Je devais absoudre l'école de la sensation comme ayant eu sa part de vérité ; et je devais la combattre comme ayant mêlé aux vérités qui la recommandent beaucoup d'erreurs et d'extravagances. Et avec quoi devais-je combattre cette école ? Je vous avais promis de combattre les erreurs d'une école avec tout ce qu'il y a de vérité dans l'école opposée ; je devais donc opposer aux exagérations du sensualisme ce qu'il y a de sensé et de raisonnable dans l'idéalisme. C'est ce que j'ai fait. Peut-être y a-t-il un peu du mien, s'il m'est permis de le dire, dans cet examen de l'*Essai sur l'Entendement humain* et dans la conduite de la discussion, surtout au point de vue de la méthode; mais les arguments eux-mêmes appartiennent la plupart à l'école spiritualiste dans ce qu'elle a de plus raisonnable, c'est-à-dire dans sa partie négative, qui est toujours la partie la meilleure de toute école. Un jour je retrouverai l'école spiritualiste[1] ; je l'examinerai à son tour ; et, malgré mon

1. La Révolution de 1830 est venue à la traverse.

penchant connu, ma prédilection déclarée pour cette école, je ferai voir que je ne me suis pas fait une religion de ses erreurs, et je saurai tourner contre elle les armes solides que me fournira souvent le bon sens de l'empirisme et du scepticisme. En attendant, c'est avec la dialectique spiritualiste que j'ai combattu les extravagances de l'école empirique dans son premier représentant au dix-huitième siècle. Et ce n'est pas l'idéalisme antique que j'ai invoqué contre l'empirisme moderne, car l'un ne répond pas à l'autre; la philosophie ancienne et la philosophie moderne ne se rencontrent et ne s'éclairent que sur les hauteurs de la science et pour un petit nombre de penseurs d'élite : j'ai opposé à Locke des adversaires venus après lui, et qui devaient le combattre pour le surpasser et faire marcher la science. Ce n'est pas même à Leibniz, déjà trop loin de nous, c'est à Reid et à Kant, que j'ai emprunté leurs arguments; mais j'ai dû presque toujours en changer la forme, car cette forme se sent un peu du pays et de la langue de ces deux grands hommes. Tous deux s'exprimaient comme on s'exprime à Glasgow et à Kœnigsberg, ce qui ne veut pas dire comme on doit s'exprimer en France. J'ai donc négligé la phraséologie de Reid et surtout celle de Kant, mais j'ai gardé le fond de leurs raisons. Vous ne connaissez pas Kant; un jour je tâcherai de vous faire faire connaissance avec cet esprit si ferme et si élevé, le Descartes de notre âge[1]. Mais vous pouvez lire, dans la traduction d'un des meilleurs élèves de l'École normale, aujour-

1. La première série de nos cours n'était pas encore publiée.

d'hui mon collègue à cette Faculté, le judicieux Reid, avec le commentaire vraiment supérieur des belles leçons de M. Royer-Collard[1]. C'est à Reid et à Kant que je rapporte en grande partie la polémique que j'ai instituée contre l'empirisme, dans la personne de Locke.

Je devais être juste aussi envers l'école empirique, tout en la combattant; je devais y faire la part du bien comme celle du mal, car l'un y est avec l'autre. Je vous le demande, n'est-ce pas aussi ce que j'ai fait? N'ai-je pas reconnu et mis en lumière tout ce qu'il y a de bon dans les différentes parties de l'*Essai sur l'Entendement humain*? N'ai-je pas montré les heureux commencements de la méthode et des théories de Locke, avant d'attaquer les erreurs dans lesquelles l'a jeté l'esprit de système? Enfin n'ai-je pas rendu un éclatant hommage à son caractère et à ses vertus? Je l'ai fait, et de grand cœur; et sur ce point du moins je suis sûr d'être exempt de reproche et envers Locke, et envers moi-même, et envers la philosophie. En effet, quoique appartenant à l'école spiritualiste et si dévoué que je sois à cette grande famille de penseurs qui reconnaît pour chefs dans l'antiquité Socrate, Platon, saint Augustin, et chez les modernes Descartes, Bossuet, Leibniz, je n'en professe pas moins un respect sincère pour toutes les autres écoles, filles légitimes de la liberté humaine, et pour tous les hommes qui ont servi chacun à leur

---

[1]. J'ai bien souvent cité dans la PHILOSOPHIE ÉCOSSAISE la traduction de M. Jouffroy et les admirables leçons de M. Royer-Collard; et partout je me suis plu à rendre hommage à celui qui fut et sera toujours pour moi un maître révéré, et à celui que je puis nommer aujourd'hui le premier des élèves sortis de mon auditoire.

manière, avec talent et loyauté, la cause de la philosophie. La vraie muse de l'histoire n'est pas la haine, c'est l'amour ; la mission de la vraie critique n'est pas seulement de signaler les erreurs trop réelles et trop nombreuses répandues dans les divers systèmes, mais de démêler et de dégager du milieu de ces erreurs les vérités qui peuvent et qui doivent y être mêlées, et par là de relever la raison à ses propres yeux, d'absoudre la philosophie dans le passé, de l'enhardir et de l'éclairer dans l'avenir.

Je ne veux pas me séparer de vous, messieurs, sans vous remercier du zèle remarquable, honorable pour vous, encourageant pour moi, que vous avez apporté à ces leçons. Aux prises avec des discussions dont je n'aurais pu vous épargner la longueur et la sécheresse qu'aux dépens de la rigueur scientifique, votre attention et votre bienveillance ne se sont pas un moment démenties ; je vous prie de me conserver l'une et l'autre ; j'en aurai besoin l'année prochaine dans l'exposition et la discussion approfondie des conséquences de la philosophie de Locke, c'est-à-dire de tous les systèmes qu'a produits au dix-huitième siècle cette riche et féconde école sensualiste, dont vous connaissez aujourd'hui le père et le premier monument.

FIN.

TABLE DES MATIÈRES

PREMIÈRE LEÇON.

CLASSIFICATION DES ÉCOLES AU DIX-HUITIÈME SIÈCLE.

De la méthode d'observation et d'induction dans l'histoire. — Que l'induction, appuyée sur l'observation de tous les faits antérieurs de l'histoire de la philosophie, divise d'abord la philosophie du dix-huitième siècle en quatre systèmes. — Confirmation de l'induction par les faits propres au dix-huitième siècle : que toutes les écoles européennes s'y divisent en quatre écoles, sensualiste, idéaliste, sceptique, mystique. Division de ce cours en quatre parties correspondantes. — Ordre du développement de ces quatre écoles, et par conséquent ordre à suivre dans leur exposition. — Esprit de ce cours. Son suprême objet 1

DEUXIÈME LEÇON.

ÉCOLE SENSUALISTE AU DIX-HUITIÈME SIÈCLE.

Sujet de cette leçon : Revue des divers systèmes de l'école sensualiste en Europe au dix-huitième siècle, en Angleterre, en France, en Allemagne. — Que, par fidélité même, l'historien doit s'attacher aux systèmes les plus célèbres.—Dans quel ordre les étudier ? De la méthode ethnographique. Trois objections : 1° qu'elle est arbitraire ; 2° qu'elle ne montre pas le véritable enchaînement, l'action réciproque des systèmes ; 3° qu'elle est défavorable à l'instruction scientifique. — De la vraie méthode : Suivre à la fois les dates des systèmes, leur dépendance, et l'analogie des matières. — Commencer par les métaphysiciens et par Locke. 23

TROISIÈME LEÇON.

LOCKE. SA VIE.

Locke : sa biographie. — Sorti d'une famille libérale. — Ses premières études. — Descartes le dégoûte de la scolastique. — Il s'occupe particulièrement de médecine. — Il entre dans le monde politique ; son amitié avec Shaftesbury. — Ses fortunes diverses. — Chassé de l'université d'Oxford. — Se réfugie en Hollande. — Révolution de 1688. — Faveur de Locke jusqu'à sa mort — Son caractère : désintéressement, prudence, fermeté, indulgence. — Revue de ses ouvrages. — De l'*Essai sur l'Entendement humain*. 41
Addition à la vie de Locke. 60

QUATRIÈME LEÇON.

ESSAI SUR L'ENTENDEMENT HUMAIN. SON ESPRIT. SA MÉTHODE.

Esprit général de l'*Essai sur l'Entendement humain*. — Sa méthode : étude de l'entendement humain dans ses phénomènes ou idées. — Division des recherches relativement aux idées, et détermination de l'ordre dans lequel ces recherches doivent être faites. Ajourner la question logique et ontologique de la vérité et de la fausseté des idées, de la légitimité ou de l'illégitimité de leur application à tels ou tels objets, s'en tenir à l'étude des idées en elles-mêmes, et là commencer par constater les caractères actuels des idées, et procéder ensuite à la recherche de leur origine. — Examen de la méthode de Locke. Son mérite : il ajourne et place en dernier lieu la question de la vérité et de la fausseté des idées ; son tort : il néglige la question des caractères actuels des idées, et il débute par celle de leur origine. Première aberration de la méthode ; chances d'erreurs qu'elle entraîne ; tendance générale de l'école de Locke. 71

CINQUIÈME LEÇON.

ESSAI. LIVRE I, IDÉES INNÉES. LIVRE II, DE L'ESPACE.

Premier livre de l'*Essai sur l'Entendement humain*. Des idées innées. — Deuxième livre. Expérience, source de toutes les idées. Sensation et réflexion. — Des opérations de l'âme. Selon Locke, elles ne s'exercent que sur les données sensibles. Base du sensualisme. — Examen de la doctrine de Locke sur l'idée d'espace. — Que l'idée d'espace, dans le système de Locke, doit se réduire et se réduit à celle de corps. — Cette confusion est contredite par les faits et par Locke lui-même. Distinction des caractères actuels de l'idée de corps et de celle d'espace. — Examen de la question de l'origine de l'idée d'espace. Distinction de l'ordre logique et de l'ordre chronologique de nos idées. — L'idée d'espace est la condition logique de l'idée de corps ; l'idée de corps est la condition chronologique de l'idée d'espace. — De la raison et de l'expérience, considérées tour à tour comme condition réciproque de leur développement mutuel. — Mérite du système de Locke. Ses vices : 1° confond la mesure de l'espace avec l'espace ; 2° la condition de l'idée d'espace avec cette idée même. 95

SIXIÈME LEÇON.

ESSAI. LIVRE II, TEMPS. INFINI. IDENTITÉ. SUBSTANCE.

Suite de l'examen du second livre de l'*Essai sur l'Entendement humain*. De l'idée de temps. — De l'idée d'infini. — De l'idée d'identité personnelle. — De l'idée de substance. 127

SEPTIÈME LEÇON.

ESSAI. LIVRE II, DE L'IDÉE DE CAUSE.

Suite de l'examen du deuxième livre de l'*Essai sur l'Entendement humain*. De l'idée de cause. — Réfutation de la théorie qui met l'origine de l'idée de cause dans la sensation. — Origine de l'idée de cause dans la réflexion, dans le sentiment de la volonté. — Distinction de l'idée de cause et du principe de causalité. Que le principe de causalité est inexplicable par le seul sentiment de la volonté. — De la vraie formation du principe de causalité. 157

HUITIÈME LEÇON.

ESSAI. LIVRE II, DU BIEN ET DU MAL. LIVRE III, DES MOTS.

Suite de l'examen du second livre de l'*Essai sur l'Entendement humain*. De l'idée du bien et du mal. Locke confond le bien et le mal moral avec le bonheur et le malheur. Réfutation. — De la formation et du mécanisme des idées dans l'entendement. Des idées simples et complexes. De l'activité et de la passivité de l'esprit dans l'acquisition des idées. — Des caractères les plus généraux des idées. — De l'association des idées. — Examen du troisième livre de l'*Essai sur l'Entendement humain* sur les mots. Des propositions suivantes : 1° Les mots tirent-ils leur première origine d'autres mots qui signifient des idées sensibles ? — 2° La signification des mots est-elle purement arbitraire ? — 3° Les idées générales ne sont-elles que des mots ? — 4° Les mots sont-ils la seule cause d'erreurs, et toute science n'est-elle qu'une langue bien faite ? — Fin de l'examen du troisième livre. 193

NEUVIÈME LEÇON.

ESSAI. LIVRE IV, THÉORIE DES IDÉES REPRÉSENTATIVES.

Examen du quatrième livre de l'*Essai* sur la connaissance. Que la connaissance, selon Locke, roule 1° sur des idées, 2° sur des idées conformes à leurs objets. — Que la conformité ou la non-conformité des idées avec leurs objets, comme fondement du vrai ou du faux dans la connaissance, n'est pas une simple métaphore dans Locke, mais une véritable théorie. — Examen de la théorie des idées représentatives, 1° par rapport au monde extérieur, aux qualités secondes, aux qualités premières, au sujet de ces qualités, à l'espace, au temps, etc. ; 2° par rapport au monde spirituel. — Appel à la révélation, paralogismes de Locke. 233

DIXIÈME LEÇON.

ESSAI. LIVRE IV, ENCORE LES IDÉES REPRÉSENTATIVES.

Résumé et continuation de la leçon précédente. — De l'idée, non plus par rapport à l'objet qu'elle doit représenter, mais par rapport à l'esprit qui la perçoit et où elle se trouve.—L'idée-image, prise matériellement, implique un sujet matériel; d'où le matérialisme. — Prise spirituellement, elle ne peut donner ni les corps, ni l'esprit. — Que l'idée représentative, posée comme la seule donnée primitive de l'esprit, dans la recherche de la réalité, condamne à un paralogisme, toute idée représentative ne pouvant être jugée représenter bien ou mal qu'en la comparant avec son original, avec la réalité elle-même, à laquelle, dans l'hypothèse de l'idée représentative, on ne peut arriver que par l'idée. — Que la connaissance est directe et sans intermédiaire. — Des jugements, des propositions et des idées. — Retour sur la question des idées innées . . 261

ONZIÈME LEÇON.

ESSAI. LIVRE IV, THÉORIE DU JUGEMENT.

Suite de l'examen du quatrième livre de l'*Essai sur l'Entendement humain*. — De la connaissance. Ses divers modes. Omission de la connaissance inductive. Ses degrés. Fausse distinction de Locke entre connaître et juger. — Que la théorie de la connaissance et du jugement de Locke se résout dans celle de la perception d'un rapport de convenance ou de disconvenance entre des idées. Examen détaillé de cette théorie. — Qu'elle s'applique aux jugements abstraits et nullement aux jugements primitifs, qui impliquent l'existence. — Analyse de ce jugement : J'existe. Trois objections à la théorie de Locke. 1º Impossibilité d'arriver à l'existence réelle par l'abstraction de l'existence ; 2º que débuter par l'abstraction est contraire au vrai procédé de l'esprit humain ; 3º que la théorie de Locke renferme un paralogisme. — Analyse des jugements : Je pense, Ce corps existe, Ce corps est coloré, Dieu existe, etc. — Analyse des jugements sur lesquels l'arithmétique et la géométrie reposent. 289

DOUZIÈME LEÇON.

ESSAI. SUITE ET FIN DU LIVRE IV.

Suite de la dernière leçon. Que la théorie du jugement comme perception d'un rapport de convenance ou de disconvenance entre des idées suppose que tout jugement est fondé sur une comparaison. Réfutation de la théorie du jugement comparatif. — Des axiomes — Des propositions identiques. — De la raison et de la foi. — Du syllogisme. — De l'enthousiasme. — Des causes d'erreur. — Division des sciences. Fin de l'examen du quatrième livre de l'*Essai sur l'Entendement humain*. 324

TREIZIÈME LEÇON.

LIBERTÉ. AME. DIEU. CONCLUSION.

Examen de trois théories importantes qui se rencontrent dans l'*Essai sur l'Entendement humain*; 1° Théorie de la liberté : qu'elle incline au fatalisme. 2° Théorie de la nature de l'âme : qu'elle incline au matérialisme. 3° Théorie de l'existence de Dieu ; qu'elle s'appuie presque exclusivement sur des preuves empruntées au monde sensible. — Récapitulation de toutes les leçons sur l'*Essai sur l'Entendement humain*; des mérites et des défauts qui y ont été signalés.— De l'esprit qui a présidé à cet examen de Locke.—Conclusion. 361

FIN DE LA TABLE.

www.ingramcontent.com/pod-product-compliance
Lightning Source LLC
Chambersburg PA
CBHW050918230426
43666CB00010B/2228